王明通 著
國家文學博士
靜宜大學中國文學系副教授

中學國文教學法研究

五南圖書出版公司 印行

序文

夫國文者，乃本國文字之統稱，文章典籍之合名。先人藉茲攄其潛德幽光，後人循是得識前言往行。道業所在、經藝所存，莫不繫乎斯文。是以文武之政，布在方策，夫子文章，可得而聞；美教化、厚人倫、陶冶性情、移風易俗、窮理盡性、承先啓後者，亦無不悉據於此。是國文係國家之本，歷史文化之跡，其所蘊者厚，其所涵者廣；家國賴之而立其丕基，民族因之而亙其血脈，魏文典論：「文章經國之大業，不朽之盛事。」先總統　蔣公亦嘗昭示：「國文第一。」均意遙旨深，中其肯綮。

惟逮晚近，西風東漸，國人好奇尚新，略忽本體，專鶩技用。於是斯文式微、道業日衰。能文之士，復崇學而抑術，昧於世變俗遷，鮮知學者心向，不尋蹊徑以應亟，謀針砭以起蔽。教學授受之際，但執私意，格守一法，呻其佔畢，多其訊言，罕能酌情變通，因材施教，以至學者「隱其學而疾其師，苦其難而不知其益也；雖終其業，其去之必速。」（禮記學記）惑者猶惑，愚者自愚，欲求國文程度之不低落，其可得乎。雖然，世不有乏識，惟多騰於口耳、播於聲氣，罕見起行。欲有以存此墜緒，興復斯學，其必在取法覓方，付諸行事，所謂「我欲載之空言，不如見之於行事之深切著明

也。」（史記太史公自序引孔子言）

考本書多為方法之評述，步驟項目之條陳、意見之表出以及重點之析論。其中有依教學理論而闡述者，如教學原則是也。有分析比較資料而得之者，如教學概說，我國前代之教學理論是也。有綜合諸家，貫以己見，而為補正者，如教材選編、範文教學、作文教學等等多屬之。有取自管窺，原於心得者，如結語部份多屬之。全書為求行文方便，引說取證、立言發論，務求條分縷析、層次分明，使讀者一目了然，資為教學之助也。

全書總分八章：一曰教學概說，詮釋教學法意義、提示教學目標；二曰教材選編，敷陳選編之方法與原則；三曰教學方法，評述中學國文常用教學方法及其適用範圍；四曰範文教學，陳述教材如何處理，及其處理之過程；五曰作文教學，略陳命題，指導及批改之方法；六曰書法指導，指示臨摹書寫，以期能正確而美觀；七曰說話指導，由對話、演說、辯論之指導，期增其語言能力；八曰課外閱讀，示以正確之讀物及閱讀方法。前有序文，旨明撰寫之動機、方法、內容及心得；後有結語，申論中學國文教師之修養，並言學與術不能剖分，教師學識與方法運用不能析離。

吾人以為教學國文宜留意教學方法，方能提高學習效率、併合時需。唯方法非獨立存在者，運用之際，仍須配合目標、教材、教師、學生、環境、時間等因素，如是，方克盡全功。此諸多因素之中，教師學識尤為重要。蓋方法屬「用」，學識屬「體」。己所不知，無以諭人；欲善用方法，使之生動有效，教師宜富其學識、諳其教材，乃能勝任。

以方法非為獨存，故其運用，當視時而異，因境變遷，衡諸教學效率之高低，暨教學目標是否達成，以為改進去取之依據。教學並無一成不變之良法，凡優良之法，恒見於檢討改進之教學中，此為本文所反覆強調者。

王明通　識

目次

第二章　教材選編

第五章　作文教學

第一章　教學概說

第一節　教學法之意義

一、「教」與「學」之意義

教學一詞，含「教」「學」二字。二者關係至爲密切，惟含義不同，層次有別，玆就其義，分述於後：

㈠關於「教」字

其蘊義甚廣，宜由多方觀之：

1.從教之本義言　其義爲：上者施教，下者仿效之謂。

許愼說文三下攴部：「教、上所施，下所效也。」詮釋甚明。然正人者宜先正己，教人者亦應自教，中庸云：「脩道之謂教。」荀子脩身篇亦云：「以善先人者，謂之教。」均明「教」字，內涵已立立人，已達達人之意，非徒以上教下效而已。

2.從教之對象言　其義固爲上者施教、下民仿效。而實多指先生教弟子言之。管子弟子職：「先生施教，弟子是則。」是言至爲明顯。

3.從教之目的言　其義爲長善，救失，繼志以及授知習技之謂。禮記學記篇：「教也者、長善而救其失者也。」是指長善救失而言。周禮地官師氏：「以教國子也。」鄭玄注云：「教之者，使識舊事也。」是指授知而言。呂氏春秋簡選：「統率士民，欲其教也。」許維遹注：「教，習也。」是指習熟技能而言。

所謂長善，卽存養人先天之善性而擴充之。力主此說者爲孟子，孟子公孫丑篇云：「凡有四端於我者，知皆擴而充之矣；若火之始然，泉之始達。苟能充之，足以保四海，苟不充之，不足以事父母。」渠之主張，甚爲了然。西洋史上，教育目的學說亦有類似之論，奧國教育家康米紐斯（註一）謂人之禀賦具有德性、智能及信仰三類種子。教育目的，卽培植玆種子，使之花實並茂。中間無待外界加之任何一物。（註二）玆爲教育理論上所謂自然發展說，是與學記之長善，孟子之擴充仁義禮智四端之說，實無異致。

所謂救失，卽補救人行爲上之弊失，以之爲教。主此說最力者爲荀子。渠以爲人行爲之弊端，乃緣於人性之惡。人若縱性順情，勢流於爭奪，歸於悖亂。欲彌此失，必循聖王之治，禮義之化，然後天下乃能出治合善。荀子性惡篇：「人之性惡，故古者聖人以人之性惡，以爲偏險而不正，悖亂而不治，故爲之立君上之執以臨之，明禮義以化之，起法正以治之，重刑罰以禁之，使天下皆出於治合於善也。」是救失之說，係以外界環境之力，訓練學生成一完整之人格者。西洋行爲主義學者，亦作類似之論；美國心理學家史基納（註三）云：「我們可以藉安排將導致某種效果的環境，來研究作用於環境以產生效果的行爲。」（註四）立論實與荀子之說相近似。

所謂繼志，卽承續前人之志。質言之，卽承先人之緒業，以傳遞於後世也。韓愈云：「師者，所以傳道，授業，解惑也。」（師說）張載云：「爲往聖繼絕學。」（宋元學案）均作如是之說。蓋承先啓後，向爲吾國教育思想之主流，亦爲教育所不可或缺之任務。西方教育目的理論之中，有所謂文化說，亦作類似之見，以爲教育爲文化理想之一，其目的應側重社會文化價値之保存與增進，如德哲包爾生云（F. Paulsen）：「教育乃上代將觀念的文化資財傳之於後代。」（註五）是與繼志之說無異。

至於，授知習技亦爲教育重要之目的。韓愈所謂「授業」、「解惑」，以及當今一般學科之功課目標中：知識目標與技能目標，均就此爲說。西方教育理論中，有所謂預備說，視教育爲未來生活之預備實與授知習技說無殊。

4.從教之態度言　其義係殷勤誨示，教人自知也。

詩關雎序疏：「教謂殷勤誨示」。是也。

章學誠文史通義原學上：「教也者，教人自知適當其可之準，非教之舍己而從我也。」所論是也。

關於教之態度，孔子亦有茲說，於論語述而篇云：「若聖與仁，則吾豈敢？抑爲之不厭，誨人不倦，則可謂云爾已矣。」是謂誨人不倦，乃教者應持之態度。又於論語爲政篇云：「學而不思則罔，思而不學則殆。」是謂令學生學宜能思，不可盲從。玆爲教師所應有之態度也。

(二)關於「學」字

亦有多說：

1.從學之本義言　學爲覺悟。質言之，卽覺悟已之所未知也。

說文三下攴部：「斆，覺悟也。从教冂。冂，尙矇也，臼聲。學，篆文斆省。」白虎通，辟雍：「學之爲言覺也，以覺悟所未知也。」

二者釋義，所見相同。

2.從學之對象言　學爲學道，學文，而所從之對象則爲教師。學道如：

論語學而篇：「子曰：敏於事而愼於言，就有道而正焉，可謂好學也已。」又如子張篇：「子夏曰：君子學以致其道。」均謂學所以學道。所謂道，係指做人之道理而言。朱熹四書集註：「凡言道者，皆謂事物當然之理，人之所共由者也。」卽就此而言。

學道之後，方始學文，如：

論語學而篇：「弟子入則孝，出則弟，謹而言，汎愛衆，而親仁。行有餘力，則以學文。」是也。文謂詩書禮樂，六藝之文而言。史記孔子世家：「孔子以詩書禮樂教弟子。」朱熹四書集註云：「文謂詩書六藝之文。」均就此而言。

學道學文，亦難自學，必須從師而就焉。故孔子云：「三人行，必有我師焉。」（論語述而）韓愈云：「師者所以傳道、授業、解惑也。」實言學宜從師，方能有成。

3. 從學之目的言　其在致知致明，且可以之復其善性，盡其才能。

白虎通辟雍：「學之爲言覺也，以覺悟所未知也。」是意在致知。

大戴記勸學：「近而愈明者學也。」玆以學而能明。

說苑建本：「學者所以反情治性盡才者也。」此以學可以復人善性，盡人才能。

4. 從學之態度言　其義爲專心致志，爲好之樂之，爲持久不怠，奮進不已。

荀子勸學篇：「學也者，固學一之也。」此就專心一意爲說。孟子亦以爲學若不專，則終必無成，云：「今夫弈之爲數，小數也；不專心致志，則不得也。」均作相同之見。

中庸引孔子曰：「好學近乎知。」渠以爲學必好之，乃能近於知。惟孔子於論語進而篇云：「好之者，不如樂之者」（雍也）。循是，爲學之態度宜由好之，以至於樂之，如斯方爲學之極至，孔子曰：「發憤忘食，樂以忘憂。」（述而）是也。

孔子曰：「學如不及，猶恐失之。」（泰伯）荀子勸學篇：「學不可以已。」皆以爲學宜奮進而不已。

總觀「教」與「學」之蘊義，無論由本義，或目的，或對象，或態度，二者義實不同，層次亦殊，然其關係則不可析離分言。

二、「教」與「學」之關係

「教」與「學」二字涵義不同，已示之於前。「教」爲教師之活動，「學」爲學生之活動。一者誨示於上，一者承教於下；一者由外而施之於內，一者由內而行之於外；一者付與，一者收受。二者關係，看似相對而且相遠，然細予分析，二者之關係實緊繫不分。

從學習之基本因素而言，學習之基本因素有三：一爲個體，一爲刺激，一爲反應。學習之發生乃個體承受刺激而產生反應。此種關係，我們謂爲學習之歷程。其中「個體」係指學習者而言。「刺激」係指從外或由內之種種刺激而言，外在刺激包括教師之活動，內在刺激指學習者之渴求與好奇等。反應則爲學習者依於已有之條件經驗，承受刺激，而後產生之行爲現象。以此要素移之於教學，則個體爲學生，刺激爲教師之活動，反應則爲學生之學習。由此關係可知，無教師「教」之刺激，則難見學生「學」之反應。無學生之存在，則教師之活動，成爲多餘。「教」與「學」關係密切，由是可以見其一斑。

從學習之方式而言；學習或由於領悟，或由於模仿，或由於教導，（國立編譯館編著教育心理學），其中運用最多，成效最著者爲模仿與教導。模仿爲學生之學習，其方式，或見賢而思齊，或受人之教而仿效。此賢者教者，常爲教師，故教師實爲學生學習之對象。至於教導，教導屬於教師之活動，活動之對象爲學生，活動之方法則爲刺激學生學習，指導學生學習，鼓勵並且幫助學生學習。沒有學生學習，則教師之「教」導無從成立。無教師之教導，則學生學習必然無法臻於至善。

所以總括上述無論就學習方式，或就學習之基本要素而言，教師之「教」與學生之「學」，乃是相互爲用，兩面一體，無教師之教，則無學生之學，學生之學繫於教師之教，二者關係，如影隨形，不可析離也。

三、「教學」之意義

「教學」二詞，首見於禮記學記篇：「人不學，不知道，是故古之王者，建國君民，教學爲先。」所謂「教學」，孔穎達疏云：「王者建國君民，教學爲先者；建國謂建立其國，君民謂君長其民。內則設師保，外則設庠序以教之，故云教學爲先。」師保爲周代教官「師氏」「保氏」之合名，掌三德，三行、六藝（見周禮卷十四）。庠與序爲古代之學校。此處「教學」一詞，其涵義實與「教育」相同，而與吾人所謂之「教學」：教師「施」，學生「學」之意義，稍有參差。學記篇又云：「學然後知不足，教然後知困。知不足然後能自反也，知困然後能自强也，故曰教學相長。」此處「教學」，孔穎達疏云：「故曰教學相長也者，謂教能長益於善，教學之時然後知己困，而乃强之，是教能長善也。學則道業成就，於教益善，是學能相長也。」孔疏之意，以爲教與學皆可使自身道業長善進步，二者相輔相成也。由於教而後可以知己之所困，因困而後能知力學，力學之後可以道成業就，有益於教人。故謂教與學可以相長。斯「教學」之義，乃就教者一人而言，與吾人所謂教師「施」，學生「學」之教學意義仍然不侔，不足以引爲「教學」二字所出之據。宋儒歐陽修胡瑗先生墓表：「先生之徒最盛，其在湖州學，弟子來去常數百人，各以其經傳相傳授，其教學之法最備。行之數年，東南之士，莫不以仁義禮樂爲學。」此中「教學之法」乃指先生教導，弟子學習之方法而言，故玆處「教學」二字，適與「教師施，學生學」之義相吻。其出於此，應無疑義。

歐西文字與我國「教學」一詞，義同而常見者有二字：一爲Teaching（Research），一爲 Instruction，此二字各見異說，其中釋義較爲詳確者爲教育叢刊（第三版）（Encyclopedia, of Educational Research Third Edition）所云：「近代對教學定義的解釋認爲 Instruction 與 Teaching 同義。雙方都指對學生傳授知識技能而言，告訴他們什麼應當相信，或者如何去做，意指建造受教者的知識、見聞、態度、技能，使其瞭解、欣賞而達行爲的改變。」（註六）

衡諸是說，並參酌「教與學」之含義，教學之義可以了然。惟教學實非純爲師生之活動，亦非止於方法與目的而已。其意義實涵蓋多項內容，如目標、教師、學生、教材、教法以及環境與時間。欲悉全義，宜循是以求，方能不囿於隅見，蔽於異說：

㈠目　標

目標爲弓矢之鵠的，教學活動之指針。教師明識教學目標，可確立教學方向，預置教學進程，評鑑教學得失，並以之診斷原因，補救其弊。學生得悉教學目標，可啓引其動機，渴欲學習。益以教學目標明確，方向可循。於是，學生能心不旁騖，竭力以赴，達學習之極致。教學目標，有大小之殊，遠近之別。大而遠者爲國家之教育宗旨，憲法條文，各級學校之教育目標。小而近者爲學科目標、功課目標（或稱單元目標），以至於具體之行爲目標。教師教學，理應嚴據目標，自小而大，由近至遠，逐步實施。達成行爲目標，功課目標，而學科目標自然水到渠成。循是教育目標，教育宗旨自可實現。

㈡教　師

教師之於教學，適如舵手之於行舟。教學能否見效，悉賴教師之力。教師深識其所以教人之法，方能令學生深識所學。教師教學無方，恒令學生棄其功課，厭倦學習，禮記學記云：「善歌者使人繼其聲，善教者使人繼其志。」易言之，拙於歌者，使人惡其聲，不善教者，使人背其志。教師對學生之影響，已於玆言道盡。是以，教師宜慎其所施，用心教學。欲如是，教師須明教學目標，以知所往；宜了解不同學生，以盡其所能；通曉本科教材與本科專門學識，熟悉教學原理，教學方法，配合教學情境，予以善用。如此，教師乃能發揮其功效。

㈢學　生

學生爲教學重心。教師活動之依歸，教育目的之釐訂，部份緣於人類之理想，文化之傳遞以及社會成人之需要。然其原則，仍以學生之興趣，能力與需要爲依據。是以，教師教學自宜考慮學生之個別差異，設法誘導或培養其學習興趣，以期收學習之至效。學生學習之最佳途徑，莫過於令學生自動學習，教師從旁協助，清王筠教童子法云：「教弟子如植木，但培養澆灌之，令其參天蔽日。」所見至是。教師若不諳此理，迫其學習，置其能力，興趣與需要於不顧，則無異揠苗助長，徒害其生機而已。

㈣教　材

教材乃教學所用之材料，亦爲教師與學生藉以達成教育目標之津梁。無教材，教學將流於空談，取材不當，教學終將歸於失敗。故合宜教材之選用，實爲教學之要項。概括而言，教材選取應準於教學目標，並慮及學生之興趣，需要多能力。如是，教學方易爲功。

㈤方　法

教材係實現教育目標之工具，方法則爲達成教育目標之手段。凡事皆有方法，教學亦不能例外，如何溝通上下，令學生充分學習，此有賴於教學方法之運用。教學乃一因時改易之主題（註七），世之善教者，多能巧使方法，使之生動變化，而不機械呆板，泥於定式；不同之環境、時間、學生、教材、教師與目標，均有其不同之方法。孟子云：「教亦多術矣，不屑之教誨也者，於亦教誨之而已矣。」（孟子告子下）適明此理。故優良之教師當熟諳各類教學方法，靈活運用，能依於法而不拘於法，在循規蹈矩之中，可以縱橫自如，任意所之。若是教學，可謂入於藝巧，而進乎道矣。

㈥環　境

環境爲學生學習之空間，諸如教室、校園、家庭、社會等學生所處之四周均屬之。物能感人，境可移情；幽美環境，令人心曠神怡；喧雜場所，使人情緒不寧。好武之鄉，多出遊俠；論學之地，屢見才子。是乃環境風氣所使然。故教師教學宜置適當之環境，令學生安於學，進而樂於學，以收學習之效。

㈦時　間

時間係教學之中，不得聞見而實存在之因素，影響教學至爲深切。自其暫者，有晨昏晝夜之異；長者有季節年代之遷。凡茲均左右學生心境，影響教材、教法、教師與目標。俗所謂時移境遷，人事全非。教師豈能固執定式，墨守一法，而不通權變？

綜合上述，吾人以爲教學乃教師指導學生自動學習之活動。詳言之，係教師本諸教學目標，依據教學原則，擇取合適之教材，運用有效之方法刺激、指導、鼓勵學生自動學習，以達成既定目標之活動。其意義含下列要點：㈠教學須有明確目標，以爲活動之依據，否則盲目而行，不易成事。㈡教學應以學生之能力，興趣與需要爲基礎，誘導學生自動學習。㈢教學乃指導學生自動學習，非替代學生學習。㈣教學之良窳，以學習效率之高低爲準，而非以方法之優劣爲據。良好之教學，宜配合目標、教材、學生、情境，而修正改進其方法，如是學生學習效率，恒可提高。㈤教學主要目的，係在輔助學生充實生活經驗，改造生活經驗，非止於知識之啓廸也。

四、教學法之意義

讀書有讀書之法，教學有教學之法，凡事不能無法。法者方法，方法乃行事之條理。詳言之，即一有條理，有步驟，有目的之行事手續。行事，若有條理、步驟與明確目的，斯可謂知曉方法者，易於爲功。若凌亂失次，無始無終，是不知方法者，必難見效。方法，爲行事之捷徑，然其應用，則有優劣之別。善用者事半功倍，不善用者，事倍功半。是以，吾人以爲方法應屬一經濟而有效之法。其涵義有三：一爲經濟，一爲系統，一爲目的。所謂經濟，依指行事之效率而言。包括時間之經濟與精力之經濟。所謂系統，係指行事過程所具之條理與步驟而言。行事先後本末，均按部就班，循序漸進，既不超前失序，亦不迂緩羈延，茲可謂之系統。所謂目的，係指行事所欲達成之目標而言。循是，所謂教學法，乃教學上所應用之方法。質言之，係一經濟有效，有系統，有目的之教學步驟，教師用之刺激、指導、鼓勵學生自動學習，以達教學目標者。

教學法之步驟，一般而言，依序可分如下項目：

㈠**明確目標**

認清並確定目標，乃教學之首要。大而遠之目標，如教育宗旨，憲法條文，中學教育目標，學科教學目標，業經專家學者釐訂成文，教師須予認清熟識。此外，尚有較爲具體之功課目標與行爲目標；玆類目標，含主學習，副學習，與附學習，概由教師就教材性質，預先擬定，並提示學生，以爲每課進行教學之依據。

㈡**了解學生**

學生爲教學之對象。對象不明，則施爲無方，孫子兵法：「知己知彼，百戰不殆。」極言了解對象之重要。惟人之不同，各如其面，每一學生之興趣、能力與需要，恒見參差。教師教學，不惟應了解學生，尤宜認清個別學生；識乎每一學生之意向所趨，以及每一學生之不同，然後方能因材施教，人盡其才，發揮教學之至效。

㈢**愼擇教材**

選取教材，當準於教學目標，衡諸學生身心發展，及其興趣與需要，擇一內容合宜，難易適度之材料，取便教學之實施。國文科教材含教科書、講義、課外補充讀物，工具書、圖表……等等，均須愼爲選擇，並作充分準備，以輔助學生學習。

㈣**指導學習**

玆項步驟，已實際進入教學活動中，內容含：誘導學生學習動機，善用各類教學方法，處理教材激發其思考，示其學習方法，鼓勵自學。教師從旁協助，釋疑解惑，以謀學生學習之成功。

(五)考查成績

學生學習成績，務必時予考查，藉知其學習之得失，並以爲另一次教學之改進參考。只問教學，而不論成敗之教師，其教學恒見弊端，以致學生學習，難臻完善。

(六)檢討補救

成績考查，可鑑教學之得失。一般情況，吾人甚難得見完美無缺之教學。有之，則多見於虛心改進之教學中。是以，教師宜時虛心檢討己之教學，謀求補救，然後乃有至善可言。

以上六項步驟，乃一有系統之過程。是過程可分爲三段：一爲準備階段：含明確目標，了解學生，愼擇教材三步驟。二爲發展階段；即指導學習一項步驟。三爲結束階段：含考查成績，檢討補救等步驟。每一階段，均前後相承，緊密連繫。每一步驟，均循教學目標，每一步驟皆求學習效率，故教學法係一有效率、有系統、有目的之步驟，實無疑義。

第二節　中學國文教學目標

教學方法乃實現教學目標之手段，教學目標則爲教學活動之鵠的。明確之目標足令教師與學生認清活動之方向，預定活動之計劃，擇取有效之步驟，而謀達理想之境。杜威云：「我們有一個目標，就是我們預先看清楚了一條未來的出路，於是我們規定一個計劃去達到它。這時我們一方面隨時注意一切足以幫助我們發展的資源；另一方面處處看淸沿途的荆棘障礙。能使現在的情況和將來的後果產生一種適當的關係，或者把將來的後果和現在已得的結果間產生一種適當的關係，這就是有目的行爲。」（註八）實道盡目標之功用。一般教學失敗之原因，恒與目標有關；或不能明瞭教學目標，或誤解教學目標，或雖能明瞭教學目標之梗概而不能具體，或目標過多輕重莫辨，或所訂目標不切實際而不克達成。（註九）是以了解教學目標，決定教學目的，並且確定其可行，乃教師教學所不能忽略者。

學生學習，亦須了解教學目標。如此可以引發其學習動機，誘導其自動學習，使能自訂計劃，而樂於就學。古人爲學，必以立志爲先，以聖賢爲極，其用意亦在確立目標，以期自勉自勵，有所作爲也。

依此可知，教師與學生均須認淸教學目標，確定教學目的，如是教學活動方不至於暗中摸索，盲目進行，學習乃可期其有成。

中學國文教學目標之釐訂，係據國家之教育宗旨，憲法規定之條文及中學教育目標而定，故國文教學目標之最終理想，乃在於實現國家之教育宗旨。欲明中學國文教學目標，須先認淸教育宗旨，憲法條文，以及中學目標，如此，方能知其本，明其所自：

一、教育宗旨

現行之教育宗旨，係國民政府於民國十八年四月所公佈之「中華民國教育宗旨及其實施方針」，其宗旨原文爲：

「中華民國之教育，根據三民主義，以充實人民生活，扶植社會生存，發展國民生計，延續民族生命爲目的；務期民族獨立，民權普遍，民生發展，以促進世界大同。」

鑒此文可知，我國教育宗旨係以建設三民主義之國家及促進世界大同爲終極之理想。

二、憲法條文

中華民國憲法第一五八條規定：

「教育文化，應發展國民之民族精神、自治精神、國民道德、健全體格，科學及生活知能。」是文之內容與教育宗旨之精神悉爲一致，目的亦相同；其中發展國民之民族精神與健全體格，意在民族獨立。發展自治精神與國民道德，意在民權普及。發展科學及生活知能，意在民生發展。此精神與教育宗旨相承。

三、中學教育目標

依中學法第一條規定：

「中學應遵照中華民國教育宗旨及其實施方針，繼續小學之基礎訓練，以發展青年身心，培養健全國民，並爲研究高深學術，及從事各種職業之預備。」

此目標規定，中學係繼續小學之基礎訓練，然後爲「學術研究」與「從事職業」作準備。其主要目的，仍以發展青年身心，培養健全之國民爲主。研究高深學術，重在知識之灌輸與思想之啓發。「

從事各種職業」則偏於技能與習慣之訓練。「發展青年身心，培養健全國民」則重在培養某種態度與理想，令其身心皆臻健全。

四、國民中學教育目標

依據中華民國六十一年十月教育部公布之國民中學課程標準規定：

「國民中學教育目標，在於繼續國民小學之基本教育，發展青年身心，陶融公民道德，灌輸民族文化，培育科學精神，實施職業陶冶，充實生活知能，以養成忠勇愛國、德智體群均衡發展之健全國民，並奠定其就業或升學之基礎。」

此目標，着重九年一貫之精神，以養成德智體群均衡發展之健全國民，並爲未來之就業或升學奠定基礎。

五、高級中學教育目標

依中華民國六十年二月公布之高級中學課程標準規定：

「高級中學教育目標，在國民中學教育基礎之上，施以一般文化陶冶，科學教育及軍事訓練，以奠定其研究高深學術及學習專門知能之基礎，並養成文武俱備、德智兼修、效忠國家、服務社會之優秀人才。」是承國中教育之基礎，期爲研究高深學術及學習專門知能作準備。

六、中學國文教學目標

㈠國民中學國文教學目標

依中華民國六十一年十月教育部公布之國民中學課程標準規定：

壹：指導學生由國文學習中，繼續國民小學教育，養成倫理觀念，民主風度及科學精神，激發愛國思想，並宏揚中華民族文化。

貳：指導學生繼續學習標準國語，培養聽話及說話的能力與態度。

叁：指導學生研讀語體文，了解本國語言文字之組織及應用之方法；進而了解各種文體之寫作技巧及文法之運用。

肆：指導學生研讀明易之文言文，了解並比較語體文與文言文在措辭上之差別。

伍：指導學生閱讀有益身心之課外讀物，培養其欣賞文學作品之興趣及能力。

陸：指導學生寫作體旨切合，文理通順之語體文。

柒：指導學生練習簡單明瞭之文言造句及應用文字。

捌：指導學生以正確之姿勢執筆及運筆方法，使用毛筆書寫正楷。

玖：指導學生對自己所發表之語言文字有負責之態度。

拾：啓導學生思辨能力，並重視本國語文。

㈡高級中學國文教學目標

依中華民國六十年二月公布之高級中學課程標準規定：

壹：提高學生閱讀及寫作語體文之能力。

貳：培養學生閱讀淺近古籍之興趣及寫作明易文言文之能力。

叁：輔導學生閱讀優美之課外讀物，以增進其欣賞文學作品之興趣與能力。

肆：灌輸固有文化，啓迪時代思想，以培養高尚品德，加强愛國觀念，宏揚大同精神。

盱衡上述之目標，教育宗旨與憲法條文之精神一致。二者涵括中學教育目標。中學教育目標涵括中學國文教學目標。教學目標達成，教育目標與教育宗旨方克實現，彼此關係至爲密切。

今就國民中學教育目標與高級中學國文教學目標之項目，予以歸納整理，以明指歸，見其旨要，然後比較異同，以察二者之關係。

㈢關於國民中學國文教學目標之要點

在此目標之中，着重於思考能力與聽、說、讀、寫能力之訓練以及興趣、態度及理想之培養。

1.思考　如第十項：「啓導學生思辨能力。」可以證明。

2.聽懂　如第二項：「培養聽話之能力。」使能聽懂標準國語。此重在吸收能力之訓練。

3.講說　如第二項：「指導學生繼續學習標準國語，培養說話之能力。」此屬於言語表達之訓練。

4.能讀　(1)能讀語體文：如第二項：「指導學生研讀語體文，了解本國語言文字之組織及應用之方法；進而了解各種文體之寫作技巧及文法之運用。」是也。

(2)能讀明易之文言文：如第四項：「指導學生研讀明易之文言文，了解並比較語體文與文言文在措辭上之差別。」是也。

(3)能讀課外讀物：如第五項：「指導學生閱讀有益身心之課外讀物。」

(4)能欣賞文學作品：如第五項：「培養其欣賞文學作品之能力。」以上均爲吸收能力之訓練。

5.能寫

(1)能寫語體文：如第六項：「指導學生寫作體旨切合、文理通順之語體文。」

(2)能造並能用簡明文言之句子：如：第七項：「指導學生練習簡單明瞭之文言造句及應用文字。」

(3)能使用毛筆書寫正楷：如第八項：「指導學生以正確之姿勢執筆及運筆方法，使用毛筆書寫正楷。」以上均爲文字表達能力之訓練。

6.態度

(1)如第二項：「培養聽話之態度。」

(2)如第九項：「指導學生對於自己所發表之語言文字有負責之態度。」

(3)如第十項：「重視本國語文。」

7.興趣　如第五項：「培養其欣賞文學作品之興趣。」

8.理想　如第一項：「指導學生由國文學習中，繼續國民小學之教育，養成倫理觀念、民主風度及科學精神，激發愛國思想，並宏揚中華民族文化。」此重在精神陶冶方面。

綜上所述，國民中學國文教學目標實具三大目的：一爲知識之灌輸：「啓發思想」、「能聽」與

「能讀」均屬之。二爲技能之訓練：「講說」、「能寫」均屬之。三爲態度與理想之培養：興趣亦屬之。此三大目的，乃教師教學所宜兼顧，學生須同時學習者，不可輕視之。

㈣關於高級中學國文教學目標之要點

在此目標中，較着重於讀寫能力之提高以及興趣與理想之培養。

1. 讀
 (1)讀語體文：如第一項：「提高學生閱讀語體文之能力」。
 (2)讀課外讀物：如第三項目：「輔導學生閱讀優美之課外讀物。」
 (3)提高其欣賞能力：如第三項：「增進其欣賞文學作品之能力。」是也。

2. 寫
 (1)寫作語體文：如第一項：「提高學生寫作語體文之能力。」
 (2)寫作明易文言文：如第二項：「培養學生寫作明易文言文之能力。」是也。

3. 興趣
 (1)第二項：「培養學生閱讀古籍之興趣」。
 (2)如第三項：「輔導學生閱讀優美之課外讀物，以增進其欣賞文學作品之興趣。」是也。

4. 理想
 如第四項：「灌輸固有文化、啓迪時代思想，以培養高尚品德，加强愛國觀念，宏揚大同精神。」是也。

由是觀之，高級中學國文教學目標，實爲國民中學教學目標之延續與增强。其在國民中學教育之基礎上，施以重點及更深入之訓練，以之爲研究高深學術之準備。二者之聯貫與一致，至爲明顯。然而若予細分，二者之間，仍有若干相異之處，玆列舉如下：

㈤國中國文教學目標與高中國文教學目標之異點

1.層次不同　國中之目標，多在基礎指導，而高中目標多在增强訓練。如⑴閱讀方面：①讀語體文：國中在指導學生研讀語體文，高中則在提高學生閱讀語體文之能力。②讀文言文：國中在指導學生研讀明易之文言文。高中則培養學生閱讀淺近古籍之興趣，層次在上，程度加深。③讀課外讀物：國中指導學生閱讀有益身心之課外讀物，培養其欣賞文學作品之興趣及能力。高中則輔導學生閱讀優美的課外讀物，以增進其欣賞文學作品之興趣與能力。⑵寫作方面：①寫語體文：國中指導學生寫作體旨切合、文理通順之語體文，高中則提高學生寫作語體文之能力。②寫文言文：國中在指導學生練習簡明之文言造句。高中則寫作明易文言文之能力。程度上予以增强。⑶理想方面：國中在宏揚中華文化，高中在宏揚大同精神。二者目標之實質無異，而在層次上有別。蓋中華文化之本質爲倫理、民主、科學，而其所標示之理想，在於大同世界之實現。此與宏揚大同精神並無二致。然在觀念上，已從國家提及世界。程度、層次已然不同。

2.詳簡不同　國中所規定者較爲具體而詳確；高中所規定者較爲籠統而抽象。如指導研讀語體文方面：國中教學目標附加指示：「了解本國語言文字之組織及應用之方法，進而了解各種文體之寫作技巧及文法之運用。」而高中教學目標僅規定：「提高閱讀語體文之能力。」至於如何提高，並無文字說明。又如：寫作語體文方面：國中教學目標第六項規定：「指導學生寫作體旨切合，文理通順之語體文。」而高中教學目標第一項則言：「提高學生寫作語體文之能力。」如何提高，提高至何標準，亦無指示。故二者詳簡至爲懸殊。

3.範圍不同　國民中學國文教學目標範圍較廣，項目較多，而高中國文目標則僅有四項，殊少於前者。如國中國文教學目標，有聽話能力與說話能力之訓練，而高中則予略去。國中有書法之指導，而高中則不具規定於目標條文之中。態度方面：國中目標有詳確規定：如「培養聽話與說話」之態度，「對自己所發表之語言文字有負責之態度」以及「重視本國語文」等。而高中之目標，則不見諸文字。又如國中有啓導學生思辨能力一項，高中則未予說明。凡此可知，國中國文教學目標，範圍確較大於高中，項目亦較多於高中。

縱觀上述，國中國文教學目標與高中國文教學目標，二者精神實爲一貫，性質亦相近似。然因學生年齡與學力之增長，在程度上，重點上均有所取捨，不能一致。學者應比照而觀，細予分辨。

七、中學國文功課目標

凡事欲達至終目的，恒需積年累月之力，不能一蹴可幾。荀子勸學篇云：「不積跬步，無以至千里，不積小流，無以成江海。」所以國文教學目標之達成，亦非短日可奏功。就其近者而言，教師每次上課之功課目標，實爲教學活動之重心。每次功課目標可以達成，教學目標亦自然實現。功課目標或稱單元目標，係教師每次上課時，所欲得之學習成果。內容較之教學目標具體而明確，便於實施，易於達成。以其如此，故能由近而遠，積小成大，臻於教育之最高目標。玆目標分爲下列各項：

(一)啓發思想

人類之行爲，爲其思想之表現。人須有思想；學習、理解需依思想，表達、創造亦需思想，甚至辨明是非，判斷善惡，欣賞美醜，均須思想。思想爲文明之根源，亦爲教育之關鍵。無思想，學習將為徒然，教學亦歸於無效。故梁宜生國文教學叢談云：「教學之道誠難，但如果能引導學生自己去想，却已經成功了一半。」頗能道出思想之重要。思想包括思考、想像、推理、判斷、分析、綜合以及創造等能力。惟用此等能力，知識及經驗乃能發揮作用。循是之故，教師教學，宜啓發學生思想，刺激其心靈活動，指示其學習方法，令其自尋問題，自釋疑難問題。如此方可謂為成功之教學。

㈡增進知識

求知為人類亙古以來，未曾間輟之心智活動。其原因有三：一為人類之好奇心，無論何人，總欲了解事物之究竟，見花開葉落，必細思其因，晝夜交替，必揆其理，此屬人類之天性，亦為人之本能。二為基於需要，知識乃適應環境所不可少之工具。有廣博之知識基礎才能應事解難、判斷是非，甚可理家治國，濟世助人。故英哲培根云：「知識卽權力。」卽屬此理。所謂知識，不限於事實與經驗，其亦含原則、觀念、概念、方法與意義等。知識之價值，貴在能用，而非以記憶為止。是故教師教學，宜識若干觀念：1.知識之啓迪，不唯記憶，亦求了解，然後期其靈活應用。如此學習，方足適應環境，合乎社會需要，有助世人。2.知識啓迪，為教學目標中之一項，非教學目標之全部。教師教學，宜促學生藉知識之學習，以培養純正之態度與崇高之理想。如是，教學乃不至於本末倒置，失其旨意。3.知識內容，應屬於眞知：知識之作用，意在解決問題，故凡不切實際、不合時宜之知識，教師理當審愼，不可知無不言，言無不盡，否則效果難言，利弊互見。甚至紫將奪朱，徒見其害。

㈢養成習慣

習慣支配行為，影響學習。若習慣良好，頗利於學習，反之，則甚為妨礙。譬如讀書，一旦養成

「不求甚解」之習，則所學籠統，不能確切，成果必然損折。又如寫字，平日不求工整，草率了事，時日一久，自成習慣，每一下筆，必然滿紙塗鴉，己亦難辨。是以教學，培養學生良好習慣，實不容輕視。

㈣技能訓練

技能訓練在國文教學之中，至關重要。其種類有：作文、書法與說話等三項訓練。培養技能，用以輔助或充實生活。既可賴以謀生，復可藉以養性。教師當妥爲指導、訓練，使學生能謀一技之長以充實人生。

㈤態度建立

培養良好之態度爲教學之另一目標。態度係指爲人與做事態度而言。無論爲人或做事，良好之態度，總在一「敬」字而已。「敬」就人而言是爲莊重，態度莊重則能成德。周易坤文言傳曰：「敬以直內，義以方外，敬義立，而德不孤。」所論是也。敬就事而言，是爲專一，行事專一，則能有始有終。朱子云：「持敬是窮理之本，窮得理明，又是養心之助。」道盡敬之功。是以態度之建立，甚爲重要。

㈥培養德性

善善惡惡，爲人性本然。不論古今，道德教育始終重於知識傳授。易乾云：「君子進德修業。」孔子云：「德之不修，學之不講，聞義不能從，不善不能改，是吾憂也。」（論語述而）是重德教之證。在今日亦如是：仍以學習做人爲至要目的。先總統 蔣公云：「我們在學校裏讀書，所學的各門功課，各種知識都不過是次要的，最要緊的，還是要懂得做人的道理。如果不懂得做人的道理，其他學問無論學得怎樣好，都沒有用。所以我們求學，第一就是要懂得做人的道理。所謂『做人的道理』是什麼呢？簡單的講，就是我們的校訓——禮義廉恥——四個字。」（註十）準此可知，重視德教，乃根於人性之良知，教師教學自無忽略之理。

(七)理想涵泳

凡人皆有欲求，求之不足，託於未來，則成爲理想。理想乃人類活動之指針與努力之標的。人類之文明所以日增月長，蓋在心之中存有高尙之理想——促其不屈不撓，向前邁進之故。唯理想有高有低，「書中自有千鍾粟，書中自有黃金屋」，此乃意在利祿。「爲天地立心，爲生民立命，爲往聖繼絕學，爲萬世開太平」（張載宋元學案語）此則志在萬世生民。二者理想之高卑，實有雲泥之別。教師教學宜以身作則，培養學生崇高之理想，棄其私心，法古今聖賢，以天下爲已任，莫志爲大官，應立心爲大事。如是，生命方見其意義。

(八)欣賞發展

欣賞之發展，屬於情緒與感情之陶冶，其爲教學之重要目的之一。尤其在國文教學中，欣賞發展更爲重要。人係感情之動物，人之行爲雖恆爲理智與意志所影響，然多數時間，感情力量實支配其生活。無論由質或量觀之，吾人感情用事之時較多，而思考行爲之時較少。從社會習俗之考察，或從人類理想之分析，均能發現感情實左右人類之活動。美波新氏嘗引言云：「我們的理智只是感情之海中的一粒微塵。」（註十一）教師當認淸此事實，誘導學生，節發其情緒，培養其和諧之情，藉欣賞教學指導鑑賞文學之美，道德之善，以及人生之可貴，於從容涵泳之中，養成其溫柔敦厚之性情，造就一健全之人格。

綜上所述，功課目標包含知識增進，思想啓發，技能訓練，習慣養成，態度建立，德性培養，理想涵泳與欣賞發展等八項。此八項，依其性質，可歸納爲三大目標。一爲知識目標：知識增進與思想啓發。二爲技能目標；技能訓練與習慣養成。三爲態度與理想；態度建立，德性培養、理想涵泳與欣賞發展。此三大目標爲國文之功課目標於每一節課中所欲達成者，惟每篇教材之內容與性質不盡相同，輕重之間，或有差異，教師應就教材之性質，而決定何爲主學習，何爲副學習，何爲附學習。如此，方能運用方法，循序而施。

八、中學國文行為目標

功課目標之於國文教學目標欲變化學生行爲而言，仍嫌空泛，不夠具體。學習是否有效，教師不易觀察，亦難評量。故欲確知功課目標已達成，唯有重訂行爲目標。行爲目標即功課目標之分化，係實踐功課目標之細節，爲學生學習所欲達成之行爲標準。易言之，即教師每節教學所欲完成之目標。此目標須爲可觀察、能評量，具體明確之行爲表現。譬如就高中國文第一冊第九課左忠毅公軼事，吾人擬定其功課目標爲㈠主學習：⑴使學生了解記敘文中描寫人與事之作法。⑵分析其結構。⑶欣賞其剪裁工夫與遣詞造句之技巧。⑷了解全篇生難字詞。㈡副學習；令學生了解明末宦官擅政專權情形。㈢附學習：就左公史公之表現，闡述師徒間之眞愛與左公、史公對國家之忠貞，以培養學生敬愛師長之心與愛國家，愛民族之感情。此目標欠具體，無能觀察，甚難評量。因此，我們復予剖析，擬定行為目標，如第一項主學習，其行為目標為⑴令學生能由其他課文學例說出或寫出記敘文中記人方面之特點。（此特點如：此人個性與言行之特殊表現，並能敘述背景，分辨主體與客體）⑵令學生能從其他課文學例說出或寫出敘事文之特點（此特點為能首尾交待，段落分明，以及時空清楚等項）。⑶使學生能說出或寫出某一課文非記敘文之理由。⑷令學生能說出或寫出本課文之安排係按時間順序相次排列。⑸令學生能說出或寫出：為何作者取材左公在獄中之言，而不擇取其他之材料。⑹令學生能說出或寫出作者敘述第三段與第四段之意何在。⑺令學生能說出或寫出：「不速去，無俟姦人構陷，吾今即撲殺汝。」之用心何在，此句語氣全不銜接，何故？⑻第一段「風雪嚴寒」第三段「冰霜迸落」，作者作何暗示，用意何在？令學生能說出或寫出。⑼第三段：「吾上恐負朝廷，下恐愧吾師也」此句法與全篇散式之句法不類，令學生說出此句之得失。⑽令學生能說出或寫出「席地」、「前跪」、「面署」中之「席」、「前」、「面」三詞特殊用法。⑾令學生能說出或寫出全篇生難字詞之意義，如「先君子」、「視學」、「面署」、「皆」……等詞。

凡上幾項之擬定，為「主學習」之行為目標，此目標可以觀察，亦能評量，是否達成目標，一望可知。其他如「附學習」培養學生敬愛師長之心，亦可從學生之上課態度、答話、問話，或見面態度觀察測量。

欲擬定行為目標須具如下四項條件：

㈠明確化

每一項行為目標須有具體之行為表現，以及明確、可觀察，可證實之結果，不可有內容空洞，措辭籠統之行爲目標。其最基本之因素有「學生」、「具體行爲」與「明確結果」三項，例如「令學生明白寫出或說出『視學』之意義」一項，其中「寫」與「說」爲具體行爲，「寫出或說出『視學』之意義」爲明確結果。

㈡細步化

每一行爲目標均爲功課目標中一項細分之步驟，簡明易行，毫不費時。此細步化要求在某種情境，必須完成某種結果。如「令學生在三十分鐘內能背誦或默寫左忠毅公軼事課文第一段。」「某種情境」係指在一特定之情況，如「在三十分鐘內」即爲特定情況。

㈢系統化

行爲目標每一項目之次序須作系統安排，或依心理層序，或循教學過程，一以學習簡便爲依據，誘導學生逐步學習，完成功課目標。

㈣數據化

行爲目標之行爲求可觀察、或可評量，設非如是，須續修正，如「令學生了解記敘文之作法」一項，此項結果不易觀察，亦難評量，因此，須改爲「令學生能寫出或說出記敘文之作法」，如是，可以評量，亦可觀察。學習結果能確切評分，而不含混，此爲數據化之標準。

總而言之，行爲目標爲達成功課目標，最具體、最精細之項目。準此，可以立卽確定目標是否達成，可以立卽觀察結果之得失。故迄於今，行爲目標乃教師擬定教學目標最可依據之標準。教師當根據「國文教學目標」確定「功課目標」分爲「主學習」、「副學習」、「附學習」三項，然後細分，可成明確易行之行爲目標。

本章結語

教學、係教師刺激、指導、鼓勵學生自學之活動。目的在培養學生成一德智兼修之健全國民。凡教師能力之修養，合適教材之選取，教學方法之改進，教學情境之設置，悉爲學生之學而籌謀。教學若忽略學生之存在，忽視學生之學習，不顧學生之差異，則勢必流於空談。是以吾人以爲，教學之主體在學生。

六十四年九月，臺灣省立高雄師範學院——師範生教育標準研究小組作中學優良教師一般品質與能力之研究，由多數專家學者問卷調查得知：在六十八項優良教師之品質與能力中，評定位序第一位者爲：「能了解學生個別差異並因材施教。」第二位者爲：「能表現仁愛的心懷，熱愛青少年。」循是，學生在教學中之主要地位，實爲公認之事實，無庸置疑。而其中了解學生與熱愛學生，則爲教學之最重要因素。張載李蒙中正篇云：「教人者，必知至學之難易，知人之美惡，當知誰可先傳此，誰可後傳此。知至學之難易，知德也，知其美惡，知人也。知其人且知德，故能教人使入德，仲尼所以問而答異以此。」（宋元學案，橫渠學案）。亟言了解學生之必要。春秋誣徒篇云：「善教者，視徒如己，反己以教則得教之情也。所加於人，必可行於己，若此，則師徒同情。」是言以誠待徒，喜愛學生，爲善教之表現。而美國哈艾特云：「假使你不眞正喜歡孩子們，也不愛青年男女，最好是放棄教學。」尤爲肯綮之言。

教學生之因素，至爲繁雜，包含目標、教師、學生、教材、方法、環境、時間等，教師教學若不能識其主體，扼其重心：「了解學生」與「熱愛學生」，則教學欲獲至效，臻於目標，亦戛戛乎其難矣。

【附　註】

註　一　康米紐斯全名爲 Johann Amos Comenius.

註　二　見雷國鼎教育概論上册四八頁。教育文物出版社。

註　三　史基納 Burrhus Frederic Skinner.

註　四　見所著行爲主義的烏托邦，三五頁，文榮光譯，新潮文庫。

註　五　見雷國鼎教育概論上册二七頁引。

註　六　見吳鼎教學原理。

註　七　見哈艾特教學之藝術第一頁。

註　八　杜威民主主義與教育第四章。

註　九　見孫邦正普通教學法，第三三頁，正中。

註　十　見國中國文第二册我們的校訓。

註十一　見孫邦正譯中學教學法三六二頁。

第二章 教材選編

第一節 中學國文教材之範圍

教材，爲教學所用之材料，人類藉此以適應生活，充實生活之知識、方法與觀念。依據課程標準，在學校每一學科均有其獨特之教材，每一教材皆有其獨自之畛域，彼此各具目標，互逞功能。教師若不明學科之分際，及其所教之範圍，則如盲人騎瞎馬，必然施爲無方，動輒得咎矣。

國文教材，爲達成國文教學目標之工具。其範圍甚廣：就其廣義而言，凡本國文字所敍述之篇章、典籍，用以傳布文化，儲存民族經驗者，皆可謂爲國文。職是之故，經、史、子、集，可以含括，駢、散、詩、詞，可以網羅，甚至小說戲曲亦可涵蓋。時間不論古今，形式不論文、白，舉凡本國文字所載，篇章典籍所存，均屬國文之領域，故章微穎先生在其中學國文教學法講義云：「提起『國文』一詞，諸凡我國文章、文學所能含有的各種觀念，都會同時引起，有文言寫的國文、有白話寫的國文、經史子集都是國文、詩詞歌賦也都是國文。」是爲確論。循此而觀，範圍如是浩瀚，材料如此繁多，若不確立重心，明其止境，則教者茫然，學者亦無所適從。是以教材範圍之確立，乃教學當務之急。依據中學國文教學目標，吾人以國文教材之範圍應含下列各項：

△須為語文訓練之教材

中學國文教學目標之一，在訓練學生聽、說、讀、寫之能力，並且提高此項能力，以為研究高深學術之基礎。是以在國文教材之中，須有語文知識之材料。語文知識包括文法、語法、修辭法、文章作法、應用文、文字學常識、書法、工具書使用法、標點符號使用法及說話技巧等（註一）。內容皆敍述有關語文之各類常識，使學生對語言、文字之運用、研讀之能力、興趣與習慣之培養，均能獲得明確之指示。循此，學生得以提高其語文能力，充實其生活知能，而達適應社會之目的。

△須為文字優美之範文

選輯範文時，時可不論古今，體可不論文白，然文辭必須優美，情意必須眞摯。辭美情摯之文，可使學生從誦讀玩味，分析比較，從容涵泳之中，增進其欣賞文學作品之能力，加强其欣賞文學作品之興趣。甚而於欣賞，模倣之餘，達到創造之境地。是以文字優美之範文爲國文教材之範圍，而文辭拙劣，無病呻吟之陳詞，則不宜納入。

△須為思想純正之作品

教學目的在培養學生良好之習慣，正當之態度，高尚之品德，以及啓發其遠大之理想，凡此均以純正之思想爲其基礎。而純正思想之啓廸，則有賴旨趣明確、思想純正之作品，以爲教材。使學生於誦讀學習之際，潛移默化，則教學目標之實現，自是水到渠成，毫不困難。若作品之旨意含糊、思想不正，則學生研讀愈深，去道愈遠，健全人格之培養，難託於後代矣。

△須爲復興文化之篇章

國民中學國文教學目標第一項：「指導學生由國文學習中，繼續國民小學之教育，養成倫理觀念、民主風度及科學精神，激發愛國思想，並宏揚中華文化。」高級中學國文教學目標第四項：「灌輸固有文化，啓廸時代思想，以培養高尚品德，加强愛國觀念，宏揚大同精神。」足見國文與固有文化乃不可分割。凡人，須知本國文化，猶如須知己之所生一般，不知本國之文化，則無以建立自己之國家，國家不能建立，則將受制於人，恒爲人所奴役矣！是以國文教材，須含灌輸固有文化之篇章，藉以養成倫理觀念，民主風度、科學精神及愛國觀念，然後可以復興中華文化，宏揚大同精神於世也。關於中華文化，其含義甚廣，從其本質；倫理觀念，民主風度與科學精神，至於四維「禮義廉恥」，八德「忠孝仁愛信義和平」，以及「人不獨親其親，不獨子其子」，「四海之內皆兄弟」之大同精神，皆爲中華文化之內涵。當今在灌輸固有文化方面，高中有文化基本教材及國學概要。而國中除範文所選之若干篇章外，則付之闕如，此宜檢討。

綜上言之，國文教材之範圍須爲：語文訓練之教材，文字優美之範文，思想純正之作品，復興文化之篇章，此領域界限分明，不易混淆於其他學科，國文教師教學取材應以此爲準則，則不至於離經背道矣。

第二節 中學國文教材之分類

依據課程標準（註二）規定：國民中學國文教材包含範文，課外閱讀與語文知識。高級中學國文教材包括範文、中國文化基本教材、國學概要與課外讀物。玆併二者，簡略合說：

△範　文

國中範文教材，依規定分爲必讀教材與選讀教材兩種。必讀教材，不分班級能力高低，均須講讀。選讀教材，專供能力較高班級講讀。

高中範文教材，依規定分爲精讀文與略讀文兩種。精讀文以熟讀深思爲主，短篇文言文及長篇文言文之精彩段落，均宜背誦。略讀文以培養欣賞之興趣爲主。

準此規定可知，國民中學範文講讀，不分精讀與略讀，而一律施以範文教學。所謂範文教學，即熟讀全文，了解文義，反覆玩味，深入思辨，注意文章措詞造句技巧，表情達意之層次，把握其中精闢見解，欣賞其眞切情意及深厚韻味等。凡範文所具之語文訓練，精神陶冶與文藝欣賞三種價值，均予闡述發揮。是以範文教學可以謂爲國文教學之主力所在。國文教學之得失，端視範文教學之成敗。

高級中學範文分爲精讀文與略讀文。精讀文較爲簡鍊，以熟讀深思與背誦爲主。略讀文較爲淺近，以培養欣賞之興趣爲主。二類文章，雖有深淺之不同，然於範文教學之精神仍無二致。必須使學生會誦讀、玩味、比較、模倣，使學生於從容涵泳之中，收潛移默化之效，以達教學之目標。

△中國文化基本教材

此爲高中之教材。內容選授論語及孟子。講授文化基本教材，以闡明義理，躬行實踐爲主。教學方法與範文教學並無差異。唯玆教材，宜配合日常生活，就其義蘊，盡量發揮，令學生透徹領悟。

△國學概要

此亦編屬於高中教材，目的在指導學生明瞭國學常識，以認識及記憶爲主。故可用略讀之方式實施。內容包括文字構造與演變、修辭種類與方法、文學體類與源流、史學略說、經學略說、子學略說。(註三)

△課外讀物

爲國中與高中範文教學之輔助讀物，以自行研究，教師從旁補充指正爲主。率於課外行之。國中之課外讀物包括報章雜誌、短篇故事、新聞特寫、散文、小說、傳記、短劇、詩歌暨必要之語文知識書籍等，教師應常指導其閱讀。高中之課外讀物包括名人傳記、短篇文藝名著、歷史故事、著名通俗

小說、名人書信、名人札記、名人言論、文學作品、科學論著、其他學術論著等。(註四)

△語文知識

爲國中教學之輔助教材，多附於國文課本內。在高中則歸屬於國學概要之中，附於國文課本者唯應用文一項。語文知識之內容，均敍述有關語文之各種常識，使學生對語言、文字之運用，研讀之能力、興趣與習慣之培養，能獲明確之指示。其篇章多分列於範文之後，以配合範文教學之實施。其內容大致包括：

(一)工具書檢查法：字典檢查法、辭典使用法。

(二)標點符號使用法。

(三)文字學常識：六書淺說（文字基本構造）、字辨、書法。

(四)文法、詞性、語法、修辭法、文言虛字使用法等。

(五)文章寫作：包括記敍文、論說文與抒情文三種文體之作法。內容有審題、立意、構思、鍊字、度句、裁章、謀篇等。

(六)應用文：國中方面有日記、書信、通知、集會記錄、交際柬帖、公文等。高中方面有書信、契約、規章、公文等。

(七)說話技巧：口頭報告、演說、辯論、會議發言等。(註五)

凡上爲中學國文教材分類概況，斯雖不能盡括國文教材之全部內容，然於國文教學目標之達成，亦能盡其任務。

第三節　中學國文教材之選擇

教材爲人類生活經驗之精華，範圍至廣，材料極浩，若不擇精取要，選擇其合宜者，而欲於短暫數年，令學生竟其全功，終非可能。莊子逍遙遊：「吾生也有涯，而知也無涯，以有涯逐無涯，殆矣！」故教材之選擇，誠爲必要。雖然，今日中學國文教材，已一致採用教科書；但中學六年二百餘篇之課文，實不能盡括吾國浩瀚之文化遺產，是以教材之補充及其選擇，勢所必需。玆分選材原則與方法，分別陳述：

一、選擇原則

根據國文課程標準，教材大綱，範文選材之原則規定如下：

國民中學方面：(註六)

㈠範文之選擇，必須同時具有語文訓練，精神陶冶及文字欣賞三種價值（應用文注重實際應用價值），並切合學生心理發展及其學習能力。

㈡選文注重左列各點：

1.思想純正，足以啓導人生眞義，培養國民道德者。

2.旨趣明確，足以喚起民族意識，配合國家政策者。
3.理論精闢，足以啓發思路者。
4.情意眞切，足以激勵志氣者。
5.材料新穎，足以引起閱讀興趣者。
6.文字淺顯，適於現代生活應用者。
7.層次淸楚，合於理則者。
8.詞調流暢，宜於朗誦者。
9.韻味深厚，足以涵泳性情者。
10.篇幅適度，便於熟讀深思者。

高級中學方面：（註七）

㈠範文精讀文與略讀文兩類，精讀文以簡鍊爲主，略讀文以淺近爲主。

㈡選材原則：

1.思想純正，足以啓導人生意義，培養國民道德者。
2.旨趣明確，足以喚起民族意識，配合國家政策者。
3.內容切時，足以培養民主風度及科學精神者。
4.趣味濃厚，足以培養欣賞文學作品之能力者。
5.理論精闢，足以啓發思路者。

6.情意眞摯，足以激勵志氣者。

7.文字雅潔，足以陶鍊詞令者。

8.篇幅適度，便於熟讀深思者。

9.層次分明，合於理則者。

10.詞調流暢，宜於朗誦者。

比較右列國中與高中十項選材原則，可知二者教材之選取原則幾爲一致，其懸殊之處，在國中第九項：「韻味深厚」一則不見於高中項目。高中第三項：「內容切時」，不見於國中項目之內。其次，若干項目，在程度上亦略見差異，如國中第五項：「教材新穎，足以引起閱讀興趣者」，而高中第四項則「趣味濃厚，足以培養欣賞文學作品之能力者」。國中第六項：「文字淺顯，適於現代生活應用者」，而高中第七項則爲「文字雅潔，足以陶鍊詞令者」等，皆是程度上之差異。除此而外，二者之取材原則，並無不同。

右列之選材原則，就其性質言，吾人可以概分爲意義內容方面之原則與文字形式方面之原則。國中選材原則，第一項至第五項，屬於內容方面，第六項至第十項屬於形式方面。高中選材原則，第一項至第六項屬於內容方面，第七項至第十項屬於形式方面。玆就所分，予以討論：

第一、內容方面之原則　語文教材選擇之原則，在內容上當慮及思想純正，旨趣明確，合乎時宜，知識傳授，學生興趣，學生能力，啓發思路，陶冶情性，以及文化精華之原則，玆爲略述：

㈠思想純正

凡是理想崇高。態度正當，品德優美，心地光明之君子，其發爲文章，必然思想純正，情摯理直，無悖於教育目標。是以欲培養學生優美之德性，建立其崇高之理想，唯有選取思想純正之範文，以期實現。故選材原則第一項規定：「思想純正，足以啓導人生意義，培養國民道德者」，思想純正，則心地磊落，行爲不曲，如是崇高理想，正當態度與優美品德之培養乃不費吹毫矣。

㈡旨趣明確

以爲教材用之範文，其題材必須關係民族國家，其宗旨意義必須明確，如此，乃能培養學生愛國思想，民族意識，並能宏揚中華文化。若是範文乃宗旨，意義曖昧不明，與國家政策，教育宗旨大相逕庭，則教育意義盡失，不足以爲典範。是以選取原則第二項規定：「旨趣明確，足以喚起民族意識，配合國家政策者」，乃理所當然。

㈢時空合宜

人之思想多因時空之不同而變異，教材亦須隨情境之轉換而更改。至善之教材，乃最合需要之教材。未有不合時宜，不合需要之材料，而用爲教材者。社會形態與時代思想，係決定教材內容之重要因素。教材內容宜配合社會需要與時代精神。如是，內容方能歷久常新，彌見珍貴，否則，但爲用覆醬瓿之物而已。譬如，讖諱之學，乃漢代迷信思想，若取用讖諱之書，以爲今日教材，而置科學觀念於不顧，則可謂不合時宜者也。故高中國文選原則第三項規定：「內容切時，足以培養民主風度及科學精神者。」皆明教材須取合於當前社會時代之需要，不可閉門造車，忽略實情。其次，臺灣爲我國不可分之一體，地處東南海陬，其風俗人情，文學表現，亦爲我國文化之一部份，因此取材之時宜注意時間地域之因素，考慮選取，本省之史文或文學作品以爲教材，如此可見我國文化之寬廣而深厚，以此教學，學生學習必感親切而有效。

(四)知識傳授

此處知識傳授，非專指語文方面之知識。而亦指固有文化、國學常識，及一般之生活經驗而言。教育目的之決定，不免於文化遺產之影響，故教材之內，不能無固有文化與國學常識之材料。此外，一般之生活經驗，亦爲人類生活所需，藉知識傳授而增進其生活經驗，以充實其生活。譬如國民中學國文第三册（註八），胡適讀書一文，即著重於生活經驗之傳授。全文內容爲作者由眼到、口到、心到、手到四點，說明讀書之法，並告知讀者如何得其學習極致。此係人類生活以及讀書所必需之知識與經驗，故教材之選取，亦須考慮知識之傳授。

(五)學生能力

教材內容之難易，須配合學生之經驗與能力。過於艱深，學生不易了解，過於淺顯，學生讀之乏味。深淺難易之間，要皆以學生身心發展狀況爲依據。審其程度、能力、智力，以及心理之情況以爲參考。艾偉曾就教材之難易，予以實驗，結果得知：文言文較白話文爲難，純粹理解之文字較爲難解，對事實之敍述較易明白（註九）。循此，吾人可以確定：抽象理論之教材較難，而含具體事實之教材較易。教師在選材之時，宜注意學生之程度、能力、經驗，然後擇取深入淺出，難易適中之教材，以免學生患難而影響學習。

(六)學生興趣

興趣乃學習成功之保證，艾偉中學國文教學心理學云：「學生對感覺興趣之文章背誦成績較佳，否則反是。」是教師教學之重點，恒在誘發學生之學習興趣，並謀維繫其興趣。美國心理學者 Gates 格玆曾作一研究：「認為無論要閱讀的材料是供實用的，或是供消遣，是想像性的，或是現實性的，凡具有下列各種特徵者，最能使兒童發生興趣：①驚異、奇突、事變或結果出人意料。②活躍：有動作。③有動物：敍述動物所做的事情，及其特性。④有談話。⑤幽默（須出於兒童的觀點）⑥設意好⑦適合兒童的經驗⑧難易適度。」（註十）

鑒此研究可知，學生之興趣，乃有所選擇，非盡好於所有教材。是以國中選材原則第四項：「材料新穎，足以引起閱讀興趣者。」高中選材原則第四項：「趣味濃厚，足以培養欣賞文學作品之能力者。」均已注意學生之興趣問題。

(七)能啓思路

在教學之中，教師主要工作，在刺激學生心靈，指導其方法，啓發其思路，使能自動思考，且能自動學習（註十一）。此雖為教師教學方法技術之運用，然在教材內容，須有供予可資參考之材料，教學乃能相得益彰，事半功倍，欲啓發學生思路，教材內容務求理論精闢，觀點突出，文字具體而且深切雋永。譬喻新穎妥貼，文字結論出人意外，凡此均可意象鮮明、感情含蓄、開拓學生思境，啓發學生思路。是以中學選材原則云：「理論精闢，足以啓發思路者」是也。

(八)陶冶情性

文章切忌矯柔造作，無病呻吟，必須情摯意眞，出自肺腑。若是中學生道出：「淚眼問花花不語，亂紅飛過鞦韆去」。（歐陽修蝶戀花），則令人不可思議，若於言出：「悲哉秋之爲氣也。蕭瑟兮草木搖落而變衰。」（宋玉九辯）亦屬荒唐。學生文章所忌如是，而選爲教材之範文尤諱無病呻吟。文美而乏情之作，過眼卽忘，不能深刻，若所作情摯意眞，出於情性，則必感人至深，而可勵人志氣矣。劉勰文心情采云：「夫桃李不言而成蹊，有實存也，男子樹蘭而不芳，無其情也。」皆證明文之須有情實，不可虛假。歸有光之文章，能比肩唐、宋，琅琅於後人之口，以其爲文，常出眞感情之故。是以選材原則規定：「情眞意摯，足以激勵志氣者。」情不眞，則不能感人。不能感人，則不能移其心志，勵其志氣。如此，教學目的，欲改變學生氣質與行爲，亦難言矣。

㈨文化精華

教材爲人類生活經驗之精華，其中可資利用者，仍如恒河沙數，不知凡幾。因此，欲擇取最有價値，最具效用，最切己需，並且最能涵括所有教學目標之重要精華，乃選材之中，最爲重要之原則，所謂文化精華，乃指：①生活所必須之技能與知識。②固有文化之精華（自先秦以迄現代。選歷朝最具代表性，最重要之材料）。③能含蓋國文教學目標之教材。所以在國民中學選材原則之總則中規定：「範文之選材，必須同時具有語文訓練，精神陶冶及文藝欣賞三種價値（應用文注重實際應用價値），並切合學生心理發展及其學習能力。」此規定，切合重要精華之原則，所以選材欲合此標準，斟酌之間，則須審愼才可。

以上爲內容方面，選材之原則。

第二、文字形成方面之原則 形式方面之語文訓練，固爲國文教學之重要目標，然其亦爲達成精神陶冶與文藝欣賞之重要手段。蓋學生從聽、說、讀寫能力之訓練，可以提高理解力，以及欣賞文藝之興趣，然後於從容涵泳之中，養成學生正當之理想與態度，以及高尚之品德情操，而成就一健全之人格。是以語文訓練，乃國文教學最基本之目標，此目標不能達成，則精神陶冶與文藝欣賞亦難實現。循此，範文選擇在形式方面必須注意文字妥當，章法清楚，辭氣流暢，體裁合宜，與篇幅適度之原則，方有助於學習，茲就其原則分述如下：

㈠詞　句

一篇範文，文字要求措辭生動而不呆板，敘述曲折而不平直，描寫眞切而不浮泛。文字排列方面，要求自然穩貼而無論理上之錯誤。文字意義方面，則要求深入淺出，簡潔精當，故蔣伯潛中學國文教學法云：「語體文用詞過於新奇、生僻者，句子太長、太複雜，或强求歐化者，文言文用詞過於古奧生僻者，句法太奇特，與現代文法相去過遠者，所用典實過多，近於堆砌者，勿選。文句中有語病——文法錯誤或論理背謬者，不論文言語體，皆勿選。」是爲的論。

㈡章　法

一篇文章，皆要求其理路淸晰，層次淸楚，一意聯貫，結構謹嚴，使讀者研讀之餘，能知其主旨，扼其龍脉，不至於滿篇錦繡，而不知所云。此爲文章章法之問題。所謂章法，乃是文章之組織方式，詳言之，卽爲文章列句成段，立段成篇之組織法則。其中包括布局與分段之工夫。「布局」，卽布置文章之格局。凡決定文章之首尾先後，本末輕重，使彼此一意相連，井然有序者，均屬於布局問題。國民中學國文第三冊語文知識㈢篇章的結構云：「文章的布局，就如演戲一樣。如何開場，如何順序排出，如何收場，重要的角色，精彩的節目，如何安排，皆有所打算。」（註十二）所喻甚爲恰當。至於分段乃就其篇章，使文章眉目醒豁，條理清楚，易於閱讀。其作用正如標點符號之間格，使文意明晰有力。章法，爲文章必具之條件，然自古以來亦無一固定之法則，可資遵循，然若予分析，可察知文意清晰之文章，實存在若干原則，此原則爲：

1. 統一原則　全篇章句之意義皆不離中心思想。不論正言反說，均在烘托主題，强調旨意。所謂語不離宗，步趨一致也。

2. 秩序原則　文意發展，循一定秩序，自然穩當，無錯綜雜亂之現象。材料安排，能先後分淸，賓主有次。

3. 聯貫原則　全篇從頭到尾，聯成一氣，句段之間緊密銜接，文意不斷，無脫落支離之弊病。

4. 重點原則　文字輕重疏密之間，巧於安排，使形成語勢，造成重點。凡玆均爲章法運用之原則，材料若不合此原則，皆不宜採錄，如此學生方不致讀之茫然，思而不得。國文選材原則云：「層次分明，合於理則者。」意卽在此。

㈢辭　氣

所謂辭氣，一般均指文辭所表現之氣勢而言。事實上，辭氣亦兼文辭所含蘊之氣質而說。二者不可見亦不可聞，唯有以口念誦，用心領略。於章句音節之間，察其氣勢之强弱，與氣質之剛柔而已。吾人常言某人文章如「長江大河，一瀉千里」，某人文章「語詞煩瑣，詞氣壅滯」，悉指氣勢之强弱而言。氣勢强者浩瀚壯濶，舒暢輕爽，氣勢弱者語瑣詞煩，壅滯舛頓。選材之標準，宜取其詞調流暢者，而棄其壅滯難舒之文。氣質，指辭氣之性質而言，有陽剛與陰柔之別。所以姚鼐復魯絜非書云：「天地之道，陰陽剛柔而已，文者天地之精英而陰陽剛柔之發也。」表激陽剛之美者遒勁豪邁，雄偉正大，表現陰柔之美者溫厚純摯，淵雅和平，凡此均可擇取。然若表現驕傲，狂妄、偏現、浮靡、卑弱、輕忽之氣者，皆宜捨棄（註十三）。總之，辭氣雖爲不可見，然可藉誦讀而得之。選者宜因聲求氣，以辨辭氣之美惡。選材原則規定：「詞調流暢，宜於朗誦者。」係指此而言。

(四)體裁

曹丕典論論文：「奏議宜雅，書論宜理，銘誄尚實，詩賦欲麗，此四科不同，故能之者偏也。」類分文學爲四，嗣此之後，文體類別，愈分愈繁。蔣伯潛中學國文教學法云：「文體底類別，有以作法分者，如近人分文體爲記敘、描寫、議論、說明、抒情五種，有以應用的格式分者，如姚鼐古文辭類纂所分之十三類，（案：此十三類曰論辯。曰序跋。曰奏議。曰書說。曰贈序。曰詔令。曰傳狀。曰碑誌。曰雜記。曰箴銘。曰贊誦。曰辭賦。曰哀祭。）曾國藩經史百家雜鈔所分之十一類。（案：曾文正公經史百家雜鈔總分三門。曰著述門。曰告語門。曰記載門。著述門爲類三。曰論著類。曰詞賦類。曰序跋類。告語門爲類四。曰語令類。曰奏議類。曰書牘類。曰哀祭類。記載門爲類四。曰傳誌類。曰敍記類。曰典誌類。曰雜記類。）有以章句組織的方式分者，如韻文與無韻文，駢文與散文，文言文與語體文，擴而充之，則辭賦、詩歌、戲劇小說爲純文學（文藝），其餘爲雜文學（文章）」。紛紛紜紜，莫衷一是。依據選材原則，教材選擇應合乎時宜，配合社會需要，顧及文化遺產，並且能促進學生寫作之能力者爲善。是以，體裁之選擇，亦當以此爲標準，並注意學生之能力與興趣，而後決定取捨。現行中學國文課程標準，教材大綱均將範文總分爲文言文與語體文，然後依作法分爲記敘文、論說文、抒情文與應用文四類。此類分類，可使學生利於學習。以作法之了解，而達語文能力訓練之目的。關於在中學應讀文言文或應讀語體文之問題，曾有若干爭論，從今中學國文課程標準文言文與語體文分配之比例觀之，似已得一折衷方案：卽國中階段偏重語體文，高中階段偏重文言文。此決定頗合於中學教育目標。如是，可以繼續小學之基礎訓練，而爲未來研究高深學術作準備。易言之，語體文重在基礎之訓練，文言文則偏於範圍與深度之擴張，並爲未來研究固有文化作事先準備。二者當並不悖，兼籌並顧也。國中選材原則第九項規定：「韻味深厚，足以涵泳性情者」，乃期以欣賞韻文之美而達陶冶情性之目的。此則依據教學目標與學生之興趣而訂定者，故詩歌與韻味深厚之文，亦須斟酌選取。

㈤篇　幅

文章之篇幅，本無關內容之優劣，却深切影響學生學習之進度。根據學習心理學之實驗，證知，篇幅長度乃影響誦習速率諸因素之一，艾偉云：「是可知初學者誦習文言文時，如無其他因素之影響，則每篇之字數不宜過多，其字數以在一百三十五字左右爲最宜，最多亦不得超過一百五十字。」(註十四)以此結論，可以推知，篇幅過長，將驟減學生之學習速率。欲令學生行有餘力，則篇幅之長短增減，宜爲深思。

綜合上述，教材選取，實非輕易之工作，其內容須配合教育目標，兼具語文訓練精神陶冶與文藝欣賞等價值，並切合學生心理發展及其學習能力，而後復欲顧及文化精華與學習效率之原則，若非專力於玆者，勢難勝任。高明先生在其關於標準教科書初中國文的編纂一文中云：「編纂國中教科書，却要顧到國家的政策，課程標準、教師的能力、學生的程度、教學的效果，以及各方面的意見，層層的束縛，會束縛得編者動輒得咎，輕也不是，重也不是，哭也不得，笑也不得。要編出一部國文教科書，眞能做到『放諸四海而皆準，俟諸百世而不易』，使得人人首肯，個個滿意，我相信在這世界上還不會出現這奇蹟。」(註十五)是爲有感之言。雖然如是，吾人選擇教材，總宜依據一原則，以爲去取之準：凡思想不純、旨趣模糊、內容不切時宜，材料不新穎有趣，理論浮淺，情意虛僞，文字古奥，章法雜亂，層次欠明，詞調不暢，辭氣卑弱，篇幅過長，內容不重要者，均不採錄(註十六)。如是，所選之教材，雖難盡善，然尚可望其無大過矣。

上述範文選材之原則外，課外讀物之選取亦宜注意，依國民中學國文課程標準教材大綱，編選教材之原則第五大項規定：「課外閱讀之選材除準備前條各項原則外，尤宜注意左列四點：

1.事理易明。2.詞彙易解。3.語句易讀。4.結構易辨。」

高級中學國文課程標準，教材大綱，第四大項規定：「課外讀物之選材，除報章外，應酌選近代純正優美之文藝作品，及古籍中明白曉暢之傳記、書牘、筆記等。」

循此規定可知，課外閱讀教材選擇之原則，仍準之教學目標，着重語文訓練精神陶冶與文藝欣賞之價値。而國民中學選材原則，尤其注意學生之能力與興趣，期使學生易明、易解、易讀、易辨。而高級中學課外讀物之選材原則，則着重於欣賞能力與閱讀能力之增進。由此可知，國民中學課外讀物之選擇標準與高級中學課外讀物之選擇原則實相承相應，二者之不同僅在程度之加深與範圍之增廣而已。

二、選材方法

教材之選擇，常見方式，不外如下數種：

㈠**書　選**

以全書爲教材者，如課外讀物與國學概要，均以全册爲教材。

㈡**章　選**

在一書中選出數章合於教學目標之重要精華，以爲教學之用。如中國文化基本教材，乃從論語、孟子書中，章選而得者。又如論語孔子與弟子言志章亦嘗選爲範文。

㈢**篇　選**

所謂篇選，卽就獨立成篇之文章，選取整篇，不加更改者。教科書中之範文多屬此類。

㈣**節　選**

文章篇幅過長，或部份內容不盡合於教學目標，於是節取其中最重要、精采之一段，以爲教材。節選不可斷章取義。節選部份，概念須完整，事理宜充分，以免所得但爲片斷而不成系統。節選在課本中者，如魯智深大鬧桃花村一文屬之（高中國文第四册）。

㈤**自　編**

材料甚多，而內容不盡吻合。於是據茲材料，重新編撰，以合取材標準，是常見於語文知識之篇章中。

以上選材之方法，雖有不同，而所依據之原則，實無差異。此應予注意者。

第四節　中學國文教材之組織

一、教材分配

教材分配比例，包含①語體文與文言文之比例②各類文章體裁之比例③教材數量之分配等，茲就三者略述於後：

(一)語體文與文言文之比例

依據心理實驗證明，學生對文言文之理解較語體文困難（註十七），而文言文於中學實有其必要。因此，二者在份量上，宜有適當之比例，以配合學生之能力與興趣，並承接小學之基礎，以之漸進。

依國民中學國文課程標準，各學年語體文與文言文之比例為：

文別＼百分比＼學年	一	二	三
語體文	七〇%	六〇%	五〇%
文言文	三〇%	四〇%	五〇%

依高級中學國文課程標準，各學年語體文與文言文之比例爲：

文別 ╲ 百分比 ╲ 學年	一	二	三
語體文	四〇%	三〇%	二〇%
文言文	六〇%	七〇%	八〇%

由上二表之分配可見，語體文與文言文之比例，從國中一年級：七與三之比，至高中三年級：二與八之比。是比例係依由淺易而入深難之原則，符合學生心理之發展，學生易於接受。然顧及學生之能力，以及欲增進寫作語體文之能力，在國中一年級似可加重語體文之份量，以穩固學生寫作語體文能力之基礎（註十八）。然後逐年遞減語體文篇數，累增文言文之份量。如是，既可承接小學之基礎訓練，提高其語體文之寫作能力，且可爲研究高深學術之準備，循此，最妥當之比例，國中一年級語體與文言之比宜爲：九與一，高中三年級宜爲一與九，中間依次增減。

總之，文言語體比例之原則，應爲：其始語體宜多於文言，漸至文言與語體各居半數，後者文言應多於語體，循序漸進，由淺入深，以之爲研究高深學術之基礎。

㈡文章體裁分配之比例

所謂文章體裁，係指依據作法性質而類分之記敘文、抒情文、論說文與應用文四種而言。準諸目標，玆四類文體，須予兼顧。然依文章難易，學生興趣與需要之原則，玆四類文體之取捨，宜有重輕。譬如，記敍文所重在「事」，其內容恒爲事狀之描述，易爲學生理解，抒情文側重於「情」，其內容多爲感情之抒寫，亦易爲學生所接受。論說文偏重於「理」，其內容率爲理論之闡發，較難理會。然以應用與需要而言，論說文則逾於記敍文、抒情文。是以，文體分配，宜予斟酌：一面須注意學生之興趣，能力與需要，一面亦應顧及語文訓練與社會需要，然後方能擬定一深淺合宜，效用最高之比例。

由國民中學國文課程標準規定，各學年各類文體分配比例。

各學年各類文體分配之比例：

文別＼百分比＼學年	一	二	三
記敍文	四〇%	三〇%	二〇%
論說文	三〇%	三〇%	四〇%
抒情文	二〇%	二〇%	二〇%
應用文	一〇%	二〇%	二〇%

由高級中學國文課程標準規定，各學年各類文體分配比例。

文別＼百分比＼學年	一	二	三
記敘文	二〇%	一五%	一〇%
論說文	三五%	四〇%	四五%
抒情文	二五%	二五%	二五%
應用文	二〇%	二〇%	二〇%

可知，文體之比例，係依年次之遞增，以及教材之難易而有取捨進退。如記敘文在國中一年級，佔百分之四十，高中則僅佔百分之十。玆比例已顧及能力與趣與實際需要之原則而定，是在說明欄中（國中各學年各類文體分配比例之說明欄）已見此意向：「記敘文宜由寓言故事入手，漸進於人事景物之描寫及名人之傳狀，二三年級宜酌採記言或記事中附有意見感想者，以啓導論說文之學習。」玆安排顧及上述原則，甚爲清楚。而論說文之比例，由國中一年級之百分之三十，至高三之百分之四五，居各類文體之中最重份量。是類文章，雖較難解，然顧及語文訓練與社會需要，如是比例乃爲必需可行。

總之，文體之分配，宜考慮學生之興趣，能力與生活經驗，以及語文訓練與社會需要。循是而爲，文體之比例或不至於有所差失。

㈢**教材數量之分配**

教材數量之多寡，亦影響學生學習效率。所謂數量，係指每册教材所含之篇數，以及每篇範文所含字數之多寡而言。吾人所知，過猶不及：教材數量超多或不足，均不利於學習。唯有數量合宜，教者乃能從容，學者亦可應付。賈則君曾作文言、白話精讀文長度之研究（註十九），將每小時一般教師所能教學之字數，分爲「最短度」，「最長度」，「適當度」三種。「適當度」係最合適之數量，「最短度」與「最長度」尚合宜，然若超逾此限則不當。其研究結果如下表：

各學年白話精讀選文之長度

學年 / 長度(字數) / 項目 / 高初	一	二	三
初	433	500	571
	1,299	1,500	1,713
中	475	593	833
高	583	700	750
	2,332	2,880	3,000
中	1,125	1,750	1,750

各學年文言精讀選文之長度

學年 / 長度(字數) / 項目 / 高初	一	二	三
初	275	319	393
	825	957	1,179
中	275	319	393
高	400	483	550
	1,600	1,932	2,200
中	450	625	1,003

玆結果，雖不必爲精確無訛，然在教材數量之分配，實可引爲參考。循此原則，比照各學年語體文與文言文之比例，然後計算每學期精讀教學（卽範文教學）之實際時數（除去考試，放假時間約六十五小時），斟酌每篇長短，以及每册篇數，要以不超逾其「最長度」或「最短度」爲限。如是教師教學乃能得心應手，充分發揮，學生亦能確實學習，不敷衍了事。

二、教材安排

教材之安排亦關係學習效率。安排教材常見兩種方式：

㈠論理式之組織

玆組織方式注意系統知識，顧及學術研究，取成人觀點，一切由古至今，或由今至古，注重邏輯順序，與一貫原則。如以國文教材而言，或由先秦迄於今日，或由今至古，選取歷代具有代表性之文學作品，側重文學源流，或學術流變，不考慮學生之能力，興趣與需要。是法優點：可使學生認識因果關係，獲完整系統之知識，並能訓練其組織知識之方法。其缺點，則悉以教材爲本位，以成人爲中心，忽略學生身心發展，以及學習之能力與興趣。

㈡心理式之組織

玆組織方式悉以學生爲本位，顧及學生之心理需要與能力，而不論教材本身是否一貫或完整。如學生多喜寓言故事之記敍文，則以寓言故事爲中心，順其身心發展，由易及難，由近推遠，漸及他類文體。國民中學國文課程標準，教材分配比例，各學年各類文體分配比例說明二：「記敍文宜由寓言故事入手，漸進於人事情物之描寫及名人之傳狀。二、三年級，並宜酌採記言或記事中附有意見感想者，以啓導論說文之學習。」是項卽循心理方式而爲言。玆式之優點：符合學生興趣，需要與經驗，可提高學習興趣，增進學習之效率。其缺點：則不能獲取系統之知識或概念。

上述二法，各有優劣。是以最佳之方法，莫過於折衷玆二式，棄短擷長，相互爲用。以論理方式爲綱，顧及系統知識，以之「爲研究高深學術之預備。」（中學法第一條）。以心理方式爲目，注意學生之興趣，由淺入深，以提高學生之學習效率。如是，論理與心理並行，直線方式與圓周方式兼進，剛柔互濟，兩兼其美，是足爲貴。

本章結語

教材係學生學習之內容，亦爲啓引學生實現教育目標之工具。是以教材是否合宜，關係學生學習之效率至深。欲得一合宜之教材，應考慮教材之選擇與教材之組織。教材之選擇，在內容方面應注意：思想純正，旨趣明確，合乎時宜，知識傳授，學生能力，學生興趣，能啓思路，陶冶情性，文化精華等原則，在形式方面，則求：詞句生動，章法清晰，辭氣流暢，體裁合宜，篇幅適度之原則。教材之組織，則宜注意教材分配比例，與教材之安排。教材之分配，則求語體文與文言文，各類文體，以及教材數量等分配之適當，教材之安排，則宜論理方式與心理方式並行。然無論教材之選擇或組織，學生之能力與興趣，乃所有因素之中最須考慮者。蓋能力與興趣深切影響學生學習之效率。教材艱深，則學生難以吸收，教材枯燥，則學生不易悉心學習。如此，欲達教學目標則至爲困難。是學生之能力與興趣乃教材選編之重點。

中學國文教材欲符合學生之能力，則應以小學國語教材爲基礎，由淺及深，從易入難，循序安排。其次宜施國文能力調查，以一般之國文程度，以爲擇取教材之根據。如此，教材之深淺方合學生所需。

中學國文教材欲符合學生之興趣，則教材必須有用並爲學生所喜。所謂有用，係指一、最適用於日常生活。二、足以代表本國傳統文化者。三、最合於當代社會之需要者。四、有永久之價値，爲人生所不可缺者。五、爲國文科最基礎之教材（註二十）等是也。教材有用，學生自亟欲學習，其效果亦能倍增。爲學生所喜，其教材之特徵多爲：驚人奇異者，文章生動而有情感者，幽默、奇闢、別緻者，偉人故事或兒童故事，簡短之遊記與教條，以及文字簡潔，難易適度者（註二十一）。凡此均爲學生所喜，循是學習，其成績亦較爲佳（註二十二）。

總之，學生係教學之重心，目標之釐訂，教師之修養、方法之運用、情境之安置，無不以學生爲考慮之對象，教材之選編又何能外之。

【附　註】

註　一　見國民中學國文第六册，編輯要旨，民國六十三年一月四版。

註　二　國民中學課程標準，民國六十一年教育部修正公佈。高級中學課程標準，教育部六十年二月公佈。
註　三　見高級中學課程標準，教材綱要。六十年二月公佈。
註　四　見同註三。
註　五　見同註一。
註　六　見同註二。
註　七　見同註二。
註　八　見民國六十四年八月再版。
註　九　見艾偉著中學國文教學心理學，第一四八頁。
註　十　引自龔寶善語文科教學研究與實習，第六八頁。
註十一　見方炳林譯中學教學法，第一頁。
註十二　見民國六十一年八月四日版。
註十三　參見蔣伯潛，中學國文教學法，泰順書局。
註十四　見註九同書，第六六頁。
註十五　見中等教育六卷二期，關於標準教科書初中國文的編纂一文。
註十六　參見蔣伯潛中學國文教學法。
註十七　見艾偉中學國文教學心理學，第五頁。
註十八　參見阮眞中學國文教學法，第五一頁。
註十九　見艾偉中學國文教學心理學，第一五〇頁。

註二十 見孫邦正普通教學法，第三三七頁，正中書局。

註廿一 見艾偉中學國文教學心理學，第九七頁。

註廿二 見同註二十一。

第三章 教學方法

第一節 我國歷代教學理論

教學理論恆爲教學方法所本，欲悉國文常用之教學方法，則宜索求吾國先代之教學理論，以明淵源有自，並資參照規循。吾國教學向乏系統著述，所可蒐羅者，惟零星片語，短簡孤篇。雖如是，其內容每多精闢議論，切要箴言，與近代教學理論頗見吻合，足可啓迪後學，造就英才。遂列其要，以窺梗概：

一、孔子教學理論

至聖先師—孔子，爲我國史上最偉大之教育家，亦爲最偉大之學者。其學問淵深博大，精粹絕倫，影響後世甚深。所論教學原則與方法，散見於羣經傳記之中，欲博觀盡取，蓋非易事。茲取論語一書，羅列要言，以見一斑：

㈠教學精神

孔子教學之動機，非爲謀生，而實爲「愛人」，故孔子曰：「夫仁者，己欲立而立人，己欲達而達人。」（雍也篇）是也。惟仁者愛人，遂能「有教無類」（衛靈公），「誨人不倦」（述而），斯爲孔子教學精神之所在。

㈡教學原則

1.自動學習　孔子主張自動學習原則，係法乎天道。論語陽貨篇：「子曰：『予欲無言。』子貢曰：『子欲不言，則小子何述焉？』子曰：『天何言哉？四時行焉，百物生焉，天何言哉？』」蒼天無言，而萬物滋生，教師教學何須多言，但促學生自學而已。孔子又云：「君子求諸己。」（衛靈公）又云：「譬如爲山，未成一簣，止，吾止也；譬如平地，雖覆一簣，進，吾往也。」（子罕），謂學習乃學生自己之事，成敗得失悉由學生自己決定，教師無能爲力也。玆爲自動學習之基本理論。

2.適應個性　人類資質，生而不等；個性嗜好，亦各有分。是以孔子力主因材施教，適應個性，雍也篇子曰：「中人以上，可以語上也，中人以下，不可以語上也。」復如：先進篇：「子路問：『聞斯行諸？』子曰：『有父兄在，如之何其聞斯行之！』冉有問：『聞斯行諸？』子曰：『聞斯行之』公西華曰：『由也問聞斯行諸？子曰有父兄在；求也問斯行諸？子曰聞斯行之，赤也惑，敢問。』子曰：『求也退故進之；由也兼人，故退之。』」此外，有弟子問孝問仁之章，孔子答覆，無一相同，皆明孔子適應個性之教，教學適應個性，可以彌補罅漏，人盡其材，斯亦爲近代教學之重要理論。

3.培養興趣　興趣爲學習之基礎，亦爲成功之因素，孔子曰：「知之者不如好之者，好之者不如樂之者。」（雍也）言明興趣之重要。孔子時呈其樂學之態度，以啓誘學生學習之興趣。如「學而時習之，不亦樂乎！」是也。又如：「女奚不曰『其爲人發憤忘食，樂以忘憂，不知老之將至。』云爾」（述而）屢申爲學之樂，足證孔子深重興趣之原則。

4.類化教學　以舊經驗吸取新事物，以所知推及未知，是爲類化作用。類化應用可增學生了解，接受新知之能力。故衞靈公篇：「子曰：『賜也，女以予爲多學而識之者歟？』對曰：『然，非與？』曰：『非也。予一以貫之。』」一以貫之，故能多學多識，故能聞一知十，而類推無窮。教師教學，宜指導學生溫故知新，回憶舊知，以納新知。

5.學思並重　學必待思之工夫，所學方能融貫。思必因學之工夫，所思方切實際，故孔子曰：「學而不思則罔，思而不學則殆。」（爲政）包咸釋之：「學而不思尋其義，則罔然無所得。不學而思，終則不得，徒使人精神疲殆。」釋義甚爲了然。又曰：「吾嘗終日不食，終夜不寢，以思，無益，不如學也。」（衞靈公）極言徒思之無益。學思並重，爲教學之重要原則，亦爲孔子之卓見。

當今仍有多種教學方法，不出於孔子之教學理論。

㈢教學方法

1.啓發教學　啓發教學法首創於孔子（註一）。渠主教學，應令學生獨立思考，自動研究。反對專事記憶，悉依教師注入之學習。論語述而篇云：「不憤，不啓；不悱，不發；舉一隅，不以三隅反，則不復也。」依朱註：「憤者，心求通而未得之意；悱者，口欲言而未能之貌。啓，謂開其意，發，謂達其辭。」釋義尼明所言。學習係學生之事，教師但從旁輔導啓之發之而已。故云：「吾有知乎哉？無知也。有鄙夫問於我，空空如也。我扣其兩端而竭焉。」（子罕）。如斯學習方能深得於心。日本湯本比古所著教援學（註二）云：「今海爾巴脫派之教育學者所有屢千言而不盡之眞理，而孔子以數言簡括之，曰：不憤不啓，不悱不發，擧一隅不以三隅反，則不復也。」是海巴脫派之五段教學乃今之啓發教學，其爲孔子啓發教學之延伸，無待爭辯。

2.問答教學　孔子最善於問教學。論語一書，幾爲問答教學之實錄。學生之學，多由一問一答之中，獲致目的。如公冶長篇：「顏淵季路侍。子曰：『盍各言爾志。』子路曰：『願車馬衣裘，與朋友共，敝之而無憾。』顏淵曰：『願無伐善，無施勞。』子路曰：『願聞子之志。』子曰：『老者安之，朋友信之，少者懷之』」是也。寓教於問答，實爲孔子首創，而非蘇格拉底。

3.練習教學　練習可令觀念正確，記憶淸楚，技能熟練。充分而有效之練習，爲教學所必要。學而篇：子曰：「學而時習之，不亦悅乎？」學後，時習，可理會心通，令人欣悅。而且，反覆練習，時時溫故，即可「月無忘其所能」（子張），復可領悟新知，超人一等。是以孔子曰：「溫故而知新，可以爲師矣。」（爲政）均見練習教學之說。

此外，孔子殊重人格教育，精神陶冶。身教者從，言教者訟，唯有以身作則，人格感化，乃可收學習之極效。故云：「其身正，不令而行；其身不正，雖令不從。」（子路）又云：「不能正身，如正人何？」如是，方足感召學生，令之力學，無異顏淵喟然歎曰：「仰之彌高，鑽之彌堅。」此人格影響之功也。

綜言，孔子之人格崇高偉大，其學淵深精粹，教學理論精闢卓絕，此處所述，實不盡其萬一。我們唯存「高山仰止，景行行止，雖不能至，心嚮往之」之心，極力效法，以自强不息。

二、學記教學理論

學記爲禮記之第十八篇。禮記爲孔子七十弟子及後學者所記（註三）。故學記成篇年代，晚於孔子，其內容悉記有關先代教學之理論。鄭玄目錄云：「名曰學記者，以其記學教之義。」此篇爲我國論教學首見之專篇，價值甚高。析分全文，可見若干精要之論：

(一)教師修養

教師係教學活動之樞紐，教學之成敗實繫乎教師。欲爲一優良之教師，學記以爲：

1.應博聞強記，廣曉博喻　學記云：「記問之學，不足以爲人師。」記問之學，止於知識記憶，不能貫通，難爲人師。必也辨其美惡，析其得失，釋疑解難，廣曉博喻，如此，方足爲人師。故學記云：「君子知至學之難易而知其美惡，然後能博喻，能博喻然後能爲師。」是也。

2.知教學得失　洞察教學優劣得失，足爲去取改進之憑藉，若茫然無知，上下際閡，何足以啓迪生徒？故學記云：「君子卽知教之所由興，又知教之所由廢，然後可以爲人師也。」是也。

3.時刻進修　教師進修不已，乃能學增識長，言論彌新。若教而不學，則爲教匠，非爲教師。故學記云：「學然後知不足，教然後知困。知不足，然後能自反也；知困，然後能自强也。故曰：教學相長也。兌命曰：『學學半』其此之謂乎？」是也。

(二)教學原則

教學宜識教學原則，教學原則爲教學方法之本。守其本，其末則不失：

1.注重自動　教學係教師指導學生自動學習之活動。學習之極效，多在學生自動學習之中，故教師對於學生學習，莫若引喻開導，令其自動。學記云：「君子之教，喻也。道而弗牽，强而弗抑，開而弗達。道而弗牽，則和；强而弗抑，則易；開而弗達，則思。和易以思，可謂善喻矣。」是也。

2.適應個性　學生爲教學之對象，每一學生身心發展，互有差異。欲盡其材而導之，則宜因材施教以適應個別需要。學記云：「學者有四失，教者必知之。人之學也，或失則多，或失則寡，或失則易，或失則止。此四者，心之莫同也，知其心然後能救其失也。」質言之，惟知其個別差異，然後能輔助學習。

3.豫、時、孫、摩　此四原則，亦爲教學至要之原則。學記云：「大學之法，禁於未發之謂豫；當其可之謂時，不陵節而施之謂孫，相見而善之謂摩。此四者，教之所由興也。」「豫」，卽防患未然之意。惡習未形，宜先防範；否則，「發而後禁，則扞格而不勝。」難以爲力矣。「時」，卽適其可教而教之，及時指導，恆能事半功倍；不然，「時過然後學，則勤苦而難成。」「孫」，卽循序漸進，由易而難，不悖心理程序。斯非如是，「雜施而不孫，則壞亂而不脩」，勢難見其功效。「摩」，卽互相切磋，彼此琢磨。學生學習，「獨學而無友」，則必「孤陋而寡聞」，無以益學。是豫時孫摩四則，足爲教師深識。

4.準備原則　教師教學若預作充分準備，則易於成功。學生學習，心理若含蓄待發，易生積極反應。學記云：「良冶之子，必學爲裘；良弓之子，必學爲箕；始駕馬者反之，車在馬前。」是充分準備，乃能免於臨事心慌，影響學習。

㈢教學方法

教學方法爲達成教學目標之手段，學記亦予討論：

1.啓發教學　以學生舊知識爲主，令其觸類旁通，擴充知識經驗者，謂之啓發法。故學記云：「古之學者，比物醜類。」是也。以其舉類引喻，重視啓發，故極斥注入教學。學記於：「今之教者，呻其佔畢，多其訊言，及於數進而不顧其安，使人不由其誠，教人不盡其材，其施之也悖，其求之也佛。夫然，故隱其學而疾其師，苦其難而不知其益也；雖終其業，其去之必速，教之不刑，其此之由乎？」但知注入教學，不問學生能力，以致學生厭棄所學，疾恨其師。此類教學，其弊有如是之大者，實不如不教。

2.問答教學　以問答方式教學，學記之時已甚重視。其要在鼓勵學生發問，並注意問答之技巧。學記云：「必也聽其語乎！力不能問，然後語之，語之而不知，雖舍之可也。」茲貴在學生主動發問，故教師宜多鼓勵學生爲是。學記云：「善問者如攻堅木，先其易者，後其節目，及其久也，相說以解。不善問者反此。善待問者如撞鐘，叩之以小者則小鳴，叩之以大者則大鳴，待其縱容，然後盡其聯，不善答者反此。」此謂教師施以問答教學，應如攻堅木，循序漸進，如撞鐘回鳴之適如其分，方爲完善。

以上爲學記篇中較爲重要之教學理論，其理論有重現於近教學原理方法者，有現代教學理論所未及者，學者自宜比照而觀，領會運用。

三、孟子教學理論

孟子姓孟名軻，魯國鄒邑人。一生以王道說諸侯，世以孔、孟並稱，為儒家重要人物。其教學理論，散見於孟子一書各篇之中，提精擷要，歸納如下：

(一)教學原則

1. 自然自動　孟子以為人性本善，故教育力量主自然發展，不加穿鑿。自然發展，可以全性保身，強行鑿枘，則徒害生長。孟子云：「宋人有閔其苗之不長而揠之者，芒芒然歸，謂其人曰：『今日病矣，予助苗長矣。』其子趨而往視之，苗則槁矣。」（公孫丑上）教育順自然，則學生之學習，求其自動，欲其自學自得，不加干涉。離婁下孟子云：「君深造之以道，欲其自得之也；自得之，則居之安；則資之深，則取之左右逢其源。故君子欲其自得之也。」自動乃學習之眞諦，居安資深，左右逢源，係自得之效。學生不能悉賴教師，教師但指導學習方法，不能給予學習成效。孟子云：「梓匠輪輿，能與人規矩，不能使人巧。」（盡心下）卽此之謂。

2. 適應個性　學生有異，教法亦改，實自然之理。孟子云：「君子之所以教者五：有如時雨化之者，有成德者，有達材者，有問答者，有私淑艾者，此五者，君子之所以教也。」（盡心上）因材施教，至為明顯。其資上者，可以拈花微笑；其資下者，則須詳說細解。教學之原則，實視學生而定教法，非由教法決定學生。

3. 努力原則　為學是否有成，端視自己是否努力。孟子云：「若夫豪傑之士，雖無文王猶興。」

(盡心上)是謂人若努力，亦可以為聖為賢。然有為猶嫌不足，仍須恆心持久，方能成功。孟子云：「有為者，譬若掘井，掘井九仞，而不及泉，猶為棄井也。」(盡心上)實指此而言。

4.循序務本　學習宜由淺入深，循序務本。若學無層序，踰越不實，則終難見功。孟子離婁下云：「道在爾而求諸遠，事在易而求諸難。」孟子盡心上：「其進銳者其退速。」是謂學不宜求速，須腳踏實地，循序漸進，然後可以至遠極廣，達成目標。故離婁下云：「原泉混混，不舍晝夜，盈科而後進，放乎四海。」意即在此。

5.專心致志　專心致志，為獲取學習成效之必要因素。專心，即心不旁騖，一心一意。孟子曰：「學問之道無他，求其放心而已矣。」(告子)求其放心，即謂收回已放逸之心，使之集中。在告子上篇，又云：「弈之為數，小數也。不專心致志，則不得也。弈秋，通國之善弈者也。使弈秋誨二人弈，其一人專心致志，惟弈秋之為聽；一人雖聽之，一心以為有鴻鵠之將至，思援弓繳而射之；雖與之俱學，弗若之矣。」專心致志，係為學之原則，實至清楚。

(二)教學技術

1.善用比喻　孟子善用比喻教學，恆以具體事例解說抽象道理。譬如，孟子述「不為」之理，以「吾力足以舉百鈞，而不足以舉一羽；明足以察秋毫之末，而不見輿薪。」(梁惠王)為喻。又以「挾泰山以超北海，語曰我不能，是誠不能也。為長者折枝，語人曰：我不能。是不為也，非不能也。」以喻齊宣王，不為與不能之別。均為其善喻之證。

2.教無常法　教學有一定之原則，而無必定之方法。孟子云：「教亦多術矣，不屑之教誨也者，是亦教誨之而已矣。」（告子下）教學須有方法，而不可固執一法，方法運用，宜視對象、環境、教材而改變，必要之時，無言之教，仍可見價值也。

孟子之教學並無常法，方法之運用，恆依是時情境，或對象而定。有時，孟子用反問法，以剝繭抽絲，層層反駁，用子之矛攻子之盾，令對方無言可復，然後明以道理，令其心服。滕文公篇「陳相見許行而大悅」之一段，卽用此法。有時，孟子用閒談法，從一事言起，然後引入主題，以達施教之目的。如梁惠王篇，「齊宣王問曰：『齊桓晉文之事，可得而聞乎？』」一段，從齊宣王之問而引入自己之主題，勸齊宣行王政，此則爲閒談法之應用。孟子之教學方法，最富技巧，上之所述，僅其大端而已。吾人考此，可以鑒其梗概矣。

四、荀子教學理論

荀卿，名況。趙人。略晚於孟子，二人同出儒家，而思想則趨極端。尤以論性，更爲背道，殊如水火。一主性善，教學理論，則偏於自然發展。一主性惡，教學理論，則偏於人爲努力。玆就荀子一書撮述如下：

㈠重視環境

荀子主性惡，以爲欲易人之氣質，則需環境之力，促其潛移。否則，惡性難改，必然爲害。環境包括賢師、益友，與良好環境三種而言。荀子儒效篇云：「人無師法而知則必爲盜，勇則必爲賊，能則必爲亂，察則必爲怪，辯則必爲誕。人有師法而知則速通，勇則速威，能則速成，察則速盡，辯則速論。故有師法者，人之大寶也；無師法者，人之大殃也。」是言人須擇師而從，否則必有大殃。斯見同於孔子所謂：「見賢思齊焉；見不賢，而內自省也。」之說。性惡篇云：「夫人雖有性質美而心辨知，必時求賢師而事之，擇良友而友之。得賢師而事之，則所聞者堯舜禹湯之道也；得良友而友之，則所見孝忠信敬讓之行也。身日近於仁義而不自知者，靡使然也。」擇賢師與益友，乃可以潛移本性，改變氣質，實至重視師友之力。此外，環境力量，亦極重要，孔子所謂「里仁爲美，擇不處仁，焉得知？」（里仁），荀子亦有見於此，故儒效篇曰：「蓬生麻中，不扶而直。蘭槐之根是爲芷，其漸之滫，君子不近，庶人不服。其質非不美也，所漸者然也。故君子居必擇鄉，遊必就士，所以防邪僻而就中正也。」極言環境之力量，影響學習至深。

(二)**積久努力**

大業欲成，恆非一朝一夕之力，而多賴日積月累之功。學亦如是，欲其成功，必仰力學與恆心，方足見效。勸學篇云：「故不積蹞步，無以致千里；不積小流，無以成江海；騏驥一躍，不能十步；駑馬十駕，功在不舍。鍥而舍之，朽木不折；鍥而不舍，金石可鏤。」儒效篇又云：「故積土而爲山，積水而爲海，旦暮積謂之歲，積善而全盡謂之聖人。」嘗謂奮臂之力，不足以敵滴水穿石之功。十年樹木，百年樹人，教學成敗，端賴於此而已。

(三)**專心一志**

荀子亦力主學習務必專心致志。唯有專心，乃能有得。解蔽云：「故好書者衆矣，而倉頡獨傳者，壹也。好稼者衆矣，而后稷獨傳者，壹也。好樂者衆矣，而夔獨傳者，壹也。好義者衆矣，而舜獨傳者，壹也。……自古及今，未嘗有兩能精者也。」專一可以成事，故學習必須精神集中，主一無適。莊子達生篇亦云：「雖天地之大，萬物之多，而惟吾蜩翼之知。」此爲專一之眞精神，人欲專一，則須如此。

㈣**行爲目標**

學習之目的，在求變化氣質與行爲之改變，故學習之目標爲行爲目標。凡理想、態度、觀念、德行，與興趣等之培養，唯有表之於行爲，方爲實現。勸學篇云：「君子之學也，入乎耳，著乎心，布乎四體，形乎動靜。端而言，蝡而動，一可以爲法則。」學習過程，從受刺激始，歸至「形乎動靜，端而言，蝡而動，一可以爲法則。」止，乃可謂達成完全之反應，臻於至善之學習。儒效篇云：「不聞不若聞之，聞之不若見之，見之不若知之，知之不若行之。學至於行之而止矣。」大略篇亦云：「君子之學如蛻，幡然遷之。」悉謂學習必表現於行爲，方爲極致。而此行爲必與學習之前幡然不同；氣質之改變，若脫胎換骨，斯爲成功。

㈤**類化原則**

以類化學習，多見效率，前人嘗論之，然不若荀子所論之深切而著明。如不苟篇云：「君子位尊而志恭，心小而道大，所聽視者近，而所聞見者遠。是何耶？則操術然也。故千人萬人之情，一人之情是也；天地始者，今日是也；百王之道，後王是也。君子審後王之道，而論於百王之前，若端拜而議。」非相篇亦云：「欲觀千歲，則數今日；欲知億萬，則審一二；欲知周道，則審其人所貴君子。故曰：以近知遠，以一知萬，以微知明，此之謂也。」以舊經驗學習新知識，以所知推於未知，所謂此心同，此理同，一以貫之，如此而已。

此外，勸學篇中，論及問答教學之方法，亦極詳確。內或有不合今日教學原則，或所言不出前人之範圍，然其中對問答機會之把握，頗有精闢之見，如：「故未可與言謂之傲，可與言而不言謂之隱；不觀氣色而言謂之瞽，故君子不傲、不隱、不瞽，僅順其身。」此句含有「適時而教」，「知人而教」之卓見。今日甚多教師恆不知為何而教，不知視人而教，不知引起動機，適時而教。讀荀子之言，教師宜有所感。

五、王充教學理論

王充字仲任，為東漢初期人物。係我國偉大思想家之一，其教育思想，富有儒家之精神，近於荀子，以為後天教育力量可以改變本性。故云：「論人之性，定有善惡，其善者固自善矣，其惡者固可教可率勉使之為善……善則養育勸率，無令近惡。」（論衡率性）其教學理論見於其所著論衡各篇之中，擷述如下：

㈠重視懷疑

學習必存懷疑態度，然後書中之微言大義，才能明見盡解，得其實情，否則意沈難知，欲見功效，難矣！問孔篇云：「世儒學者，好信師而是古，以為聖賢所言皆無非，專精講習，不知問難。夫聖賢下筆造文，用意詳審，尚未可盡得其實，況倉卒吐言，安能皆是？不能皆是，時人不知難。或是而意沈難見，時人不知問，案聖賢之言，上下多相違，其文前後多相伐者，世之學者不能知也。聖人之言，不能盡解，說道陳義，不能輒形。不能輒形，宜問以發之；不能盡解，宜問以極之。」故欲明眞義，盡得其實，必須存疑問難，愼思明辨，才能見效。所論至爲精闢。

㈡重視效驗

凡學必求其效，有疑當驗其實，不可含混籠統。薄葬篇云：「事莫明於有效，論莫定於有證，空言虛語，雖得道心，人猶不信。」實知篇云：「凡論事者違實，不引效驗，則雖甘義繁說，衆不見信。」所以欲得其證明，則必須觀察事象，循理推論，原始要終，以盡其情。實知篇云：「凡聖人之見禍福也，亦撥端推類，原始要終，從閭巷論朝堂，由昭昭察冥冥。」薄葬篇又云：「夫論不留精澄意，苟以外效，立事是非，信聞見於外，不詮訂於內，是用耳目論，不以心意議也。是故是非者，不徒耳目，必開心意。」斯實事求是，一絲不苟，不唯爲思考明辨之法，實亦爲學習之態度也。

㈢重視環境

環境力量影響人之學習至鉅，人若不知趨善避惡，擇賢就仁，終不能改變氣質，成其德性。論衡率性篇云：「蓬生麻中，不扶自直，白紗入緇，不練自黑。彼蓬之性不直，紗之質不黑，蔴扶緇染，使之直黑。夫人之性猶蓬紗也，在所漸染而善惡變矣。」又云：「堯、舜之民可比屋而封，桀紂之民，可比屋而誅；聞伯夷之風者，貪夫廉而懦夫有立志；聞柳下惠之風者，薄夫敦而鄙夫寬。徒聞風名，猶或變節，況親接形貌相教告乎。」環境漸染之力如斯，教師宜佈置適當之學習環境，以爲教學之用。

六、胡瑗教學理論

胡瑗，字翼之，宋泰州如皋人。以世居安定，人稱之爲安定先生。全祖望云：「宋世學術之盛，安定泰山爲之先河。」（宋元學案）足見其影響有宋一代之學術至深。畢生從事教育，以明體達用之學授諸生。弟子出其門者，無慮數千人。其教學法最備，爲當世所崇。玆撮要如下：

㈠分科教學，因材施教

宋初累朝取士，不以體用爲本，而尚聲律浮華之詞，胡氏疾其失，遂倡分科教學以明體用。體爲經義，用爲治事。就弟子才性，予以分科教授。宋元學案安定學案云：「其教人之法，科條纖悉具備。立經義治事二齋。經義則選擇其心性疏通，有器局可任大事者，使之講明六經。治事則一人各治一事，又兼攝一事。如治民以安其生，講武以禦其寇，堰水以利田，算歷以明數是也。」經義在講明六經。治事則重在實用，如水利、邊防、算曆等。以其因材施教，故門下弟子，頗多秀彥。出而謀仕，常取高第，朝廷名臣，多其門徒。

㈡以身作則，人格感化

其倡明正學，必以身作則。宋史胡瑗傳云：「瑗教人有法，科條纖悉備具，以身先之。雖盛暑必公服坐堂上，嚴師弟子之禮。視諸生如其子弟，諸生亦信愛如其父兄。」後來爲太學教授，諸生受其感化陶冶，言行擧止，亦幡然而改，形成一特有之風度。

㈢讀書遊歷並重

「讀萬卷書，行萬里路」，司馬遷已身試行，知其必要。而以道理教學生，並且實施者，始於胡瑗。王銍著默記云：「胡先生翼之嘗謂滕公曰：『學者只守一鄉，則滯於一曲，隘吝卑陋。必遊四方，盡見人情物態，南北風俗，山川氣象，以廣其見聞。則爲有益於學者矣。』（見學海類編）一日，嘗自吳興率門弟子數人遊關中，至潼關，路岐隘，捨車而步。卽上至關門，與滕公諸人坐門塾。少憩，四顧黃河抱潼關，委蛇洶湧，而中華太條，環擁其前，一覽數萬里，形勢雄張。慨然謂滕公曰：『此可以言山川矣。學者其可不見之哉。』」旅行教學，爲現代之教學理論，然在宋朝胡氏已予實施，當時至今，已歷千年。

㈣教學嚴厲，一絲不苟

學記云：「凡學之道，並嚴師爲難，師嚴然後道尊，道尊然後民知敬學。」嚴師出高徒，乃理所當然。胡氏教學，不唯以身作則，而且嚴師弟子之禮，教導學生一絲不苟。宋元學案，安定學案：「徐積初見先生，頭容少偏。先生厲聲云：『頭容直！』積猛然自省，不特頭容要直，心亦要直。自是不敢有邪心。」可知其教學態度之嚴正與不苟。其孫胡滌嘗云：「先祖治家甚嚴，尤謹內外之分。」（宋元學案、安定學案）鑒玆言，可以想見其爲人矣。

㈤注意休閒活動

爲學不可超過極限，必稍爲疏放身心，以爲調劑。宋元學案，安定學案附錄云：「先生在學時，每公私試罷，掌儀率諸生會於肯善堂，合雅樂歌詩，至夜乃散。諸齋亦自歌詩奏樂，琴瑟之聲徹於外。」胡氏頗解學習心理，其教學方法爲世所稱，自無疑義。

七、張載教學理論

張載，字子厚，宋人，世居大梁。以僑寓爲鳳翔郿縣橫渠鎭人。少孤，自幼苦心爲學，朱子曰：「橫渠之學，苦心力索之功深。」（見宋元學案，橫渠學案附錄）其學以易爲宗，以中庸爲的，以禮爲體，以孔、孟爲極。其語告諸生以學必如聖人而後已。一生恆以天下爲念，嘗云：「爲天地立心，爲生民立命，爲往聖繼絕學，爲萬世開太平。」（宋元學案，橫渠學案）其人胸襟抱負由此可知。其教學理論，可見者如下：

㈠重視正蒙

橫渠以爲教育第一步驟在學「禮」，禮爲教育之體，可以正身正心，欲正身正心，莫如始於啓蒙，故重視正蒙教育。張子語錄云：「蒙以養正，使蒙者不失其正，教人者之功也。」使蒙者不失其正，乃教育之正確途徑，亦爲教學之重要原則。

㈡瞭解學生，因材施教

自來教學，恆以瞭解學生爲首步，對象不明，則施爲難行。教學欲謀成功，先在知己知彼。知己，指充實學識，熟諳教材方法；知彼，指了解學生。斯能如是，人我雙方，均能掌握，則教學可以從容，應付當能自如矣。張載正蒙中正篇云：「教人者，必知至學之難易，知人之美惡；當知誰可先傳此，誰可後傳此。知至學之難易，知德也，知其美惡，知人也。知其人且知德，故能教人使知入德，仲尼所以問而答異以此。」（宋元學案）博曉學識，熟悉教材，了解學生，則教法自能巧於運用，可以因人施教，以盡其材。

㈢學須懷疑

王充嘗主張爲學必須問難存疑。蓋疑而後能思，思而後能得。懷疑乃爲學之初步，亦爲求新知之基礎。橫渠理窟篇亦云：「所以觀書者，釋己之疑，明己之未達，每見每知所益，則學進矣。於不疑處有疑，方是進矣。」又云：「在可疑而不疑者，不曾學，學則須疑。」又云：「學貴心悟，守舊無功。」循是教師教學宜指導學生學會思考，學會懷疑，以發揭問題，而後可以謀得新知。

㈣重視氣質變化

教學目標，在求氣質與行爲之改變，程子云：「學至氣質變化，方是有功。」（宋元學案，橫渠學案）橫渠欲諸生學爲聖人，用意卽在此，理窟篇云：「爲學大益，在自能變化氣質。不爾，卒無所發明，不得見聖人之奧。」語甚精警。

㈤興趣原則

孔子嘗言未見好德如好色者，因此，在孔門弟子中，唯顏回三月不違仁，其餘則日月至焉而已。蓋興趣乃全神貫注，主一無適，一心向學之熱情，唯有興趣，行事爲學方可望其努力，期其持久。橫渠云：「好德如好色，好仁爲聖矣…學者不如是，不足以成身。」又云：「和樂，道之端乎？和則可大，樂則可久。」（橫渠學案誠明篇）好之者不如樂之者，則「好」「樂」均爲興趣之異名，教師教學宜培養學生興趣，使其能賢賢易色，樂在其中。（註四）

八、程頤教學理論

程頤，字正叔，宋洛陽人，世稱伊川先生，與其兄明道同受學於周敦頤，二人個性作風迥然不同。黃百家云：「大程德性寬宏，規模闊廣，以光風霽月爲懷。二程氣質剛方，文理密察，以削壁孤峯爲體。」（明道學案）因此，待學生之態度，亦頗不相類。明道教學令學生如坐春風，伊川教學令學生莊重肅然，如臨大賓。宋代大儒游定夫，楊龜山均師事二程，明道學案附錄云：「游定夫訪龜山曰：『公適從何來？』定夫曰：『某在春風和氣中坐三月來。』龜山問其所之，乃自明道處來也。」又二程全書云：「伊川以嚴毅接學者，嘗瞑目靜坐，游定夫，楊龜山立侍不敢去。久之，乃顧曰：『二子猶在此乎？』復曰：『暮矣，姑就舍！』二子者退，則門外雪深尺餘矣。」故明道嘗言：「異日能使人尊嚴師道者，吾弟也。若接引後學，隨人才而成就之，則予不得讓焉。」（見伊川學案）二人個性不同，教育見解，亦自相異。明道教人以誠仁爲本，伊川教人，以「主敬」、「窮理」工夫學爲聖人。玆就伊川之教學理論，撮要述之：

㈠個性適應

此乃本孔子因材施教之理，予以闡發。伊川云：「孔子教人，各因其材，有以政事入者，有以言語入者，有以德行入者。」又云：「夫教必就人之所長，所長者心之所明也。從其心之所明而入，然後推及其餘。孟子所謂『成德達材』是也。」又云：「君子之教人，或引之，或拒之，各因其所虧者成之而已。」（均見伊川語錄）可見，教法係緣學生之個性能力，需要與興趣之不同而有所改變。教師教學須如扶醉人，時時變易，設法輔導方可。

㈡**為學主敬**

所謂敬，卽主一無適，一心一意之謂。為學之先，須涵養敬。如是，心不旁騖，自能致知。伊川語錄云：「入道莫如敬，未有能致知而不在敬者。」敬雖為涵養之工夫，持己之道，然與致知本為一貫；故為學須敬。

㈢**窮理致知**

欲為聖人，必先窮天下理。窮理可以致知，致知可以誠意、正心、修身、而後齊家、治國、平天下，則斯可以為聖人矣。窮理有多類，伊川語錄云：「或讀書講明義理，或論古今人物，別其是非，或應接事物而處其當然，皆窮理也。」窮理之時，「學者先要會疑」（伊川語錄），不疑則不能深思。「不深思則不能造於道。」（伊川語錄）致知之後，務求行為表現，如是方為眞知。伊川云：「知之深，則行之必至。無有知之而不能行者；知而不能行，只是知得淺。」是以敬為修養之工夫，亦為致知之始。由敬而深思、窮理、致知、力行以至於修身齊家治國平天下，乃學為聖人一貫相承之徑。

㈣**預備原則**

事豫則立，學亦如此。欲謀為學精純完善，宜教於啓蒙，朱熹近思錄引伊川先生曰：「古人生子，能食能言而教之。大學之法，以豫為先；人之幼也，知思未有所主，便當以格言至論日陳於前，雖未曉知，且當熏聒，使盈耳充腹，久自安習。若固有之，雖以他說惑之，不能入也。若為之不豫，及乎稍長，私意偏好生於內，衆口辯言鑠於外，欲其純完，不可得也。」玆預備之說，可爲吾人參考。

九、朱熹教學理論

朱熹字元晦，晚號晦翁，又號晦菴，先世安徽婺源，後居福建尤溪。爲宋代大教育家，亦爲宋代理學集大成者。其教學理論可見者如下：

㈠注重熟練

學而時習，方能印象深刻，記憶持久，待至應用，無須苦索，一喚卽醒。朱子云：「學貴時習，須是心心念念在上，無一事不學，無一時不學，無一處不學。」（續近思錄）又云：「學須是熟，熟時一喚便醒，若是不熟時，須著尋思索，到思索得來，意思已不如初了。」（朱子文集）極言熟練之功效，可爲學習之鑒。

㈡重視行爲表現

依白鹿洞書院學規規定，爲學之序爲：「博學之，審問之，愼思之，明辨之，篤行之。」篤行爲終，意在力行。朱子云：「學之之博，未若知之之要。知之之要，未若行之之實。」又云：「方其知之而行未及之，則知尙淺。」（宋元學案、晦翁學案），足見致知目的，重在力行。能現於行爲方爲眞，不能見於行爲者，其知仍淺，不足以爲知。

㈢學須存疑

讀書須存疑思考，方可無疑，得其眞知。朱子云：「讀書始讀，未知有疑，其次則漸漸有疑，中則節節是疑。過了這一番後，疑漸漸解，以至融會貫通，都無所疑，方始是學。」（晦翁學案）是有疑乃爲學之要。

㈣重視教學程序

朱熹以爲爲學之要，在循序漸進，此序亦爲聖人教人之法。白鹿洞書院學規規定：「博學之，審問之，愼思之，明辨之，篤行之。右爲爲學之序，學、問、思、辨四者所以窮理也；若夫篤行之事，自修身以至處事接物，亦各有要。」玆爲學習之過程，亦爲達及教學目標之過程，頗値吾人參考。

十、王守仁教學理論

王守仁，字伯安，明浙江餘姚人。以曾結廬紹興會稽山陽明洞側，自號陽明子，學者稱陽明先生。其研究理學，主靜坐澄心，倡知行合一，致良知良能之學。其教學理論，要擧如下：

㈠發展天性

王陽明以爲教導兒童必適其天性，不宜加壓抑。其在訓蒙大意云：「大抵童子之情，樂嬉遊而憚拘檢，如草木之始萌芽，暢舒之則條達，摧撓之則衰痿。今教童子，必使其趨向鼓舞，中心喜悅，則其進自不能已。」又云：「若近世之訓蒙者，日惟督以句讀課倣；責其檢束，而不知導之以禮；求其聰明，而不知養之以善；鞭撻繩縛，若待拘囚。彼視學舍如囹獄而不肯入，視師長如寇仇而不欲見，規避掩覆以遂其嬉遊，設詐飾詭以肆其玩鄙，偸薄庸劣，日趨下流，是蓋驅之於惡而求其爲善也，何可得乎？」蓋學生如植木，宜順其天性，使之成長，不可抑牽勉强，今日學校，不主教師體罰學生，意卽在於此。

㈡**重視自學**

學生應自動學習，自解疑難，教師但從旁予以啓發，不宜替代學習。傳習錄下云：「學問也要點化，但不如自家解化者，自一了百當。不然，亦點化許多不得。」是謂聞得之學，不若自得之學深切也。

㈢**因材施教**

學生能力自有分限，不宜强加灌注。須視個人能力。而決定學習之多寡。傳習錄下云：「與人論學，亦須隨人分限所及。如樹有這些萌芽，只把這些水去灌溉，萌芽再長，便又加水。自拱把以至合抱，灌溉之功皆是隨其分限所及。若些小萌芽，有一桶水在，盡量要傾，便浸壞他了。」逾量學習，將增學生擔負，超過其限，將引致學生惡感。今日能力分班教學，實吻於王氏之意。

十一、王筠教學理論

王筠字貫山，淸安邱人。爲淸代有名之文字學家，亦爲小學教育家，所著教童子法一書，頗多切實精要之教學理論，玆扼要記叙如下：

㈠**注重興趣教學**

讀書雖不如嬉戲快樂，仍可聚引學生注意，令其樂於就學。其方法有二：一、讀書必須講解。二、讀書須教典故。王筠云：「學生是人，不是豬狗。讀書而不講，是念經也，嚼木札也。鈍者或俯首受驅使，欲者必不甘心。人皆尋樂，誰肯尋苦。讀書雖不如嬉戲，然書中得有樂趣，亦相從矣。」又云：「小兒無長精神，必須使有空閒，空閒卽告以典故，但典故有死有活。死典故日日告之，如十三經何名，某經作註者誰，作疏者誰，二十四史何名，作之者姓名。日告一事，一年卽有三百六十事。師雖枵腹，能使弟子作博學矣。如聞一典，卽逢人宣揚，此卽有才者，然間三四日，必須告以活典故，如問之曰：兩鄰爭一雞，爾能知確是某家物否，能知者卽大才矣。不能知而后告以南史，先問兩家飼雞，各用何物，而后剖嗉驗之，弟子大喜者，亦有用之人也，自心思長進矣。」（教童子法），死典故，著重於記憶；活典故，著重於思考。而窮挿於讀書之際，以增讀書之趣味，吸引學生之注意，其作用則相同。讀書必須講解，講解並非僅限於字義之解釋，仍須包括內容與作者思想情意之貫通。甚至存疑問難。旁引博證均屬講解範圍。斯能如是，則學生課學習，必意趣盎然，不致枯燥乏味矣。

㈡**發揮天賦**

王筠教童子法云：「教弟子如植木，但培養澆灌之，令其參天蔽日。其大本可為棟樑，卽其小技，亦可為小器具。仝之教者，欲其為几也，卽曲折其木以為几，不知器是做成的，不是生成底。迨其生機不遂，而夭閼，以至枯槁，乃猶執夏楚而命之曰是棄材也，非教之罪也。嗚呼！其果無罪耶？」是以發揮其天賦，成就其材。培植學生，若育花木，使之自然生長；不視學生為鐵石，予以鑄造。乃王筠之主張，頗吻合近代教學思想。

㈢**重視專心踏實**

古文治要謂李翺：「其讀春秋也，如未嘗有詩也。其讀詩也，如未嘗有易也。其讀易也，如未嘗有書也。其讀屈原、莊周也，如未嘗有六經也。」以其專精踏實，李氏故有如是成就。王筠教童子法亦云：「截得斷，才合得攏，教子者總要作今年讀書明年廢學之見，則步步著實矣。識字時專心致志於識字，不要打算讀經，讀經時專心致志於讀經，不要打算作文。然所識字，不過穀字成句，積句成章也。所讀之經，用其義於文，爲有本之文，用其詞於文，亦炳蔚之文也。如其牽腸掛肚，瞻前顧後，欲其雙美，反致兩傷矣。」脚踏實地，雙脚不着兩船，一心一用，則學必然有成。

㈣重視教學技巧

優良教師必善於誘導學生，令其欣然向學。欲致其效，恆須瞭解學生，善用教法。王筠教童子法：「孔子善誘，孟子教亦多術。故遇笨拙執拗之弟子，必多方以誘之。既得其機之所在，即從此鼓舞，蔑不歡欣，而惟命是從矣。若日以夏楚爲事，則其弟子固苦，其師庸樂乎？故觀其弟子歡欣鼓舞，侈談學問者，即知是良師也。若疾首蹙額，奄奄如死者，則笨牛也。其師將無同。」教師之施爲，可陶冶學生學習態度。而學生之學習態度，可窺知教師是否善用教法。循循善誘之教師，學生恆樂於向學，王氏已深明此理。

㈤重視健全人格

現今一般教學目標，必包括知識、技能與理想、態度三方面，目的在培養一健全之人格，王筠亦重健全人格。教童子法云：「功名、學問、德行，本三事也。今人以功名的學問，幾幾並以爲德行。教子者當別出手眼，應對進退，事事教之；孝弟忠信，時時教之；讀書時常爲提倡正史中此等事，使之印證，且兼質博洽矣：學問既深，坐待功名，進固可成，退固可守，不可癡想功名，時文排律之外，一切不學。設命中無功名，則所學者無可以自娛，學可以教子，不能使鄉里稱善人，士友稱博學。當此時而回想數十年之功，何學不就，何德不成。今雖悔恨，而無及矣。」學問、德行實爲健全人格所須具備者，學者不宜以功名爲唯一之鵠的，否則，無以成就其善人博學之完整人格矣。由此足見王氏重視健全人格之教育。

㈥深刻瞭解學生

瞭解學生可以適應個性，亦可造就人才，乃教師教學必要工作。其教童子法云：「人才之不一，有小才而鋒穎者，可以取快一時，終無大成就。有大才而汗漫者，須二十年功。學問既博，收攏起來，方能成就。此時則非常人所能及矣。」是教師須深識學生之才性，善以培養，方能造育英才，成其大器。

盱衡上述，凡有十一家。玆十一家無能盡括吾國歷代偉大之教育家。然要擧之教學理論，或可窺歷來教學思想理論之梗概。各家所見，或有所襲，而實亦有精闢獨具之論。以玆視之今日教學原理，相形之下，毫不遜色。甚至，有道及西人所未道者，吾國先人之智慧，由是可以想見。惟惜此教學理論，後人不曾整理成一有系統之原則，此失不可不謂之大而且重矣。今後教師工作，固須了解現代之教學理論，尤須兼取先人之教學思想，以資參考。如是教學庶可趨於盡善矣。

第二節 教學原則

教學，宜用教學方法，尤宜善用教學方法。常見一般教學，過程千篇一律，形式機械刻板，致令教學效果，無能至於預期。究其原因，均緣於不悉教學原則使然。教學原則，乃教學方法之理論依據（註五），準此原則，可以判斷教學方法之得失，可以活用教學方法而不爲所拘。進而，可以創新方法，改進教學。是以熟諳教學原則，乃教學所需。教學原則，係立於學習心理之理論上者，歸納衆說，可得若干教學之原則。

一、準備原則

凡人行事，心理若有準備，則應付從容，易於成功。若事起臨時，一無預備，則多手足失措，罕有所得，故中庸云：「凡事豫則立，不豫則廢。」意卽在此。美國桑代克之準備律亦以爲，當人心理準備活動，則其反應，多勝任欣然，亟欲學習；當人心理不準備活動，而强令活動，則必患苦不已，亟謀避之。莫爾特（Mort）心理學指引第一條云：「缺乏果敢學習願望或激勵感的人不能學習。這種激勵可以是懼怕，需要，天賦的驅力，好奇、神秘、挑戰、價值，個人的情感或其他刺激的力量。一定要具有力量，而且愈是從自己本身發出力量的人，將愈會自願的學習。」（註六）此處所謂學習願望，或激勵感，實卽心理準備，亦卽吾人所謂之學習動機，所論實與上述相同。是以，如何促其心理準備，啓引其學習動機，冀收學習之效，乃教師所宜悉心設法者。

二、類化原則

學習若能與舊經驗相銜接，則新事物易於理會；若與經驗相距甚遠，則所學多隔閡難通。玆依舊經驗接收新知識者，吾人謂之類化。類化原則源於德國教育學者赫爾巴特（J. F. Herbert）之類化學說。渠以爲教師若欲學生明瞭新教材，須喚起其類似之舊經驗，學生方易接受了解。在其所倡四段教學法中（後經戚勒、萊因等改進，成爲五段教學法）第一段「明瞭」：卽令學生回溯舊經驗，以爲學習新教材之基礎。第二段「聯絡」：卽提示新教材，以聯絡舊經驗。凡此均爲玆項原則之應用。

我國先賢亦深識是理。學記云：「古之學者，比物醜類。」孔子云：「溫故而知新。」（爲政）以及荀子子非相篇：「以近知遠，以一知萬，以微知明，此之謂也。」等均已論之於昔。教師欲教學經濟有效，則方法之運用，教材之選取，組織與處理，自宜考慮類化原則。

三、自動原則

學習係學生之活動，玆活動必出於學生自爲，方能見效。杜威民主主義與教育一書中云：「成功的教學法，並非讓學生學習某些事情，而是讓學生親自做某些事情。因爲做，需要思考，認識事物的關係，故學習是必然的結果。」卽就此而言。

我國先代教學，亦熟悉自動原則。大學引尙書堯典云：「克明峻德，皆自明也。」孟子離婁篇下云：「君子深造之以道，欲其自得之也；自得之，則居之安；居之安，則資之深；資之深，則取之左右逢其源。故君子欲其自得之也。」均謂學習須出於自發，然後方能自得，極言自動學習之重要。教師教學之時，宜佈置適當之學習環境，指導其學習方法，鼓勵學生自學。多令其活動，多啓其思考，然後學生學習方易奏效。

四、興趣原則

興趣係刺激學習之原動力（註七），亦維繫持久學習之主因。凡事唯有好之樂之，方能不勉而行。若心存倦怠，則難見其終始。孔子云：「其爲人也，發憤忘食，樂以忘憂，不知老之將至。」（述而）是爲興趣之力。又云：「一簞食一瓢飲，在陋巷人不堪其憂，回也，不改其樂。」（論語雍也）此亦爲興趣之力也。所謂興趣美國教育家克伯屈（William H. Kilpatrick）嘗謂：「興趣之意，在吾人作一事時，全神貫注，專心致志，勇往直前，不遑他顧。」（註八）所論是也。循此，教師教學，宜顧及學生之興趣，激發或培養其興趣。由教材之選取，教法之運用，教師之學養，充分配合應用，方足以使學生樂於學習，不遑他顧。

五、個別適應原則

每一學生之身心發展及行爲表現，均各具特色，無能相同，此爲個別差異之事實。是差異，包含智力、體格、性格、興趣、才能等。教學之目的，係在啓導學生自發之學習。對象有異，引導方法自宜不同，此即個別適應之原則。個別適應之教學，可使每一學生學習獲平等之機會，可使人盡其材，倍增學習效果。董仲舒春秋繁露正貫篇：「故知其氣矣，然後能食其志也；知其聲矣，然後能扶其精也；知其行矣，然後能遂其形也；知其物也，然後能別其情也。故唱，而民和之；動，而民隨之，是知其天性所好，而壓其情之所憎者也。如是則言雖約，說必布矣，事雖少，功必大矣。」極言個別適應之功。適應個別差異，因材施教，孔子最善爲之，如論語：

「顏淵問仁。子曰：『克己復禮爲仁。』」（顏淵篇）

「仲弓問仁。子曰：『出門如見大賓，使民如承大祭。己所不欲，勿施於人。在邦無怨，在家無怨。』」（顏淵）

「樊遲問仁。子曰：『愛人。』」（顏淵）

「司馬牛問仁。子曰：『仁者其言也訒。』」

不同學生，作不同答覆，玆爲適應個別差異之適用。

循是，教師教學，欲提高學生學習效率，則設法了解學生，或以分組教學，或施以個別指導，或調整教學進度，以適應個別差異，乃爲必需。

六、社會化原則

人係社會之動物，不能離羣索居，是以，教育之目的，一方面固須發展個性，使個人得充分發揮；一方面則有發展羣性，使社會得健全發展。德國教育學者白格曼（Paul Bergemann）云：「吾人不能個別的生存。凡是承認個人有絕對的價值，祇為本身而存在，或者價值決定之標準，亦祇在於自己，均屬誤解。須知個人在生存上與社會有種種之關係，故個人之價值亦唯有在此種關係中始能測定。個人之生活，無論身體方面，或心理方面，均完全從屬於社會的。人不是單純的一個人，乃是種族之本體，國民之本體，簡言之，即是社會之本體。」(註九) 個人與社會之關係，已於是言道盡。

我國先代教學，亦予重視禮記學記篇：「獨學而無友，則孤陋而寡聞。」茲實欲藉共同學習，以發展羣性，欲藉共同學習，以切磋琢磨，增進學習效果，個人獨學則無能為力也。循此，教師教學，宜謀應用社會環境，促進個人學習之效率，並從共同參與之中，培養其優良之社會行為，以適應社會，發展社會。

七、熟練原則

教學欲確切達成目標，學生學習必須徹底熟練。所謂徹底熟練，係指記憶明確，可以旁通應用，技能純熟，臻於美巧之境；德性理想，可以徵之行為，如是乃真正而徹底之學習。美國教育家莫禮生 (H. L. Morrison) 亦以為學習僅有已學習與未學習之分，無程度之別。故倡熟練公式：教學前測驗→教學→教學結果測驗→修正教學方法→再教學→教學結果再測驗→達純熟目的。以為如是教學，學生學習方能徹底。

我國古代，亦甚重視熟練教學。論語學而篇：「子曰：學而時習之，不亦說乎？」中庸亦云：「有弗學，學之弗能弗措也；有弗問、問之弗知弗措也，有弗思，思而弗得弗措也；有弗辨，辨之弗明弗措也：有弗行，行之弗篤弗措也。人一能之，己百之：人十能之，己千之。果能此道矣，雖愚必明，雖柔必强。」斯均欲徹底學習，以期熟練，乃至顯明。教師指導學生學習，務求正確而熟練。如此學習，方能具見實效，實現目標。

八、同時學習原則

人在一時間之內，不止學習一樣事物（註十）；其內容恒含知識、技能、態度、理想、情感、興趣等。是以美國教育家克伯屈（William. H. Kilpatrick）創導同時學習之原則，以爲教師教學，在同一時間內，應使學生學習三種事物：

㈠主學習

主學習爲教學時所欲直接達成之目的，此目的多具見於教材之中者；或爲知識，或爲技能、或爲態度理想，因教材性質而定。如以白居易江樓聞砧一詩爲例，吾人自擬其主學習爲：「了解全首詩義，詩旨及格律」是也。

㈡副學習

副學習係與主學習有關之思想觀念，多屬於知識之學習。玆學習多不見於教材上。如以白居易江樓聞砧一詩，吾人可擬定其副學習爲：「介紹唐代社會詩人及其作品風格」是也。

㈢附學習

附學習係指學習時所養成之態度、理想、情感、興趣而言。如以江樓聞砧一詩而言，其附學習吾人可擬為：「培養學生欣賞律詩之興趣，喚起學生故園親友之情」，是也。

茲三類學習之中，附學習之重要性遠過於主學習。蓋教學目的，主在發展健全之人格，而態度、理想、感情、興趣之培養，為發展健全人格之基礎，是以教師教學，自以不主學習為重心，文天祥云：「讀聖賢書，所學何事？」可知精神人格之培養實逾於知識之啓廸。據臺灣省立高雄師範學院，於民國六十四年九月問卷調查得知：在九十九項中學優良國文教師基本能力之中，評定序位，置之首位能力者為：「能隨時從課文揭示做人處事的道理。」教師鑒此，當有悟於心也。

總上八項原則，為教學方法之依歸，亦為教師教學之指南。教學合此原則，即為優良之教學；教學背此原則，結果多歸失敗。準茲原則，可以評斷教學、能改進教學方法，甚而創新教學方法。是八項原則，雖自獨立，實相承相襲，如教學開始，多見準備原則，類化原則；進行教學，多用自動原則，興趣原則，個性適應原則，社會化原則，教學結束，多用熟練原則與同時學習原則（註十一）。教師教學宜熟諳茲原則，妥予適用，然後欲其成功，自是可期。

第三節　中學國文常用之教學方法

工欲善其事，必先利其器。欲謀教學之成功，須先有有效之教學方法。教學方法係達成教育目的之手段，教學得法，則學生學習可事半功倍；教學無方，學生學習將難奏效。一成功之教師，恆熟諳多種教學方法，而予靈活運用。在教學之中，並無一久遠有效之教學方法。教學目的不同，則教學方法隨之而異。學生能力興趣不同，教學方法亦因之而改。美國波新氏（N. L. Bossing）中學教學法云：「作者認爲現在沒有一種教學方法是最好的教學方法。我們應當認清各種不同的學習方式，需要各種不同的教學方法。卽使學習方式相同，但學生學習能力不同，興趣各異，教學方法也當隨之不同。」（註十二）是爲的論。此外，教師個性，教材性質，教學情境以及學校設備均爲決定教學方法之因素。黃錦鋐先生云：「教學方法不是固定一成不變的，什麼時候，該用什麼方法，需看當時的情況而定，假使認爲良好的教學歸功於一種特殊的教學法，這是一種錯誤的觀念。任何一種教學法，在某些情況下可以產生良好的效果，但在另一些情況下，則會產生不良的效果。決定運用那一種教學方法，要看課程的性質，教師自己的能力個性，學生的水準，以及學校的環境，教學的設備，才能決定那一種教法是最適宜的。」（註十三）誠屬卓見。每一教學法均有其獨特之優點，每一教學法亦有其運用之範圍。教師應執教學原則，熟習各種教學方法，視實際情況，予以巧妙運用，嗣能生動變化，具見成果。下列幾種教學方法係中學國文教學所常用者，其中啓發教學法，講述教學法，問答教學法與自學輔導法，有助於增進學生知識，啓發學生思想，培養自學能力。練習教學法有助於訓練良好之習慣與技能。欣賞教學法有助於陶冶學生之理想與感情。發表教學法有助於增進學生表情達意之能力。（註十四）各種方法雖各有所偏，然運用之際，並非一成不變，譬如發表教學法，可藉學生搜集資料之機會，增進其知識，啓發其思想，故仍須因時制宜，準以學生學習之效率，斟酌使用。玆將各種方法略述如下：

一、講述教學法

㈠講述教學法之意義

教師以敍述或講演之方法，將知識觀念傳授學生者謂之講述法。此法顯着之特徵爲：教師在臺上講述，學生在座位靜聽。教師傳授，採用灌輸；學生學習，悉出被動。是以，斯法不免爲人所詬。事實上，講述法係一歷史悠久，而且運用廣泛，成績卓着之教學方法。任何教學，無能屏此而不用，舉凡介紹教材，引起動機，敍述事實，指示觀念，解釋困難，摘要結論，整理補充等，皆須以講述行之。斯法所以爲人所病，主因在於教師始終以爲教學目的僅爲傳授知識，以致長期濫用，不顧學生之興趣與需要，不慮學生之自學原則，不論其餘之教學目的；甚而不明學生學習之得失，行之既久，自是弊端百出，難見其瑜。是以，欲巧用講述法而無害，則須明其優劣利弊，然後可以取長捨短，見其卓效。

㈡講述法之缺點

1.不能維繫學生之注意　漫長之講述，易使學生心中渙散，滋生倦怠，持續三十分鐘以上之注意力，中學學生並不多見，二十分鐘以內之生動敍述，則不至於有是流弊。

2.學生不能自動學習　學生之活動愈多，學習愈多。出於自發之學習，成果遠逾於被動之接受，此爲教學之原則。（註十五）講述法悉爲教師一人活動，學生但爲聽看或抄寫而已，活動實欠充分；而且授受之間，純爲被動，不能自主，無法自搜材料，自理教材，不能培養其自動研究精神。

3.不能適應個別差異　講述法適於人數多之班級，然時間限制，對於個別之需要與興趣，能力與程度無法兼及。此法重在授予，而難得回輸。

4.不能啓發學生思想　講述法爲注入式之教學，其作用僅在灌輸知識，敍述事實，解釋疑難，罕能激發其思考，甚難訓練其懷疑問題，自解問題之能力。

5.不易為學生所了解　講述速度過快，教材過於繁雜，或教師講述技術欠佳，敍述含混籠統，均令學生難以握其旨要，明其內容。

(三)講述法之功能

1.引起動機　以數分鐘時間，藉學生之想像與經驗，講述故事或新聞，均能引起其學習動機。引起動機乃學習必要步驟，而此步驟採行講述爲適宜。

2.介紹新課　一課結束，新課開始，教師將本課目的、研究範圍、學習方法，旨趣所在，介紹於學生，以講述法最爲簡便。若教師敍述明確而生動，且可誘導學生對新課之注意與好奇。

3.解釋教材　教材艱深，或學生疑難，教師均須解釋，予以協助。學生學力不足，若自尋解答，非爲費時繁事，且易養成學生不求甚解之習，不如應用此法，較爲便捷有效。

4.灌輸觀念　觀念灌輸，有助於態度與理想之培養。凡道德標準、善惡觀念、是非立論，學生多由教師口述獲取印象。嗣後接觸事實，自可確立正當態度與高尚理想，其評鑑能力亦可養成。

5.補充教材　國文課本所選之文章，多爲精要之作，欲使學生增深學習效果，教師自須比類引喻，補充內容。如讀詞選溫庭筠之菩薩蠻，若再類舉其餘作品，如更漏子、夢江南予以補充，可使學生於其艷麗富貴之詞風得深刻印象。

6. 敍述故事　課程進度，不宜過於機械板滯，必須附益若干與教材有關之典故或趣事，以鬆弛其心，增學習之興味，是唯講述法可以行之。

7. 整理教材　一課或一單元竣事，整理所學，歸納內容，使片斷記憶成系統之知識與概念，講述亦最爲合宜。

8. 經濟時間　講述法所以通行於一般中學，其因在此法較之他法簡便，可經濟時間，無須煩事。若教師能充分準備教材，解說有條不紊，學生不必嘗試錯誤，則學習自然省時省力。

9. 語言能力　兒童欲學說話，必先聽話。教師講述淸楚生動，學生耳濡目染，時積日久，其語言習慣，語言能力，無形之中亦漸改善。

10. 欣賞興趣　聲音之刺激，配合教師表情之變化，易啓引學生情感之反應。若教師繪影繪聲，情態逼眞，學生心境自受感染，而引其欣賞之興趣。

11. 滿足慾望　教師講述之時，學生恒見短暫而急迫之求知慾，渴得答案。教師可立時解釋，實其迫切之慾求。

12. 大班教學　班級人數衆多，欲介紹教材，仍以講述最能奏效。今日之空中教學，乃配合講述教學法之應用，而見其成效者。

(四)講述教學法之運用

教學係一種藝術，講述教學亦復如此。善於講述之教師，可以舌底生花，令人趣味盎然。不善講述之教師，雖苦口婆心，仍令人昏昏欲睡。究其原因，在教師不明其利弊得失，不知妥善應用之故。是以，教師教學欲善用此法，須注意以下事項：

1. 關於講述材料　如依據教學目標，預作充分準備，力求明確具體，並提供補充教材，均為講述材料之時，所應注意者。

2. 關於講述原則

(1)清晰：講述內容有重心，講述時間，不致冗長，措辭明確，發音清楚，音調高低有致，語氣緩急合度，且能利用板書，時詢學生以察其是否了解熟悉為清晰之條件。

(2)條理：凡能擬定內容大綱，教學步驟，並注意段落要點，予以綜合敘述，均足令教學井然有序。

(3)生動：講述欲生動有力，語調期能抑揚頓挫，儀態自然大方，精神振作，用語明確，措辭委婉，並能多舉例證，活用教材等均為其要。(註十六)

觀乎上述，講述教學法為國文教學中至為切要之方法，此法有其利亦有其弊，教學應鑒其得失，捨短取長，使講述清晰、條理、生動，酌用其他教學方法。如是，講述教學將不為人所詬病矣。

二、啓發教學法

(一)啓發教學法之意義

注入教學，重於知識灌輸，難能啓發思考。教學過程，多係教師活動，學生僅靜坐聽講，無法自主。於是，有啓發教學之產生。所謂啓發教學法，即教師指導學生獨立思考，自動研究，反對專事記憶與注入被動之學習。茲方法不限於教師之活動，學生亦須活動。依據教學原理，教師教學，學生必須參與，如是，學習才易奏效。人從活動中學習，活動愈多，學習愈多。

啓發教學，創於我國（註十七）孔子之時，已能熟習斯理，應用自如。論語爲政篇孔子曰：「學而不思則罔，思而不學則殆。」學係直接感受，思爲尋繹其義。直接感受，所得爲零碎片斷之知識；尋繹其義，所得爲系統萬整之道理。準此可知，孔子深明思考與學習不能偏廢，二者必須兼行。

論語述而篇孔子曰：「不憤不啓，不悱不發，擧一隅不以三隅反，則不復也。」朱註云：「憤者，心求通而未得之意；悱者，口欲言而未能之貌。啓謂開其意；發謂達其辭。物之有四隅者，擧一可知其三。反省，還以相證之義。復，再告也。」句意謂：學者若不能自動思考，尋繹義理，則不予啓發。告其一隅，不能類推以三隅反，則不復告。此與孟子離婁下所謂：「君子深造之以道，欲其自得之也。」意正一致，重在自動學習，獨立思考。孔子進行啓發教學之方式有多種：

一爲反問法　子罕篇子曰：「吾有知乎哉？無知也。有鄙夫問於我，空空如也。我扣其兩端而竭焉。」孔子斥知識之灌輸，而重扣引之工夫，令學生運用思考，自悟道理。故自謂一無所知，而用正反兩端之問題，使其豁然而悟，達及教學目的。

一爲譬喻法　對悟力較高之學生，可以罕譬而喻，一點卽通。甚至可以聞一知十，如時雨之化。然於一般學生，須依其舊經驗，擧事曉喻，令其類化，以擴其新經驗。如論語爲政篇：「爲政以德，譬如北辰，居其所，而衆星拱之。」又如顏淵篇：「仲弓問仁。子曰：『出門如見大賓，使民如承大祭。』」等均是。

一為比較法　如論語八佾篇：林放問禮之本。子曰：「大哉問！禮，與其奢也寧儉；喪，與其易也寧戚。」禮爲行事之標準，理虛難解，故以比較方式，令學者自悟。此句意明言：奢與儉，易與戚均非禮，若二者取其一，則寧儉與戚。蓋儉爲樸質，戚爲心哀，二者均出於誠；出於誠，雖失禮，仍不失本。不出於誠，一旦失禮，則流於僞矣。可知禮雖爲外在之行爲，而實源於內在之誠心。循此而思，可得禮之根本。此爲比較法之應用。

一為提示法之運用　如里仁篇：「子曰：『參乎！吾道一以貫之。』曾子曰：『唯』出，門人問曰：『何謂也？』曾子曰：『夫子之道，忠恕而已矣！』」先示一問題而不予詳盡解說，令學生尋思其理。「吾道一以貫之」，「一」字意義爲何，並不明言，待學生思考。曾子學力較深，悟性較强，故能一點卽通，餘者必待尋思審問，方能識其大端。此爲提示法之運用。

此外問答法之應用已見述於前，如公冶長篇之「顏淵季路侍」章，爲政篇之弟子問孝，以及先進篇「子路、曾晳、冉有、公西華侍坐」章，均爲問答辨難之啓發教學，此處不再贅言。

孔子之啓發教學，由上足見其應用之廣而且深矣。嗣後歷數千餘歲，德國教育家赫爾巴特倡導啓發教學，其後起者萊比錫大學教授戚勒（T Ziller）及來因（W. Rein）據以修改而成今日之五段教學法，玆法實爲孔子啓發教學法之延伸。日本湯比古所著之教授學云：「今海爾巴脫派之教育學者所有屢千言而不盡之眞理，而孔子以數言簡括之，曰：不憤不啓，不悱不發，舉一隅不以三隅反，則不復也。古注曰不憤則不啓，不悱則不發，舉一隅而示之，不以三隅反則吾不復。夫先憤後啓，自分二段；先悱後發，亦分二段；舉一隅不以三隅反，則吾不復，是又別爲一段。今取而分析之，則顯然有五段之別。第一段憤，即預備也；第二段啓，即授與也；第三段悱，即聯合也；第四段發，即結合也；第五段三隅反，即應用也。」（註十八）所論甚爲剴切。

㈡五段教學法

此五段之過程爲：①預備②提示③比較④總括⑤應用。玆述如下：

1. 預備　所謂「預備」，即「引起動機」與「決定目的」，教師以問答或講述方式，促學生回憶舊經驗或相關事實，以啓引其學習之動機。並述功課目的，令學生了解學習重心與進行方向。

2. 提示　教師提示教材！令學生觀察並了解學習內容。

3. 比較　以問答討論之方法，將所提示之教材內容，分析解說，然後與舊經驗相互比較，以見其異同。

4. 總括　由分析比較所得之異同，整理成一結論或原則。

5. 應用　將應生所學之結果或結論，應用於實際之習題，令學生熟練所學。練習內容恒視學生之缺點或需要，予以行之。

五段教學法，係就注入教學之缺點而改進者，故有其優點。唯一種教學法，均有其特具之精神與適用之範圍。一種教學法欲應用於全部教學過程，欲達所有之教學目標，實非可能。是以，此教學法有其利，亦有其弊。知其利弊，可以捨短取長，靈活運用。玆就其優劣列舉於下：

1. 優點：

(1)步驟清楚：便於編製教案，實施教學。

(2)改進教學：教師教學，不限於講述，猶施以討論問答整理之方式指導學生，令其思考學習。

(3)適宜處理複雜之問題：五段之中，第二、三、四步驟屬歸納，第五步係演繹。凡問題經歸納與演譯之思考過程，可令學生徹底明瞭，時間亦較經濟。

(4)訓練思考能力：在學習過程中可以訓練學生推理，判斷和分析綜合之能力，培養學生有系統之思考。

2.缺點：

(1)教師活動過多：學生仍處被動地位。如準備教材，提出問題，引起動機，決定目的，比較綜合，均以教師爲中心。學生之活動，悉出於教師之計劃，無能培養自動學習精神。

(2)以「教材」爲中心，忽略學生之興趣與需要。

(3)教學步驟固定，形式呆板，行之既久，學生易於厭倦。

(4)教學範圍之廣：此但適於複雜原則之教法，不適於淺近知識之教學。教學重心在啓發學生思想，不能達成其他教學目的。

(5)重視教師之教，不注意學生如何自學。

教師教學，若採用此法，宜就其缺點，予以改善，顧及學生充分活動之機會，應用合適之教材，不必拘於固定步驟，可以變通運用，以合啓發教學之眞精神。至於技能，態度與理想方面之教學，宜改行其他方式，不適採行五段教學也。

三、問答教學法

(一)問答法之意義

問答教學係以問答之方式教學，其形式爲教師問，學生答；學生問（學生之問，多出於教師之刺激與鼓勵）教師答。由一問一答之過程，以實現教學目的者。

問答教學之歷史與講述教學同具悠久。以人類成長過程而言，孩提之童，卽知詢問：「這是什麼？」、「爲什麼？」等問題，此疑問實爲問答教學之肇端。在我國古籍中，亦多有關問答教學之理論與事例；如禮記學記：「善問者，如攻堅木，先其易者，後其節目，及其久也，相說以解。……不善問者反此。善待問者，如撞鐘，叩之以小者則小鳴，叩之以大者則大鳴；待其從容，然後盡其聲。不善答問者反此。此皆進學之道也。」荀子勸學篇云：「不問而告謂之傲，問一而告二謂之囋，傲非也，囋非也，君子如嚮矣。」所論均極深入。我國先代最善用問答教學法者莫過於孔子，在論語一書，多見孔子與弟子之問答。循此方式，教師達及教學目的，學生亦獲充分學習。故問答教學法，實可酌情應用。

(二)問答教學法之功用

今日教學，問答法所以盛行不衰，除基於人類追求眞相之天性外，本身實具多項長處，此長處可以彌補講述教學之不足。美國教育家克拉克（Leonard H. Clark）云：「我們在教學的書籍中，發現陳述的問答用處，有下列一些：1.發現其不知道的事物。2.發現他知道些什麼。3.發展思考的能力。4.引起學生學習的動機。5.提供練習。6.幫助學生組織材料。7.幫助學生解釋材料。8.加強重要的地方。9.顯示關係，如原因和結果。10.發現學生的興趣。11.發展領悟。12.提供複習。13.給予表答的練習。14.啓發心靈的活動。15.顯示同意或不同意。16.與學生取得協調。17.診斷。18.評鑑。19.集中分散的心靈之注意。」（註十九）所言實可供吾人參考。

㈢問答教學法之缺點

問答法，亦有其不可避免之缺點，常見者如：

1.不能培養習慣與技能：問答可以啓發思想，增強記憶，培養理想與態度。然於寫作訓練，養成讀書習慣，則無能爲力。

2.教學過程缺乏變化：一問一答，乏於變化，行之既久，學生易感厭倦，教師亦覺無聊。

3.問答瑣碎，浪費時間：片言可解之問題，而必動衆口，實嫌繁瑣，耗費時間。

4.學生回答不盡人意：其口齒多不清晰，答覆問題亦恒遲疑不決，令人疲於應付。

5.偏重片斷知識：問答教學，時日一久，問題性質，多偏於片斷知識與瑣碎事實。完整概念，終付闕如。

6.造成學生偏重教科書之錯誤態度，不能廣泛參考其他書籍。

7.師生處於敵對：學生畏懼教師發問，教師不滿學生回答。

8.不能適應個別差異：問題難易之擬定，常不易顧及學生之需要與能力。

㈣問答教學法之應用

教師應用問答法教學之時，宜注意發問之方法，處理學生之答覆，以及學生之發問等三方面問題：

1.教師發問之方法，發問問題應注意：

(1)內容宜兼含記憶與思考之各類問題。
(2)須屬良好之問題，如語句簡明，範圍確定，難易適度，內容重要，前後一貫等皆是。
(3)先提問題，然後指名回答，可令學生思考題目。
(4)不宜按序指名作答，以免學生取巧。
(5)發問學生，機會均等。
(6)多問心不在焉之學生，以維繫全班之注意力。
(7)發問態度，友善自然。
(8)不覆述問題與答案，可促其專心聽講。

2.處理學生答案，應注意下列幾點：

(1)欣賞學生作答，全力傾聽，不可置之不顧，另作旁事。
(2)鼓勵學生作答，蓋誤答較之不答爲佳。
(3)指示學生多思考，作完整之回答，不宜遽然答覆。
(4)評鑑學生答案，或由學生討論批評補充，教師總結評鑑。
(5)一生回答，要求他人安靜傾聽。

(6)學生回答，允許他生質駁、討論，如此可刺激學生思考，吸引學生注意。

(7)不准代答，或從旁協助，或同聲回答，否則失其一問一答之意義。

3.處理學生發問，應注意下列各項：

(1)鼓勵並刺激學生發問。學生好問，乃教學成功之表現。

(2)欲學生提重要而相關之問題，以免費時費力。

(3)多作間接回答，轉問他生，使一人之疑問，成爲全班之問題。

(4)培養其良好之發問態度與禮貌，使之先擧手，而後發言。

(5)疑難問題，可以留待下次解答，或可指定爲全班之共同作業，令其設法尋繹作答。

(6)教師之答覆，允許學生質疑。

綜合上述，問答法係一有效之教學方法，教師應熟悉問答之技巧，提問學生，鼓勵發問。唯問答教學形式單調，步驟刻板，過程繁複；學生作答亦多難盡人意。因此應用之際，宜酌取他法，交互使用。如此方能發揮問答教學法之功能，而收其極效。

四、自學輔導教學法

自學輔導，顧名思義：乃學生自學，教師從旁輔導之謂。質言之，即學生在教師指導下，運用有效之學習方法，自行學習教師所定之功課。依據莫爾特心理學教學指引：「人從自動中學習。」(註二十)無人可以代替學生學習。學習係學生據已有之經驗，對外來之刺激與情境所作之反應。是以學習，自宜以學生自學爲本。其次由學生之個別差異而言，學生之能力有高低，每人之學習速度有緩急，爲適應個別差異，使人人能盡其材，則合乎自我適應之自學輔導法，自屬迎合所需。

孔子教學，亦主學生自學。如論語陽貨篇：「子曰：『予欲無言。』子貢曰：『子如不言，則小子何述焉』子曰：『天何言哉？四時行焉，百物生焉，天何言哉？』」章中「予欲無言」一句係指示學生學習，必須自動自發，不必教師爲力。後句「天何言哉？四時行焉，百物生焉，天何言哉？」意謂學生應效法天道，自立自強，乃自學之精神所在。是自學輔導法，亦行之已久，非始之今日也。

㈠自學輔導法之功用

歸納衆說，自學輔導有如下之功：

1. 養成自動學習習慣　教師指導學生自學，時日一久，無庸督促，學生亦能自動學習。學生能自學，則學習效率必然提高，有助於教學目標之達成。

2. 增進解決難題之能力　學生自行學習，必多難題。一旦臨難題，恒自設法處理。於是日積月累，其處理問題之能力必然增強。

3. 適應個別差異　學生自學，教師輔導，可適應個別差異，滿足不同需要，使人盡其材。

4. 培養閱讀之能力　教師常予指導，使學生能把握課文之重要部份，以及全篇之重心，使知如何分析，如何欣賞，如何類比綜合。於是學生之閱讀能力，無形中獲致增進。

5. 培養自動研究之興趣　自學習慣養成，閱讀能力增進，解決難題之能力亦復提高，則學生自動研究之興趣，自日漸濃厚。

(二)自學輔導法之限制

每一種教學方法，均有其限制，無能十全十美，此法亦不例外：

1.教材固定，學生學習範圍有限；所謂自學，仍於計畫與限制下活動，並不充分自由。如此學習，未能完全自發。

2.學生欲於學習，教師可以輔導，學生不學習，教師即無從指導。

3.學習進度緩慢：學生自行學習，疑難甚多，有妨學習速率，增加教學困擾。

4.輔導不能遍及：較大班級，學生衆多，無法一一指導。於是，學生不能盡心，輔導流於形式。

(三)自學輔導法之實施

實施自學輔導，應注意以下幾項：

1.佈置教室　欲學生自學，須有優美之學習環境與學習氣氛，方能令其專心致志，安於學習。是以教室之整潔安靜，光線，空氣，座位以及自修工具：字典、辭書、參考書等均須準備注意。

2.指定作業　作業指定，欲能引其自學動機，作業範圍期能明確，份量多寡適宜，內容深淺適應個別差異，作業吻合教學目標，均爲指定之時，而須顧及者。

3.輔導自學　在此步驟中，應注意教室秩序之維持，安排自學輔導之時間，指導學習之方法，鼓勵其自學，並作自學後之複習或疑難問題之討論，考查自學成績等事項，期令學生作完整之學習。

總上所述，自學輔導法有其優點，亦有其限制，應用之時，宜捨短取長，衡諸學生學習效率之高低，配合其他方法，參酌並行。不宜以自動學習爲教學之原則，而忽略其他教法也。

五、練習教學法

練習教學法，係以反覆操作與學習，令其動作，技能與教材，臻於純熟、正確之方法。練習依其性質，可分二類：一屬於動作方面之反應，如習慣與技能屬之；一屬於心理方面之反應，如記憶屬之（註廿一）。然無論動作或心理二者均與感官，認識，知覺相關。故練習非僅爲機械反覆之動作，猶需理解，認識與注意，始能成功。

我國古代學習已重練習，如孔子曰：「學而時習之，不亦悅乎？」（論語學而）孟子云：「山徑之蹊間，介然用之而成路，爲間不用，則茅塞之矣。」（孟子盡心篇）均謂時予練習之重要。循是練習之功，亦可窺其一斑矣！

㈠練習教學法之步驟

練習教學，欲期其效果，宜循如下步驟：

1.決定練習教材　練習宜擇教材而行之，玆法並非適於每一類教材。在國文科中，須練習者有：生難字詞，優美文章，基本而重要之知識，寫作技能，說話訓練，書法技能以及讀書習慣等。教師宜準之教學目標，予以選定，然後實施。

2.啓引練習興趣　練習過程係一反覆動作與學習之活動，若無强烈之動機，則過程必枯燥乏味，學習結果多受影響。練習之時，教師宜示之練習價值，勉其練習，限時練習，鼓勵競爭，並且酌變練習方法，均能引其動機，維繫其興趣。

3.指導正確方法　差之毫釐，失之千里。開始一步錯誤，其終必難達成，是以帕刻（Samuel Chester Parker）云：「先有正確的起頭，然後再反覆。」（註廿二）實指出正確開始之必要。循是，教師宜指導學生正確之方法，然後令其反覆，乃有成效可言。

4.試做並且矯正　教師指導之後，令學生模仿或試做，以爲嘗試之練習，教師從旁矯正，並評其得失。矯正之時，態度宜懇切，多予鼓勵，勿過苛責，蓋態度親切，較之聲色俱厲，尤爲有效。

5.充分練習　指導事竟，察其方法正確無誤，則應予充分時間，使其反覆練習，務令其至於純熟之境。練習過程中，教師仍宜設法維繫其練習興趣，察其是否有誤，使作充分而完整之練習。

6.成績考查　學生練習指定之教材後，教師須予考查。準此，一面可以評鑑學生學習結果，以觀得失；一面可以就玆結果，作爲另一次教學之依據。同時，學生可就此成敗，檢討自己學習之勤惰，而予改進。

以上爲練習教學法之常見步驟，前後相承，不宜倒置。

㈡練習教學之應用原則

1.練習方法方面之原則：

⑴分佈練習優於集中練習：是指在學習某種教材，需若干次數之練習時，則分佈練習較之集中練習有效。（註廿三）

⑵全部練習優於分段練習：所謂全部練習係將須學習之材料，從頭至尾加以反覆練習，至習熟爲止。所謂分段練習，係將此材料分爲若干部份。習熟第一部份，然後練習第二部份，以至於全部材料

習熟爲止。概略而言，全部練習優於分段練習，以其易於了解全部材料之內容及各部份在全體中之關係與位置，並且可省聯絡各段材料之時間（註廿四）。然玆二者之間，仍須視學生之智力、年齡、材料難易長短與性質，而決定優劣。如教材篇幅不長，內容章節連貫者，宜全部練習，否則反之。教學對象年長智高者，宜用全部練習，否則行分段練習。此外，或可採行遞進分段法：先習一段，復練習第二段，然後聯兩段爲一單位練習，然後再習第三段，如是依次累積，以完成練習者。此法亦可斟酌參用。

(3)默讀練習優於朗讀練習：對於年級較長，知能較高之中學生，默讀效率高於朗讀，小學生則反是。（註廿五）

(4)嘗試回憶法優於純讀法：所謂嘗試回憶，係將材料練習數遍，卽行嘗試回憶，若遇困難遺忘，再行練習，然後再回憶，直至能背誦爲止。純讀法係將全部材料反覆誦讀，直至純熟爲止。二者相較，前者優於後者。（註廿六）

(5)過度練習：記憶欲求深刻久遠，技能熟練，則過度學習乃爲必要。所謂過度學習，卽練習之次數，較之僅能記憶之程度更多。多練習數次卽爲數次之過度學習。過度練習，以達及正確而迅速之記憶爲止，若超逾此程度，則恐費時也。

2.一般應用方面之原則：

玆原則有：練習之材料，須予理解：練習以正確爲先，迅速爲次；避免無謂手續，浪費練習時間：練習方法宜求變化，以繫其興趣；經常複習應用，以增强記憶；佈置練習情境，以提高練習效率；予以充分之練習，防其中輟；適應個別差異等等。均爲一般應用之原則。

綜合上述，練習教學法之目的在養成機械之習慣，熟練之技巧以及正確之心理聯念（即記憶）。是目的乃學習所必需。在國文教學中，生難字詞，優美作品，以及作文技巧，書法練習，說話訓練，閱讀習慣等，均須應用練習教學法。惟練習教學重在反覆，以致過程呆板而乏味。並且國文教材亦不能悉用練習教學法予以處理。是以施用此法，宜配合他法使用，如是方能盡學習之效，達教學目標。

六、欣賞教學法

教學目標中，知識之教學，重在思考；習慣技能之教學重在練習；而興趣、態度、理想之教學，則重在欣賞，所謂欣賞，卽對於某事物覺其價值，並承受其價值，其中伴有濃郁之情感成份（註廿七）波新式引桑尼（Zane）云：「一種欣賞活動，乃是運用感覺、感情、情緒和理智對於某種經驗加以評價所產生之綜合的結果。」（註廿八）所見亦同。惟人類理智，僅爲感情之海中之一粒微塵而已。欣賞之中，情緒之成份遠逾於理智之成份。故欣賞教學之重心，係在訓練學生辨別事物價值之能力，發展其欣賞之能力，陶冶其性情，並培養其興趣，態度與理想。

㈠欣賞之種類

欣賞之範圍至爲廣泛，依其性質歸納而言之，可得三類：

1.藝術欣賞　玆欣賞乃體驗某一事物之美，包含調和、對稱、律動、穩定等美之素質所產生之滿足感。如一首王之渙出塞詩：「黃河遠上白雲間，一片孤城萬仞山。羌笛何須怨楊柳，春風不度玉門關。」上聯之立體感，下聯之情景交融，全詩韻律之和諧，第一句、第二句動靜互映，第三句與第四句有聲無聲之對稱，以及通首四句「遠、近、近、遠」之空間安排均爲藝術之應用，足以令人欣賞者。

2.道德欣賞　是在社會中於某人某事所表現之品格道德之讚賞。如忠、勇、孝、順、仁、愛、信、義、和、平、禮節、廉恥、誠實、公正等美德均屬之。當吾人讀李密陳情表至：「臣無祖母，無以至今日；祖母無臣，無以終餘年。」一句時，感其至孝之情，於是，油然而興：「樹欲靜而風不止，子欲養而親不待」之孝思，欲有以報答雙親。玆爲道德之欣賞。

3.理智欣賞　此係於眞理，正確知識或事理充分所表現之欣賞。譬如，論說文中，吾人於立論圓融，意見正確之作品爲之擊節，或以其推論某事，取證適切有力，或分析一優美作品，鞭辟入裏，窺人所未至而歎服不已等等均屬於理智之欣賞。理智欣賞，可培養學生精密之思考能力，濃厚之求知興趣，以及實事求是之態度，並且令學生嚮往眞知。

以上，係就欣賞之性質而分類。於國文教學之中，每一種欣賞，均須實施。教師宜就教材性質，待合適時機，提示欣賞。

(二)欣賞教學之步驟

玆可分如下步驟：

1.引起欣賞之興趣　欣賞多係情緒之反應，欲學生欣賞一篇文章，一首詩歌，不能以威迫方式指導欣賞。唯有誘導學生自願欣賞，有心欣賞或興趣欣賞，方能收效。故敍述作品之創作背景；或與作品有關之故事，或對作品內容，簡單介紹，片斷描寫，或使學生回憶過去相關經驗，以引起其欣賞之動機，實屬必要。

2.講解說明　欣賞之基礎在於了解，了解愈充分，則欣賞愈深切。美國波新式中學教學法云：「通常在欣賞活動中，知識愈充分，情緒的反應愈强，而欣賞所得的結果亦愈多。例如我們若充分了解音樂演奏的技術，則欣賞的能力當更强。」趙友培先生在其文學的了解與欣賞中云：「要欣賞文學作品，必須了解那作品，了解的程度愈深，欣賞的能力就愈高。不認識文字，當然無從了解那作品裏說些什麼？但若僅僅認識個別的文字，而不了解字與字，字與詞，詞與詞的組合，不懂得句子的種類，句法的變化，以及修辭的格式，表現的方法等等，仍然不能眞正了解那作品。」（註廿九）所論均至肯綮。而其中最能道出了解對於欣賞之重要者，莫過於黃師永武之說：「欣賞乃是創作的還原，成爲創作者的迴響，所以創作時所經過的程序，欣賞者必須逆着它去還原，創作者需要靈感，需要匠心，需要神韻，那末欣賞便應對靈感，匠心，神韻都要有所認識；此外還儘可能地去考證作者的身世、性格、交遊、際遇，以及創作的年月、地點，俾有助於認識作者的「心境」；還要儘可能地去剖析字句的正僞，格律的精粗，構思的巧拙，手法的變化，俾有助於認識所作的「詩境」：由是可見欣賞是有條件的，條件愈具備，欣賞也就愈眞切：考證愈確實，條件也就愈具備。若說欣賞不要條件，不要考據，那種欣賞就無異於盲人摸象了。」（註三十）循是，了解與欣賞之不可分，實不易之論也。

3.指導欣賞　在了解作者與作品之後，宜就作品之特色，情思、技巧、作扼要之指導，教師從旁說明，輔助其欣賞。國文教學之中，欣賞之方法有：

(1)觀察：玆乃訴諸視覺，對事物作直接之感受，以引起情感之反應者。教師須先予解說，或從旁補充說明，以加深欣賞之程度，如欣賞大自然，或名勝古蹟等均屬之。

(2)聆聽：藉朗誦，從其抑揚頓挫，緩急輕重之音節中，揣摩其韻味神氣之美感。

(3)暗示：暗示爲引起學生情感反應最有效之方法之一。教師以聲調之高低緩急，面上表情，手勢動作，予學生以强烈暗示，均足使學生對作品產生情緒之反應。

(4)想像：吾人欣賞一篇作品，多憑據想像而得。吾人生活之經驗與作者之經驗不能盡同，欲欣賞其作品，與之共鳴，惟依吾人已有之經驗與認識，藉作品之意象表現，以想像揣摩作品之心境。就另一方面而言，作者寫作亦多憑諸想像構思，陸機文賦云：「其始也，皆收視反聽，躭思傍訊；精鶩八極，心游萬仞。」循此，始能「觀古今之須臾，撫國海於一瞬。」如是，讀者欲欣賞一篇文章，若不憑藉想像，則無能得之。教師宜設法指導學生想像，或補足其想像，令其設身處地，神遊其間，令其思接千載，視通萬里，然後始能獲致欣賞之趣。

(5)比較：欣賞常於比較得之。學生可以藉此欣賞，教師亦能藉此以指導欣賞：夏丏尊文心：「我於讀文章的時候，常把我自己放入所讀的文章中去，兩相比較。一壁讀一壁在心中自問：『如果叫我來寫將怎樣？』對於句中的一個字這樣問，對於一句的構造和說法這樣問，對於句與句的關係這樣問，對於整篇文章的立意布局等也這樣問。經過這樣自問，文章的好壞就顯出來了。」所言甚是。夏氏係以自己與人所作相互比較。此外，亦可以同類性質文章相作比較；過去作品與現在作品相比較；一人作品與另一人作品互爲比較，古今中外，任何作品均可從比較中獲致欣賞，以建立己之價值標準。

⑹虛心體會：欣賞宜虛心涵泳，由觀察、聯想、比較，以體會其中之神情意味，如是乃有欣悅之感受，夏丏尊在其關於國文的學習中云：「好的作品至少要讀二遍以上。最初讀時不妨以收得梗概瞭解大意爲主眼，再讀時就須留心鑑賞了。用了『玩』的心情，冷靜地去對付作品，不可再囫圇吞嚥，要仔細咀嚼。詩要反覆地吟，詞要低徊地誦，文要週迴地默讀，小說要耐心地細看。」（中學各科學習法）實言盡虛心體會於欣賞之用。

⑺譬喩：比喩切體，亦足以令學生欣賞，如世說新語言語篇：「謝太傅寒雪日內集，與兒女講論文義，俄而雪驟，公欣然曰：『白雪紛紛何所似？』兄子胡兒曰：『撒鹽空中差可擬。』兄女：『未若柳絮因風起』。公大笑樂。」後句譬喩得體，足以令人欣賞。循是，教師指導欣賞時，宜多用譬喩，以見文章之美。

4.指導實踐　欣賞將引起强烈之情感反應，爲使玆反應，獲充分滿足，教師可指導學生再廣泛閱讀；或設法創作，或身體力行。如學生欣賞五柳先生傳一文，想見其爲人，教師可指導學生閱讀陶淵明集，則於其人格，作風之了解，將愈深切。如於眞知表示欣賞，則可培養其實事求是之態度；於嘉言懿行表示欣賞，則可指導學生敦品勵行，付諸行事；於佳作表示欣賞，則可指導其模仿練習，設法抒寫。欣賞之最高效果，乃徵之行爲。教師宜循循誘導，以培養其欣賞之興趣，不可絲毫牽强，以免引起反感，造成畏却。

㈢欣賞教學之原則

爲使欣賞得其極效，仍須注意若干原則：

1.選擇合宜教材　學生之欣賞能力與其程度，經驗與能力有關，過於艱深遠離經驗或過於淺顯，爲人熟知之教材，不宜欣賞。其次，教材內容具有或眞、或善、或美之價值，教材之安排宜合時令環境，如是乃可培養其欣賞之興趣，增强欣賞之效率。

2.提供必要知識　知識係欣賞之基礎，了解愈多，欣賞愈深切，美國威林翰（John R. Willingham）云：「不論如何，儘管我們可以同意文學爲藝術的基本觀點，但我們也得承認藝術並非憑空而有的見地。它係某人在歷史中的某一時期所作的某個產品，它的目的在於向他人表述與人類有關的某種觀念或問題。以此而言，不論任何文學或藝術作品，對於有知識的人總較對於無知之輩有意義得多。」（註卅一）實道出知識於欣賞中之地位。

3.欣賞愼用分析　欣賞基於充分了解，欲了解充分，則須分析，波新氏中學教學法云：「學生對於一件作品了解愈深，則其欣賞的程度愈高，這是教師們所應當記牢的。例如文學專家對於一篇作品的修詞、造句、布局、結構、音韻等作仔細的分析，因而他的欣賞能力亦增高。」是也。唯欣賞情緒之成份多於理智成份，而分析則多屬理智活動。因此，欣賞之時，宜愼用分析。或先分析作品，然後配合暗示，想像，比較，體會、譬喻之方法，以令其欣賞。如是可提高其欣賞能力，而不致妨其欣賞之興趣。

4.必須以身作則　吾人不能令學生欣賞己所無法欣賞之物。己能體會欣賞，則言語之間，自能鞭辟入裏，扼其重心，學生亦能受其暗示啓誘。此外，教師須身體力行，確實履踐，學生受其感染，亦能起而仿傚，收欣賞之效。

5.補充學生想像　欣賞必須有條件，條件愈充分，則欣賞愈深刻，欣賞之時，教師宜就學生生活經驗所未及，思慮所不能至，應用類化方式，設法補充，令其情滿於胸，悄焉動容，不能自已。

6.激發情緒反應　欣賞多屬情緒反應。指導學生欣賞，切忌面無表情，語氣平淡，聲調呆板。欲激其情緒反應，必須措辭生動，聲調抑揚，容情有致，如是方能見效。此外，藉外物以觸情思，古人亦嘗用之，詩關雎：「關關雎鳩，在河之洲；窈窕淑女，君子好逑。」是也。或借譬喻以引起欣賞，如史記老莊申韓列傳：「孔子去謂弟子曰：鳥，吾知其能飛；魚，吾知其能游；獸，吾知其能走。走者可以爲罔，游者可以爲綸，飛者可以爲矰。至於龍，吾不能知其乘風雲而上天。吾今日見老子，其猶龍邪。」是也。凡玆均能令學生欣賞。

7.利用教具欣賞　利用教具可加强教學效果。教岳陽樓記，若有岳陽樓之圖片，幻燈片，則可加强欣賞效果。教阿里山五奇，若有阿里山之風景照片、或影片、能令學生發生興趣。

8.活用教學方法　欣賞教學應與其他教學方法配合使用：或用講述法作生動描述，或用發表法，令學生發表所見所感，均能引起學生之欣賞。

9.發展欣賞興趣　欣賞教學之目的，貴能實踐創作，表現積極之行爲。惟以學生能力所限，宜先培養其欣賞之興趣；若學生反應熱烈，表現積極，則教師亦可指導其實踐力行，以期徵之行爲。

總之，欣賞教學目的在養成學生良好之態度，確立高尚之理想，陶冶學生性情，充實生活內容，發展審美智能，學習評詁價值，啓其研究興趣，期能享受眞善美之人生。欲如是，教師宜注意上述原則，配合其他教法，妥予應用。如此，欣賞教學方能臻於極效。

七、發表教學法

發表教學法，乃教師指導學生藉語言，文字，以表達自己之知識、思想、技能與情感之教學方式。人際相處，每冀溝通彼此之思想情意，謀求各種表達方法，以期相互了解。是以帕刻云：「孩子成人都有一種喜歡講話的傾向。」又云：「平常人大概多願把自己的觀念和經驗和別人共享，所以人每喜歡把各種新聞告訴朋友，逢到有同情的人，就肯把問題和困難和他們討論。」(註卅二) 已道出語言（或文字）之發表，係源於人類之天性。

從教學目標而言，中學國文教學目標中之語文訓練，即在培養學生聽說讀寫之能力。聽讀爲吸收之手段，說寫爲表達之工夫。說寫之作用，欲期能表達己之知識、思想、技能與情意。而其結果，可以增强語文能力，滿足表達慾望，可以熟練所學，清晰思想，陶冶情趣，並發展創造之能力。故就目標而言，發表實爲學習之最重要目的之一，可與態度，興趣與理想之培養等量齊觀。

是以發表教學，無論從人類之心理而言，或從教學目標而言，均爲教學上重要之一環，教師教學實不宜忽略也。

㈠發表教學之步驟

發表教學在國文教學之過程中，其順序如下：

1.引起發表動機　無論文字或語言之發表，均宜令學生有發表之需要或興趣，如是方能獲致學生熱烈反應，否則，其心中空洞，强其發表，將難見其效。教師宜說明發表之價值與目的，多方提示，鼓勵，然後可使學生滿腹言語，非吐不可。

2.指導收集資料　無論係寫作、演說、討論或報告，總求其言之有物。因此，搜集資料，廣泛參考，實屬必要。收集之對象，宜與題材有關，教師須指示如何去取，並戒其全部抄襲。

3.指導發表方法　如寫文章，擬講稿，則指示其寫作之方法，如口頭報告，則指導其如何列綱要，擬草稿。如演講說話，則指導其聲音措辭、儀態、態度等，均宜詳予指示。

4.共同批評欣賞　發表之後，教師宜就表現提出共同批評或欣賞。績優者，令學生共同討論，並指示欣賞。如此一面可獎勵成功，一面則可引導仿效。表現較差者，避免苛責，應予鼓勵指正，以免損其興趣。普遍錯誤，應共同訂正，防其再犯。

(二)發表教學之原則

發表係語文能力之綜合表現。欲求學生言之有物，言之有序，並能充分表情達意，則平日應充實其之生活經驗與知識，增加其應用詞彙能力，訓練其條理思想，指導文法與修辭，文字方面：多作造句、仿作、日記、讀書報告與作文之練習；語言方面：多作談話、口述、討論、報告、以至於講演，辯論之練習，然後發表方能冀其成功。此外，仍宜注意若干事項：

1.選擇合適題材　欲啓引學生發表，發表題材應與學生之生活經驗有關，不宜出乎學生能力、程度與興趣之外。如此，方可令學生含言欲吐，有話可說，亟意發表。

2.供與發表情境　具體而眞實之情境，可引致學生發表之迫切感，增强發表之效率。如作文用於投稿，練習寫信寄與親友，演講有成羣聽衆等均屬之。

3.以創作為目標　承襲舊說，模仿他人，爲發表練習之過渡階段，非最終目標。發表應以創作爲鵠的，表答己所欲說，己所欲言，方足珍貴。教師應視學生能力，指導學生練習自由發揮，自抒心意，不泥於陳式，不拘於旁說。如此乃能達成發表之效果與目的。

4.以培養興趣為主　中學學生，限於能力與程度，罕能令其創作，在此階段，乃以培養其發表之興趣與創作之興趣爲主。使其心傾於發表，意向於創作即可，不可責成其必推陳出新，否則將令其患難畏苦，以至於欲速而不達。

總之，發表乃教學重要目的之一，以此教學，可令其知識與技能，甚至態度與理想之目標同時實現。唯語言文字之發表乃語文能力之綜合表現，欲令發表有內容與技巧，仍宜配合其他教學方法，指導學生學習，方能竟功，而非獨賴一法，即可奏效也。

本章結語

教學方法，係達成教學目標之手段。欲有效達成教學目標，自宜運用有效之教學方法。欲靈活而有效運用教學方法。除熟諳其所依據之教學原則而外，教師仍須深識教學方法運用之本質。如是進行之際，方能切握要旨，而不至於離經背道。欲明玆本質，應由多方探討：

方法係一有條理、有步驟、有目的之行事手續。循此，吾人以爲方法之運用，應屬科學性。蓋行事有條理、步驟與目的，係效率之保證，亦爲成功之基礎。此與科學之要求實無異致。

就實際之教學而言，吾人常用：分析、比較、歸納之方法以處理課文。如分析句之成份以了解句義、分析語句，以識其修辭之方法，分析全文以知其結構布局、分析音節以知其用韻等均爲分析之運用。歸納方式，如歸納段落要旨，以知全篇中心思想、綜合全篇遣詞造句方式以知文章風格、或綜合全文，予以歸納處理，均爲歸納之運用。比較方式，如文言句法與語體句法之比較：「弈秋，通國之善弈者也。」（孟子告子篇）以「者」表明判斷。「英國人是不輕易開口笑人的。」（我所知道的康橋）；以「是……的」表明判斷。由是二者，可以見文言語體句法之異同。或用比較以欣賞詩文：如許家鸞先生綠園賞文春：「先說句法的新鮮活潑。朱先生構句的方法，和一般人有顯著的不同。感覺到這一點的人可能不少；但能道出所以然的，却還沒有。不同在那兒？先看下面的例子；普通人的句法是：『嫩嫩的綠綠的小草偷偷地從土裏鑽出來的。』朱先生筆下便不同了：『小草偷偷地從土裏鑽出來，嫩嫩的，綠綠的。』普通人說：『遍地是雜樣兒有名字的沒名字的野花』朱先生却寫成：『野花遍地是：雜樣兒，有名字的，沒名字的。』這種例子，在『春』一文中，到處都是。嫩嫩的、綠綠的，本是形容草的形容詞；雜樣兒，有名字的、沒名字的，也是形容野花的形容語。這些前附的形容語，朱先生把它們挪到後邊兒來了，而敍事句也變得帶有表態句與判斷句的味兒，這樣一來，句法的形式與衆不同，使人產生『新鮮』的感覺，長句短化了，使人產生『活潑』的感覺，構成朱先生文章一大特色。」蓋以比較方式達欣賞之目的。以上分析、歸納、比較乃國文教學中常用之方法，此方法係科學殆無疑問。

就教學之步驟而言，教學最常見之方式，係先概略介紹全文，復再分析處理全文，然後再總結歸納全文，趙廷爲云：「正當的教學是由綜合而分析，更由分析而歸於綜合。」（註卅三）前後有序、層次分明，實爲科學方法之應用。即以處理範文之細節而觀，由作者介紹、字詞指導、語句剖析、義旨探究、作法審辨，以至於鑑賞誦讀，應用練習等均循序而進，前後相承，子夏曰：「君子之道，孰先傳焉，孰後倦焉？譬諸草木，區以別矣，君子之道，焉可誣也？有始有卒者，其惟聖人乎？」（論語子張篇）即說明教學之步驟，實有本末先後，其吻合科學之精神，至爲顯然。

此外，指導學生讀書眼到、口到、心到、手到；指導分布練習，指導嘗試回憶，過度練習等均爲科學方法之運用。依此可知，教學方法之運用：實即科學方法之運用；教學要求實際效率，科學亦求實際效果。教學之態度，欲其實事求是，不好高騖遠；科學亦按部就班、步步紮實。故教學方法之運用，其本質爲科學，乃無疑義。

然而，方法僅爲教學之手段，非教學之目的。教學目的，係在教學結果，非在方法本身，莫賽爾（Mursell）云：「成功的教學，是能夠產生有效學習的教學，其有決定性的問題，不在乎所採用的方法或步驟，係舊式或現代的，久已應用的，或實驗的，傳統的，或維新的。所有的這些條件，可能都很重要，但全不是最後的，因爲它們都是方法，而不是目的，最後的教學的成功標準乃是結果。」（成功的教學）其意即屬如此。並且在尋求教學效果之過程中，吾人所面臨者係一多變之主題：不同之學生、不同之教材、不同之情境、不同之目標，以及隨時可能發生之各類難題，欲以固定步驟或一法而待萬變，實屬難能。其次，每一教學方法，均有其優點，亦有其限制，吾人不能以一法應付各類學習，是以波新氏云：「作者認爲現在沒有一種教學方法，是最好的教學方法。我們應當認淸各種不同的學習方式需要各種不同的教學方法。卽使學習方式相同，但是學生能力不同、興趣各異，教學方法也應當隨之不同。」其意卽在於此。

循此，吾人以爲，教學方法運用之本質，不僅爲科學，亦屬於藝術。美國哈艾特在其所著教學之藝術一書中卽强調教學之藝術本質：「教學是一種藝術，像建築一座美輪美奐的華厦，也像美術家一幅結構完美、意境高超的繪畫，也像音樂家一曲音調鏗鏘、動人心脾的曲譜；也像小說家一篇情節動人、故事曲折的小說。」於教學藝術之本質，實能曲盡形容。蓋教學活動，多與學生之學習情緒有關，而學生之情緒，恒飄忽不定、微渺難測，若教學方式，不能配合情境、酌爲變通予以藝術運用，則教師無能把握生命之發展，發揮其潛在智能也。

吾人從先代教學中，亦可察知教學方法之運用，並非一成不變，而實多靈活使用；如論語陽貨篇：「子之武城，聞弦歌之聲。夫子莞爾而笑曰：『割鷄焉用牛刀？』子游對曰：『昔日偃也聞諸夫子曰：君子學道則愛人，小人學道則易使也。』子曰：『二三子！偃之言是也。前言戲之耳。』」循是章可知，教學形式，並非機械刻板，教師亦非不苟言笑，學生亦不必正襟危坐。不同情境、不同學生、均可作不同方式之教導。雖爲聖人，仍可借戲言而教，吾等教師，豈能不通權變？是以孟子曰：「教亦多術矣，不屑不教誨也者，是以教誨之而已矣。」（告子下）所論至是。復如：莊子山木篇：「莊子行於山中，見大小枝葉茂盛，伐木者止其旁而不取也，問其故？曰：『無所可用。』莊子曰：『此木以不材得終其天年。』夫子出於山，舍於故人之家，故人喜，命豎子殺雁而烹之。豎子請曰：

『其一能鳴，其一不能鳴，請奚殺？』主人曰：『殺不能鳴者。』明日弟子問於莊子曰：『昨日山中之木，以不材得終其天年；今主人雁，以不材死，先生將何處？』莊子笑曰：『周將處乎材與不材之間，材與不材之間，似是而非也，故未免乎累。若夫乘道理而浮游，則不然，無譽無訾，一龍一蛇，與時俱化，而無肯專爲，一上一下，以和爲量，浮游乎萬物之祖，物物而不物於物，則胡可得而累邪？此黃帝神農之法則也。若無萬物之情，人倫之傳，則不然，合則離，成則挫，尊則議，有爲則虧，賢則謀，不肖則欺，脚可得而必乎哉？悲乎，弟子忘之，其唯道德之鄉乎？』」由此章，可爲藝術之教學作一註脚：

一、教不擇地

莊子與弟行於山中，得知莊子教學活動，不拘於一地，隨處可教。是類於孔子之教學：或遊於舞雩之下（顏淵），或弟子侍坐之間（先進）或行於道中（微子），或居於車上，此不着形迹之教學，乃藝術之表現。

二、機會教學

一看可教之時，則教之，不必執着固定步驟。見大木無用，可以全生，卽曰：「此木不材得終其天年。」深刻學生學習之印象。其次，艱深之理，常須待學生深思，心智成熟之時，語之方見奏效。故莊子當學生問：「今主人雁，以不材死，先生將何處？」之後，乃能語之：「材與不材之間，似之而非也。」是未能免乎累，惟游乎道德之鄉，不以是非爲是非，不以成敗爲成敗，與時俱化，着無痕跡，方爲至善。至此，學生可以恍然大悟，不存絲疑。此微妙之處，必循藝術運用，方見其效。機械教學，無能爲力。

其次，欲學生欣賞作品，了解作者之思想情意，多由文字之外覓之，不易從字面解，如，李白玉階怨：「玉階生白露，夜久侵羅襪。却下水晶簾，玲瓏望秋月。」據題而解，此首係閨怨之詩。然通觀全篇，不見一「怨」字。怨在何處，須於文字外求之。如從「羅襪」點明女子。從「玉階生白露」「夜久侵羅襪」二句，暗指人於屋外久立，有所期待。「却下水晶簾，玲瓏望秋月。」明其雖返室內，猶依依痴望秋月，遙念心上人，則此女子思之深、念之切可以想見矣，月好人團圓，我獨淒清蕭然獨在，不幽怨者未之有也。凡是均賴教師於無形處求之，不能拘之形式，則此藝術之運用，亦可了然。

此外，從教學之理想而言，教學之精神在於樹人，而非鑄物。吾人所欲學生了解作品，欣賞作品者，非爲死之知識，而實在作者之精神，人格與情思。吾人所欲使學生達成之目標，非僅爲知識與技能，而重點實在態度、與趣與理想。是項目標，若悉以機械之步驟，科學之方法爲之，則此種教學，吾人甚難預想其結果。若以科學之產物類推，則未來吾人所見者，當處處係人造花、人造樹、人造草，以及機器人與科學怪物之世界矣。

綜上所述，教學方法運用之本質，乃科學與藝術之相互爲用，既重科學方法，且不忽於藝術之運用；依據理論，而又配合實際（註卅四）；循之法則，而不拘於法則，如此教學方法之運用，由科學與藝術之配合，從有形而至乎無形，由技而進乎道矣。

【附　註】

註　一　見55、8、1日中央日報黃錦鋐論孔子的啓發教學法。
註　二　錄自世界教育社譯印。民國十一年出版。
註　三　見漢書藝文志。
註　四　以上所引均取自宋元學案。世界書局印。
註　五　見孫邦正普通教學法第五四頁、正中。
註　六　見臺灣輔導月刊16卷12期，方炳林譯優良教學指引一文。
註　七　見同註六。
註　八　見孟憲承譯：教育方法原論第十章。商務。
註　九　見雷通羣西洋教育通史第三六八頁。
註　十　見同註六。
註十一　見孫邦正普通教學法五四頁。
註十二　見孫邦正譯中學教學法原序。
註十三　見學粹13卷1期，評魏軾國文教學法。
註十四　見孫邦正普通教學法八三頁正中書局。
註十五　見方炳林普通教學法自動原則心理學的教學指引一一八頁引。
註十六　以上講述之原則，參考方炳林譯中學教學法第六章第一節。

註十七　見五十五年八月一日中央日報副刊黃錦鋐所作之論孔子的啓發教學法。
註十八　錄自世界教育社譯印，民國11年。
註十九　見所著中學教學法第一一一頁，方炳林譯。
註二十　見方炳林譯優良教學指引，臺灣教育輔導月刊16卷12期。
註廿一　參見孫邦正教學法新論第二章、第八節。
註廿二　見俞夷譯普通教學法、商務。
註廿三　見國立編譯館編著、教育心理學、正中。
註廿四　見同註二十二。
註廿五　見波多野勤子著、吳金水譯、中學生的心理。
註廿六　見孫邦正普通教學法第二七六頁、正中。
註廿七　見國文月刊四八期楊同芳中學語文教學泛論。
註廿八　見孫邦正譯中學教學法第三七一頁、正中。
註廿九　見中國文選十九期。
註三十　師院學報第一期，所著怎樣欣賞詩。
註卅一　見徐進夫譯，文學欣賞與批評，第二頁。
註卅二　見俞夷譯普通教學法、商務。
註卅三　見趙廷爲著，教材與教法，二五頁、商務。
註卅四　見李鍾桂漫談教學方法、聯合報61、1、24。

第四章 範文教學

範文教學，依高級中學國文課程標準，實施方法規定：（註一）

「範文講讀，旨在提高學生理解程度，以啓發其思考力與創造力。」分精讀、略讀兩種。

一、精讀文以熟讀深思爲主，短篇文言文及長篇文言文之精彩段落，均宜背誦。並須注意下列各點：

㈠體裁及作法。

㈡生字之形、音、義、詞彙之組合，及成語典故之出處、意義。

㈢文法及修辭。

㈣全篇主旨，內容精義及段落大意（包括全篇脈絡及結構）。

㈤文學作品之派別、風格及其價值。

㈥有關語體文與文言文之文法異同，及詞性與虛字之用法。

二、略讀文以培養欣賞之興趣爲主。講讀時，應提示全篇主旨，各段要旨，內容精義及文章結構，令其自行研究，教師從旁補充指正，以養成自學能力。

其次，依國民中學國文課程標準實施方法規定：

「國文教材，以範文為主，課外閱讀及語文知識為輔。」

鑒此可知，範文教學實國文教學之重心，亦為達成國文教學目標之主力所在，教師藉生字詞彙之認識，語句之剖析，義旨內容之探究、作法之審辨，內容形式之鑑賞，暨學生之應用練習等，期能提高其語文能力，增進其欣賞之興趣與能力，培養其態度與理想，並能啓發其思考力與創造力。循此，國文教學之目標，庶幾於玆教學之中，獲致實現。是以國文教師多全神貫注，傾力於此，遑顧其他，實受此影響。

範文教學之實施，包含兩方面，一為範文教材之處理，一為範文教學之過程。前者為實際教學活動之內容，後者為實際教學活動之步驟。活動而無內容，不足以達成目標，教學而無程序步驟，亦將損及效果，故兩面同屬重要，不能專偏。

第一節　範文教材之處理

範文教學，欲盡其功，教材處理之時應詳盡無遺，鉅細靡捐。蓋範文多為天地間之至文，古今膾炙人口之作，其聲調應鏗鏘抑揚，琅琅上口，其情思係出自肺腑，自然流露，其立論概精闢圓融，難窺其隙，其章法宜工巧美妙，有典有則，其文辭必精鍊雅潔，增一字則嫌多，減一字則不妥，可以揣摩欣賞，亦足吟詠背誦。是以每一可資取用之處，均不宜缺漏。

一般範文實際活動，可含：字詞教學，句子剖析，義旨探究，作法審辨，作者介紹等項。茲依此分述於後：

一、字詞教學

字爲句之本，句爲章之基，劉勰文心雕龍章句篇云：「夫人之立言，因字而生句，積句而成章，積章而成篇。」清吳曾祺涵芬樓文談鍊字篇亦云：「欲知篇必先知句，欲知句必先知字。」均道出字詞之地位。

由修辭學上而言，文章之良窳，亦決諸字詞之得失。清吳曾祺涵芬樓文談云：「昔宋范希文作嚴先生祠堂記。其末歌詞云：『雲山蒼蒼，江水泱泱。先生之德，山高水長。』文成以示李泰伯。泰伯請改德字爲風字。希文凝坐頷首，殆欲下拜。」循此，亦可知字詞於文章中之重要矣，故國文教學從字詞入手，乃理所當然。

上述之「字」，即今文法學上所謂之「詞」。以現代文法觀念而言，「字」與「詞」有別。「字」不能表達一完整之概念，而「詞」可以表達一完整之概念（註二）。如「劍」係兵器之一，爲「詞」，「蝴蝶」係昆蟲類，亦「詞」。前者由一字所構成，稱爲「單音詞」，後者由二字所構成，稱爲「雙音詞」。二者均有一完整之概念。至於「蝴蝶」之「蝴」，「葡萄」之「葡」，但爲一「字」，非爲一「詞」，以其不能示一完整之概念，必合「葡萄」、「蝴蝶」二字方足成「詞」。此外，二字本可獨立成詞，合之而構成另一意義者，如「運動」，三音詞如「圖書館」，四音詞如「三民主義」，均爲「詞」之單位。循此，凡由二字，或二字以上構成一完整概念與意義者統稱爲複音詞。單音詞簡稱單詞，複音詞簡稱複詞。（註三）

字詞教學，多着重於形、音、義之探討。吾人所知，文字係表情達意，紀錄語言之圖形符號。以其爲圖形符號，故有「形」可察，以其在紀錄語言，故有「音」可讀，以其爲表達情意，故有「義」可尋。是以形音義乃構成文字之三要素。欲解字詞，須明其形音義，形音義既得，則詞可知。於是由本尋末，從詞識句，依句明篇，全文因能豁然而解。玆就此分述於後：

㈠字　形

字形講解，宜分下列步驟行之。

1. 指導字形結構　宜解說六書構字之原則：「象形」、「指事」、「會意」、「形聲」、「轉注」、「假借」，循是原則，以釋字形，可令學生印象深刻，不易犯錯。如「羨」、「盜」二字，學生常誤寫爲「羡」、「盜」，將偏旁「水」寫成「冫」。若教師指示文字之構造，解說「次」字之本義爲：「慕欲口液也，从欠，从水」（說文）。凡人有所貪慕，則口張而流液。見羊、羊肉係佳餚，心中羨慕不覺流出口水。見器皿中之物，心中貪慕而起盜心，於是有偷竊行爲。貪慕能令人流口水，而不至於流冫。循是解說，可令學生明本知源，類似之誤，多可避免，又如「貌」字多誤爲「貎」。若語告學生「皃」字係人之容儀。「從人白，象人面形」（說文）而非從「臼」。「臼」，像小兒頭腦未合之形（段注），與人面之義不合，則學生得不再犯。又如凡從「心」旁之字，皆與內心所表現之情緒有關。凡從「木」旁之字與樹木有關。凡從「艸」旁之字，皆爲草本植物。凡從「水」旁之字皆與水有關，凡此均應指示學生，令其見形而會意，嗣不致再誤。

2.其次指導其筆順　一般筆順原則係由左而右，自上向下，由外而內，亦有自內而外者，如「遠」「遙」等字。疑難之字應照文字之結構板書，可免謬誤。

3.學生易誤寫之錯別字，應舉例類比　誤字，如「步」誤爲「歩」，「本」誤爲「夲」，「祭」誤爲「**祭**」。別字，如「遷徙」別爲「遷徒」，「制伏」別爲「制服」，「伎倆」別爲「技倆」等，均須隨機指示。此外如形體相似之文字：丐、丏，互、亙，形聲相似之文字：兢、競，嚮、響，形義相似之文字：巢、窠，踏、蹈，係、繫等，亦宜視時指導，防其誤用。

4.糾正學生之簡體字　如國爲国，體爲体，亂爲乱，變爲変，均宜責其避免。

總上，字形方面，教師宜指導文字之構造原則，指示筆劃順序，防患誤字別字，避免簡體字，而教師書寫之時，亦須以身作則，以免正人而不能正己。

(二)字　音

文字構成之三要素：形音義之中，音係其根本。蓋未有文字，先有語言，未有語言，先有聲音。聲音乃文字之基礎。王筠說文釋例云：「聲音，造字之本也。及其後也，有是聲，即以聲配形而爲字，形聲一門之所以廣也。」所論是也。聲在字前，聲爲語根，形爲表達。如日之言實也。「日」字未造之前，先有實「聲」，然後「日」字造成，故「日」聲乃從「實」而得之。月之爲言闕也，「月」字未造，先有闕聲，「月」字造成，其聲得之於「闕」。而聲與義又同源，是以凡有某聲皆有某義。「農」聲，有多厚之義。則凡從「農」得聲之字，均有「多厚」之義。如「濃，露多也」，「濃濃，厚貌。」「醲，厚酒也。」「襛，衣厚貌」等類似之例甚多，無庸煩舉。基於玆理，古籍之中，常有同音通假（包括雙聲通假與疊韻通假）之現象：如我國古帝庖犧氏，在經籍中出現三種名號：伏犧、庖犧、宓犧。伏、庖、宓三字古音不讀輕脣皆讀爲重脣。同音故通假使用，其實三名號均相同，而非有三。故此古今音變之理，偶須指導學生，令其明白，爲何：「則無國而不可奸。」（鄒陽上書吳王）而注云：「爾雅曰：奸，求也。奸與干同。」（註四）「奸」與「干」同之道理。

在文字中，常有一字異音之現象，其原因甚多，主要者有二：一爲受時空之影響：林尹先生文字學概說云：「文字不是一時一地一人所造，因造字的人意識不同和方言的差異，所以對同一個無聲符的文字，每產生不同的意識與不同的讀音。說文『丨』字，下上通也，古本切：引而上行讀若囟，引而下行讀若退，就有三個讀音。」所言是也。又如陸法言切韻考云：「呂靜韻集……杜台卿韻略，各有乖互，江東取韻與河北復殊。因論南北是非，古今通塞。」亦說明一字多音係受時空影響。二爲受引申，假借之影響。鍾露昇國語語音學云：「後代用字，逐漸引申，假借，意義就多了。……爲了區分不同的意義，字音有時也有改變，於是形成一個字形有好幾個音，這就是所謂破音字。」如「暴」字，本爲日出雙手捧米曬之之謂，卽孟子：「一日暴之，十日寒之」之暴。後借爲「暴虐」之義，於是分爲二音：一爲「ㄆㄨˋ」，一爲「ㄅㄠˋ」。

鑒上可知，一字異音，係我國文字中普遍現象，教師教學宜細予分辨。一字異音中有本音與破音之別，有正讀與又讀之分，亦有語音與讀音之異，以及古代有所謂直音與反切之應用。玆分述於後：

1. 破音與本音　一字有數音者均謂之破音字。趙元任在語言問題第八講何謂正音中云：「以文字方面看，比方『重』字有ㄓㄨㄥˋ、ㄔㄨㄥˊ，『度』字有ㄉㄨˋ，ㄉㄨㄛˋ兩種，這種一字幾讀的情形，我們平常叫做破讀，破音或破音字。」有時本音與破音甚難分辨，所以趙元任又云：「一個字有一個本讀，有一個破讀，不過有時候平常很難說那一個是本讀那一個是破讀。所以由一個音而破讀為兩個音，就要用兩個音來表示兩種不同之意義。」所論至為明晰。然由其原則而言：本音乃固有之讀音，破音係變音之讀音。破音字，有因「動靜字」不同而分化者，如：「往白雲觀觀光」，上「觀」音ㄍㄨㄢˋ名詞，下觀音ㄍㄨㄢ動詞。然不盡如此，如將軍、大將，上音ㄐㄧㄤ下音ㄐㄧㄤˋ均為名詞。又如「磨」，動詞音ㄇㄛˊ，名詞念ㄇㄛˋ。然「磨豆腐」不音ㄇㄛˊ，而音ㄇㄛˋ。亦無規則可尋（註五）。此外地名與人名，如「冒頓」昔ㄇㄛˋㄉㄨˊ，如大宛，「宛」字音寃，「曹大家」家音姑。「兒寬」兒音霓。「樊於期」於音烏。「玄奘」奘音藏。「會稽」會音桂。「酈食其」其音基等，亦多出現不規則之讀音。教師當分別觀之，多讀多查，以免滋誤。

2.正讀與又讀　有若干之字意義上並無不同，而讀音則有數種，如「微」「危」二字皆有ㄨㄟ，ㄨㄟˊ兩讀，而其義仍為「微小」、「危險」之義，若此讀音可自由互換者謂之正讀，又讀。二者之間，總以正讀為主。此於辭典上可以察明。

3.語音與讀音　林以通先生國音講義云：「讀音和語音有什麼區別呢？大概地說，口頭說話，用在實際語言上，包括說話，朗誦各種語體文，以語音為主。誦讀文言，包括說話，朗誦各種語體文，以語音為主。誦讀文言，包括經史百家，古文詩賦等，以讀音為主。」所述甚為詳確。

凡上，教師均應詳爲分辨，令學生識其同異，知其所以。凡注音宜書之黑板，不同之音當舉例類比，以加深學生印象。

4.直音　說文「讀」音下段氏注云：「擬其音曰讀，凡言讀如、讀若，皆是也。易其字以釋其義曰讀，凡言讀爲、讀曰、當爲，皆是也。」在漢儒經注與說文解字中常見「讀若」，「讀如」，「讀爲」，「讀曰」，「讀與某同」等皆爲我國古代注音之方式，其中雖有釋其義之訓詁作用，然注音仍爲其主要任務。此種注音方式，後世稱爲直音，如：說文「辛讀若愆。」說文：「A讀如集」說文：「縊，讀與聽同。」又如：禮記聘義：「孚尹旁達。」鄭玄注：「孚讀爲浮。」又如禮記曲禮：「以箕自鄉而扱之。」鄭注：「扱讀曰吸。」等皆是。其中「讀爲」，「讀曰」雖爲釋其義，然由此注亦可知其音。此後，又有聲音譬況之例，如：公羊莊二十八年傳注：「伐人者爲客，讀伐長言之，見伐者爲主，讀伐短言之。」淮南本經訓：「腤讀近殆，緩氣言之。」地形訓：「旌讀近綢繆之繆，急氣乃得之。」林尹先生云：「長言、短言、緩氣、急氣，可能是聲調的分別。」（文字學概說）玆爲聲音之譬況，均爲直音之例。

5.反切　所謂反切，係合二字之音，以拼一字之音。南北朝以上多稱「反」，唐以後改稱「切」，亦有稱「翻」，或謂「紐」，或「體語」、「反語」、「反音」、「切語」、「切音」或合之稱爲「反切」者。反切之方法是上字取其聲母，下字取其韻母與聲調。唯上字之韻母與聲調、下字之聲母均須去掉。如：「同」字「徒紅切」。徒（ㄊㄨˊ）十紅（ㄏㄨㄥˊ）成爲同（ㄊㄨㄥˊ），徒之韻母「ㄨ」，聲調「陽平」均棄之。紅之聲母「ㄏ」棄之，然後成同（ㄊㄨㄥˊ）。以反切字拼今音，常發現若干部分與今音不合，其原因係受時空音變之影響，以致不能正確（註六）。若欲得其確切讀音，須熟悉反切上下字之聲韻類別。然以其煩難，故反切拼音較不通行，然教師對反切之理仍須深識，不可忽略也。

㈢詞　義

詞以義而能於文章中顯出其功用與價値。故處理詞義乃字詞教學之重心所在。講解詞義，較之字形字音爲難，字形字音可憑辭書字典解決，然詞義變化複雜，有複詞之構成方式，有詞類之不同，有本義變義之分，有文言白話措辭之別，有文言語體虛詞之問題，雖有辭書，亦頗費斟酌，甚難理解。今就玆數項逐一闡述，以見梗概：

1. 複詞之種類　此處複詞多指雙音詞而言，三音詞四音詞偶略及之。複詞大分爲兩類：衍聲複詞與合義複詞：

(1)衍聲複詞：玆類複詞，非以意義相合，而係聲音之關係，增一音節，較之不增讀之於口更爲順暢悅耳。此又分爲四類：

甲、雙音節衍聲複詞：即古人所謂「聯緜字」。其定義爲合二字之音節而成一詞，僅表達一意義，此意義不能再予分析者，如「葡萄」二字合爲一詞，僅爲一意義。單一「葡」字或「萄」字均不成詞，僅爲附有聲之字而已。此類複詞又分爲三類：

①雙聲雙音節衍聲複詞：凡聲母相同之雙音節皆屬之，如「參差」，聲母均從「ㄘ」是也。

②疊韻雙音節衍聲複詞：凡韻同者（不論介音有無）之雙音節均屬之。如「倥傯」同爲「ㄥ」韻是也。

③非雙聲疊韻之雙音節衍聲複詞：此複詞既非雙聲，亦不疊韻，二字或二詞，不以義合成，而係以聲音關係合成，無意義上之關聯。故仍屬於衍聲複詞。

乙、疊字衍聲複詞：即古人所謂「重言」。此類複詞以形容詞為多。可分為二類：

①不疊不能用之疊字衍聲複詞：如「習習谷風」，「桃之夭夭」，「習習」「夭夭」必須重疊，不能分用，否則失其意義。

②不疊亦能用之疊字衍聲複詞：如：「倒不如聽聽唱片，種種花，下下棋，來得輕鬆，也有意義多了」（湘人：情趣生活）此類複詞不疊單行一字亦可，然重疊之後，多一音節，可加重語氣，並且唸之順口。其他如：「古古怪怪」、「明明朗朗」，「濕漉漉」，「冷淒淒」，「灰暗暗」等有上下兩字重疊之四音詞，以及疊下字而成三音詞均是。

丙、帶詞頭之衍聲複詞：詞頭並無意義，加之成雙音節較單音節清楚而已。如老虎、老鼠、阿土、阿玉、阿秀等，其詞頭「老」與「阿」並無意義。

丁、帶詞尾之衍聲複詞：此複詞係在一基本詞之後附加一詞尾，此詞尾亦為衍聲之用，並無意義。如國語中常見用於名詞之下之詞尾有「子」「兒」「頭」三種：如法子、扇子、魚兒、蟲兒、木頭、磚頭等。用於形容詞之詞尾有「的」，如靜靜的，緩緩的。文言中，恒見用於形容詞之詞尾有：「然」字如：「望之儼然」（論語）。「焉」字如：「於我心有戚戚焉。」（孟子梁惠王篇）。「爾」字如：「夫子莞爾而笑曰」（論語陽貨篇）等等。「如」字如：「閔子侍側，誾誾如也。子路行行如也。冉有子貢侃侃如也。」（論語先進篇）等等均屬之。

(2)合義複詞：此複詞，不以聲音關係，而係以義相合，合義複詞又分爲三類：

甲、聯合式合義複詞：兩詞以平行關係聯合成一複詞，表示一意義者。其中有兩詞意義相近，或相同者如：「身體」、「房屋」。有兩詞意相似而不同者如：「保養」、「裁縫」。有兩詞意義完全不同者，合成複詞後，其中一詞意義爲另一詞意義所吞併，如：「國家」，「兄弟」，「妻子」，僅代表「國」、「弟」、「妻」之義而已。另外，有兩詞意義相反，其中一義消失，一義保留者，如史記刺客列傳：「多人不能無生得失」，「得失」僅存「失」義而已。

乙、組合式合義複詞：兩詞連綴而成複詞，其一爲主體，另一則爲複加成分。如：「行人」，「明月」、「清風」。「人」「月」「風」均爲主體，餘則爲附加成分。

丙、結合式合義複詞：兩詞連綴成一複詞，其關係既非「平列」亦非「主附」，而係以句子形式出之，然性質仍爲一複詞而已。如「走路」、「革命」均有句子形式，以無起詞，故仍爲複詞。（註七）

以上爲複詞之構成方式，種類繁多，若不知其構成關係，則詞義甚難理解，故此爲教師教學所宜注意者。

2.詞類區分　詞以字數之多寡而言，分爲單詞與複詞，依其文法性質而言，分爲實詞與虛詞（註十五）實詞可示一概念，虛詞則不能，其但爲語言結構之工具而已（註十六）。茲就實詞與虛詞二者予以細分，以見其類：

(1)實詞：以其所示概念之不同，復分爲五類：

①名詞：凡實物名稱，或學術上所創之詞，均爲名詞。如日月星辰、山川草木，政治，經濟等是

也。

②形容詞：凡表示事物形態、性質之詞，悉爲形容詞，如：高低深淺，陰沉沉，黑漆漆是也。

③動詞：凡指行爲或事件發生之詞皆爲動詞，如：生、死、來、去、回憶、遺忘是也。

④副詞：（或稱限制詞），凡僅表示程度，範圍，時間，處所，動態，動向，可能性，否定作用等，不能單指實物，實情或實事之詞，皆爲限制詞。譬如：程度限制：很、甚、最、更、極、太、頗、特、稍、略、僅等。範圍限制：今昔、先後、久暫、一會兒、一剎那。判斷限制：如能、得、會、可、必、足、果、或、也許、當、應、須。否定限制：不、弗、勿、毋、莫、末、休、別等。處所限制：如內、外、上、下、前、後、到處等。動向限制：如已、曾、嘗、方、正、纔、剛、忽、漸、又、復、再、將等。

⑤指稱詞（或稱代名詞）：凡指稱或稱代一人或一事一物之詞，皆爲指稱詞。此又分爲七類：①三身指稱詞：他、它、爾、彼、伊等。②複指指稱詞：如自己、己等。③特定指稱詞：如彼此等。④無定指稱詞：或、莫等。⑤疑問指稱詞：如孰、何等。⑥數量指稱詞：如一、二等。⑦單位指稱詞：斤、兩、塊、件等。

⑵虛詞：依其在句中職務分，有二類：

①關係詞：其在句中用以介繫或聯繫「詞」與「詞」或「句」與「句」。具有介繫作用者稱爲介詞。具有聯繫作用者，稱爲連詞。然若干字則兼具二種作用，故統稱爲關係詞。如：的、之、與、私、用、以、在、於、而、然而、雖、縱、因爲、所以、如果、則等。

②語氣詞：凡用以表示一語氣，如驚訝、讚賞、慨歎、希冀、疑問、否定等之詞，均爲語氣詞（包含助詞與感嘆詞。）依其句中之位置，可分爲四類：①句首語氣詞：夫、惟、蓋等。②句中語氣詞：難道、那裏、寧可、豈、其、庸、詎等。③句末語氣詞：了、啊、呀、呢、嗎、哩、吧、乎、焉、耶、也、哉、耳、矣等。④獨立語氣詞：哎喲、喔唷、噫、嗚呼等。(註十七)

以上詞類包含實詞與虛詞，形容詞、動詞、副詞與指稱詞等。虛詞有關係詞與語氣詞，凡七類。

3.本義與變義　文字意義與形體，聲音，恒隨時空之變遷而改易。而意義又以「轉注」、「假借」之運用，而形成多字一義一字多義之現象。故欲解句中之詞義，恒依上下之意以及其在句中之位置而定。如孟子公孫丑篇：「然而孟施，舍守約也。」又如孟子梁惠王篇：「然而不王者，未之有也。」前句「然而」有「但是」之義，後句之「然而」，係承上而轉，「像這樣」之義。「然而」二詞，位置相同，而詞義則有異，此乃依上下文而決定者。又如因位置不同，其詞性、詞格與詞義亦隨而改變。如「老吾老以及人之老」。上「老」字，當動詞用，有「尊敬」之義。下二「老」字，係指年長者而言，爲名詞。因位置不同，其意義亦因之而異。此外，以假借而言，有借其聲而不取其本義者。如「荒唐」一詞，說文：「荒，蕪也，从艸，巟聲。」「唐，大言也，从口，庚聲。」荒唐爲廣大無界限之義，而與其本義無關，爲無義依聲之假借。有引申其義，而與本義略有不同者。如「長」，說文：「長，久遠也，从兀从亡，七聲。」今縣長之「長」，係由久遠之「長」，引申而得，意義已然改變。以時間而言，詞義亦有其時代性，如「交通」古代爲「交際」，「勾結」之義，今日已爲「客運與郵電的往來」之詞。如「經濟」古爲「經世濟民」，今爲「關於財貨的事項。」，「消息」古義爲「生滅盛衰」，今爲「音訊，新聞」，意義亦略不同。復如孟子：「皆悅而願爲之氓」句之「氓」本義與「民」同，而今則指「無業遊民」而言。如「走」本義爲「疾趨」，而變爲「慢走」之義，均因時代之遷移，經分化與混同之作用而產生改變（註八）。亦有因象徵比喻之作用，或典故史實之原因，使詞義與本義兩相迥異。如「大雅云亡」之「大雅」，「空懷舊雨」之「舊雨」，均與本義無關。總之，教師解釋詞義，應依上下文意與句中位置，對本義與變義之關係，扼要說明，令學生可以知一而反三，不生迷惑。

4.文白之措辭　國中國文教學目標第四項：「指導學生精讀明易之文言文，了解並比較語體文與文言文在措辭上之差別。」古今文義變化甚大，其措辭亦不相同。雖然，文言文與語體文之最大差異仍在於所用虛字之不同，如：文言文「余之書」，語體文爲「我的書」。然在措辭上亦有所別，如文言曰「白日」，語體文爲「白天」。文言謂「夫婦」語體稱「夫妻」，文言「去」語體則「離開」，文言「兵」語體「兵器」，文言「首途」語體「出發」，文言「孀妻」語體「寡婦」。然大致言之，文言用詞較簡，語體用詞較繁。易言之，文言多單音詞，語體多複詞，如曹丕典論論文：「王粲長於辭賦」，在語體文中「長」則用爲「擅長」，又如文言「月」語體「月亮」，文言「髮」語體「頭髮」等均是。其次，文言之詞較爲活用，語體之詞較爲固定（註九）。在文言中有名詞當動詞者，如，衣可穿，則引申爲「穿」義。論語子罕：「衣敝縕袍。」，又如「目」可視，則又引申爲「注視」，史記刺客列傳：「蓋聶怒而目之。」有形容詞作動詞用者，如史記李斯列傳：「丞相豈少我哉？」以「少」作「輕視」解。有動詞、形容詞當名詞者，如左傳僖二十三年：「吾見師之出，而不見其入也。」「出」與「入」借行爲以代事。又如：史記越王勾踐世家：「乘堅驅良逐狡兎」堅指車，良指馬。此外同一詞亦可作多類用法。如孟子梁惠王：「老吾老以及人之老」。「老」形容詞，亦當動詞，亦當名詞。

凡此不同，教師應詳予指示，令學生不致夾雜誤用。

5. 文言與語體虛詞之指導

(1)文言虛詞之指導：

虛詞或稱爲虛字，虛詞係實詞之對稱。馬氏文通云：「凡字，有事理可解者，曰實字，無解而惟以助實字之情態者曰虛字。」就馬氏之意詳言之：凡能表示一概念，顯示一實在意義者稱爲實詞。凡不能表示一種概念，意義空虛，僅爲語言結構之工具，因以助實詞表達意義，配合實詞造句功用者謂之虛詞。在文章中虛詞不僅具有畫龍點睛，呼前應後之功，而且有傳神表態之用。然以其意義空虛，作用繁多，恒令學生滋生困惑。故虛字之處理甚爲重要。

虛字不含詞彙意義僅具語法之作用，故種類包括：介詞、連詞、助詞、歎詞四詞（註十）。介詞與連詞，有合之稱爲關係詞者；連詞與助詞，有合之稱爲語氣詞者（註十一）。

虛詞作用繁多，處理頗爲困難，其涵意恒以其在句中之位置以及上下文意而改變，欲求其義，無常可尋。如：「乃」字卽有多種之用法。

①作副詞用：

(ㄅ)有「於是」、「才」、「就」之義，如淮南子說林篇：「見象牙乃知其大於牛，見虎尾乃知其大於貍。」黔之驢：「盡其肉，乃去。」作用在表示時間之關係。

(ㄆ)有「竟」「却」「反」之義：表示出於意料之意，如張釋之執法：「而廷尉乃當之罰金。」

(ㄇ)有「正好」之義：如淮南子俶眞篇：「善我生者，乃所以善我死也。」是也。詩山有扶蘇篇：「不見子都，乃見狂且。」是也。

②作指稱詞用：

(ㄅ)有「你的」之義。如漢書項羽傳：「吾翁卽汝翁，必欲烹乃翁，幸分我一杯羹。」

(ㄆ)有「那件」「那個」之義：如詩大田篇：「旣備乃事。」是也。

③作繫詞用：有「是」之義，如方苞左忠毅公軼事：「謂獄中語乃親得之於史公云。」說辨物篇：「非狗，乃羊也。」是也。

④作關係詞用：

(ㄅ)有「如果」之義。如孟子公孫丑篇：「皆古聖人也。吾未能有行焉，乃所願，則學孔子也。」是也。

(ㄆ)有「和」「與」之義：如大戴禮誥志篇：「物乃歲俱生於東，以順四時，卒於多方。」等均是。

以上「乃」字，係就其大要而言，若細予分析實不止此數。可是僅一「乃」字卽如此紛紜，則其他之繁難可想而知。教師指導文言虛詞之時，宜以語體詞明確說明，使學生知其用法之異同，而相比較。

(2)語體文之虛詞指導：

語體文之虛詞，雖不若文言虛詞之繁難，然非無須指導，如「嗎」與「呢」皆爲疑問詞，然二者不能混用。如「嗎」字用以表示詢問語氣：「他們走了嗎？」用以反問語氣：「他們不是很快樂嗎？」二者均爲全然決斷疑問之語氣。至於「呢」字，如表示抉擇或尋求之疑問：「今天究竟去郊遊好呢？還是留在家裏好呢？」句中若將「嗎」字改爲「呢」字，或「呢」字易爲「嗎」字皆不妥當，此爲助詞應用之差異（註十二）。

又如，關於形容詞詞尾之「的」，副詞詞尾之「地」，以及助動詞「得」之用法問題，此三字有時統一用「的」字而不分，如吳敬梓儒林外史：「因仰天大笑道：死的好！死的好！」句中「的」係助動詞「得」字之混用。又如陳之藩失根的蘭花：「淚從來也未這樣不知不覺的流過。」句中「的」字係副詞尾「地」字之混用。又如儒林外史：「一陣怪風，刮的樹林都颼颼的響。」句中之「的」字係「得」「地」二字之混用。然亦有將其分用者，如梁啓超最苦與最樂：「達解的人看得很平常。」句中之「的」「得」字（國中第二册）儒林外史「這也說得有理」之「得」字，余光中鵝鑾鼻：「在我面前無盡地翻滾。」句中之「地」均已分用。統用與分用皆有其依據，無所謂是與非，然爲求語法之嚴整，仍以分用爲妥，而且「的」字重複出現，亦非修辭所宜，教師當指導學生妥爲應用（註十三）。

綜合上述，詞義之指導應慮及複詞之種類，詞類之不同，本義與變義之分辨，文言與措辭之差別以及文言語體虛字指導。如是乃能盡其意而詳其詞，文義章旨乃能通透理會。其次關於生難字詞之形音，須配合詞義，作詳明之指示，令學生於詞之形音均能了然。至於形體相似，形義相似，形聲相似，音義相似之文字宜多作比較，以免學生誤解誤用，滋生混淆。除此之外，詞義常見之教學方式有

⑴以直解方法教學：如「莞爾」可略以動作示之。⑵以同義詞代替，如火柴、洋火。⑶以反義詞釋之：如「進步」與「落伍」。⑷說明本義與出處。⑸配合句子以說明：如「發明」：「中國人發明指南針。」⑹以擴充方式釋之，如「謀生」以「謀求生計」說明等六種（註十四）。均可融會配合應用。

二、句子剖析

句爲一獨立運用之語言單位。上述字詞之指導，其意亦在索解句義，然後循句義，以尋繹全文義旨。唯詞義恒非固定不移，厥多因詞性之不同而改變。質言之，多受其上下文意以及其在句中之位置影響，並且，文言文句法與一般語言習慣，不盡吻合，語體文之句式，有時亦繁雜難解，凡此，設非剖析其結構，探究其句法，則句義無由得明，全文亦難豁然貫通，而閱讀能力，欣賞能力之培養，亦無從進行。是以，句子剖析實屬必要。

句係由詞與詞之配合而成，詞與詞之配合有其一定之地位。故欲剖析句子，須先識詞與詞之配合關係，如此乃能本末不顚，免於凌亂。

㈠詞與詞之關係

詞與詞之關係，約有三種：

1.聯合關係　二詞或二詞以上，同詞類者，以並列方式配合，即具有聯合關係，此類關係之詞羣稱爲詞聯。有名詞與名詞之聯合，如「遊戲宛與洛」（古詩十九首），又如「願車、馬、衣、裘，與朋友共。」（論語公冶長篇）。有形容詞與形容詞之聯合：如「目逆而送之，曰美而艷。」（左傳：

桓元年）有動詞與動詞聯合，如「萬物萬事遞變演進的一個現象。」（進化論淺解）。詞與詞之聯合，可加關係詞，亦可不加關係詞，均不礙文義。

2.組合關係　二詞以主從方式配合，即具組合關係。下詞爲主體，可稱爲端詞。上詞爲附加者，可稱爲「加詞」，此類關係之詞羣，稱爲詞組。端詞必須係名詞或具名詞性之詞。加詞可以爲形容詞：如熱帶、良田等。加詞可以爲動詞：如飛鳥、游魚。加詞可以爲名詞：如火山、體溫。加詞可以爲三身指稱詞：如我家、吾國。此詞組之間可以加關係詞「的」或「之」。此與不能加關係詞之合義複詞不同。

3.結合關係　二詞或二詞以上，配合成句之形式，即具結合關係。有此類關係之詞類，謂之「詞結」。詞結具有句子之形式，然或可獨立成句，或不能獨立成句。不能獨立成句之詞結僅爲句之一部份，如「始吾聞平原君賢。」（史記魏公子列傳）「平原君賢」可以爲一句，然在此僅爲句之一部分（賓語），故謂之詞結。復如「我認爲你做錯了。」一句，「你做錯了」已非獨立之句，僅屬「認爲」之賓語。在文言中，不獨立成句之詞結，在主謂語之間恒加一關係詞「之」字。凡有「之」字之詞結，稱爲「組合式詞結」。如「王之好樂甚。」（孟子梁惠王）「王之好樂」，本爲「王好樂」之詞結。王爲主語，好爲謂語，樂爲賓語。由於加一「之」字而成「組合式詞結」。其他如：「西蜀之去南海，不知幾千里也。」（爲學一首示子姪）皆是也。

以上詞與詞之關係包含：聯合、組合、結合三種。聯合關係，稱爲「詞聯」，組合關係稱爲「詞組」，結合關係稱爲「詞結」（註十八）。

㈡句之種類

欲剖析句子除知詞與詞之關係之後，仍應知句之種類，然後方知句子何以分析。

關於句之種類，可依其性質不同分爲四類：

1.敍事句　敍說事情之句。基本句型爲：

鳥（主語）十飛（述語）。或虎（主語）十傷（述詞）十人（賓語）。

2.表態句　記述事物之性質或狀態之句。基本句型爲：山（主語）十高（謂語）。表態句之謂語每爲形容詞或具形容詞性之語詞。

3.判斷句　解釋事物涵義或判斷事物同異之句。基本句型爲：

這（主語）十是（繫詞）十鉛筆（謂語）。繫詞爲「是」或「非」等之詞。

4.準判斷句　此類句型介乎判斷句與敍事句之間，「謂語」既不對「主語」正式判斷：「主語」亦非「述詞」所代表之動作者。基本句型爲：

柳絮（主語）十似（準繫詞）十雪（謂語）。

句之種類，依句之結構形式分，可分爲三類：

1.簡句　一句之主要成分—指敍事句之主語，賓語（述詞不在內），表態句之主語，謂語，判斷句，準判斷句之主語謂語（繫詞，準繫詞不在內），—若非詞結，即爲簡句。

2.繁句　一句之主要成分若有一詞結，即爲繁句，又分敍事繁句，如「客見諸花無一存」，賓語「諸花無一存」即爲詞結。表態繁句，如「其操心也危」，主語「其操心」係詞結。判斷繁句，如「待人和氣是做人的本分」主語係詞結。準判斷繁句，如「我得孔明，如魚得水。」主語、謂語均爲詞結。

3. **複句**　有二組以上之句相互並列，彼此並無文法之關係，此卽爲複句。句與句並列，其關係有多種：㈠加合關係，語畢一事，再語他事，或更入一層者，如：「不但無益，而且有害。」㈡轉折關係：二事並不一貫，中間須經轉折，如：「爲人謀而不忠乎。」㈢交替關係：非甲卽乙者，如：「不是你去，就是他去。」㈣比較關係：比較事物異同、高下或利害得失者，如：「大丈夫寧可玉碎，不能瓦全。」㈤時間關係：以時間關係，或以時間關係爲主旨，如「歲寒然後知松柏之後凋也。」（論語子罕）㈥因果關係：有原因與結果者，如：「左右以君賤之也，食以草具。」（戰國策齊策）。㈦目的關係：一事係緣另一事而起者：「以急事，故登門造訪。」㈧條件關係：依某事以論另一事，如：「處處盡責任，則處處快樂。」㈨擒縱關係：先承認某事，然後另敍述一事，不以上事而改變立說，如：「雖然你身體很好，也不該過勞。」㈩聯合關係：僅並列一起，無上述關係存在者：如「仁者不憂，智者不惑，勇者不懼。」等。以上爲複句之種類，教師亦宜知其關係予以指導（註十九）。

㈢句之成分

句之種類而外，句之成分仍應了解，關於句之成分，歸納衆說得下列數種（註二十）：

1. **重要成分**　成句所不能缺少者：

(1)主語（註二一）：卽欲說明之主體，如「爾爲誰」，爾爲主語，主語多爲名詞或代名詞。

(2)述語：在敍事句中用以述說主語如何者，如：「小鳥啄食。」啄爲述語，述語皆爲動詞。

(3)謂語：在表態句，判斷句與準判斷句中用以說明或判斷主語者（註二二）。如表態句「月小」，判斷句：「子爲誰」，準判斷句：「柔情似水」。「小」、「誰」、「水」均爲謂語。

⑷繫詞（註二三）：在判斷句中用以連繫主語與謂語者，如「是」、「非」，以及其同義字「乃、爲、即、則」等字。如「我是中國人」是爲繫詞。在文言句中，繫詞有時省略，如：「我，子瑜友也。」（通鑑赤壁之戰）。

⑸準繫詞（註二四）：在準判斷句中，連繫主語與謂語者，如「人生如朝露」，「如」爲準繫詞。其他準繫詞：「像，似，同，叫，做，當做，變爲，化爲」等皆是。

⑹賓語（註二五）：在敍事句中，受述語所影響射及者，如「人造橋」。橋爲賓語。此成分多爲名詞或代名詞。

2.次要成分　句中某些成分有時可以不必全具者。

⑴加詞：含有形容詞性之附加詞，如「紅」花，「一」人皆是。

⑵限制詞：凡用以限制，或修飾動詞，並且置之於動詞之前者稱爲限制詞，如「我們上去坐吧」（註二六），「上去」爲限制詞。有時，限制亦用以修飾形容詞，如「天色很重」，「很」爲限制詞是也。

⑶補足語：恒現於白話之敍事句中，其作用與限制詞相同，係修飾動詞，故亦可包含於廣義之限制詞中。唯此補足語在動詞之後與在動詞之前之限制不同。如「我們走上前吧」、「那獅子大吼了一聲」，「上前」、「一聲」皆爲補足語。

⑷補詞：多以表示句之基本成分所牽涉之時地人物，如「我送他一枝筆」，「他」爲補詞。習慣

上補詞常有一關係介繫，有時亦可不用。補詞又分受事補詞，關切補詞、交與補詞、憑藉補詞、處所補詞、時間補詞、原因補詞、目的補詞、比較補詞等（註二七）。

(5)關係詞：在句中用以介系或聯繫詞與詞，句與句者，如的、跟、和、把、給、替、之、與、於、以爲、爲、而、則、因、故、雖、縱等。

(6)語氣詞：句中用以表示一種語氣—驚訝、讚賞、慨歎、希冀、疑問、肯定等之詞，如夫、蓋、豈、難道、了、啊、呢、也、嗚呼……等等皆是（註二八）。

此外關於特殊句型亦宜注意：如(1)省略句：恒見若干方式。(一)當前省略：當面晤談，或互通信函，以「你」「我」爲主語或賓語時，多見省略，如：「在此問候」，如：「得手書」。上句省略賓語「你」，下句省略主語「我」。(二)承上省略：後句與前句，主賓語相同時，可省略不用，如：「吾至愛汝，即此愛汝一念。」（與妻訣別書），「此」下省略主語「吾」。(三)概括性省略：主語或賓語係指任何人或任何事時，可省略不言，如：「只要有心，可以成功。」第一句「主語」可以爲任何人。另一種當表示自然現象時，亦略主語，如：「下毛毛雨了。」復如，當述說某一規矩或原則時，亦省主語，如：「禁止摘花」，如「下一次輪到你了。」等皆是。上述之省略，在於主語與賓語。其他成分亦偶或有之，唯不如上者之常見而已。(2)倒裝句：如「子將奚先？」（論語子路篇），「奚先」爲「先奚」之倒裝，賓語置於述語之上。又如：「敬人者人恒敬之。」賓語置之於主語上，亦爲倒裝。又如：「美極了，我的故鄉」亦屬表態句之倒裝。關於被動式句型：如「好人爲壞人所累。」句型是賓語＋關係詞（爲）＋主語＋關係詞＋述語。又如：「王生見責於師」，句型是：賓語＋關係詞（見）＋述語＋關係詞（於）＋主語。以上二類被動句型爲文言文中最常見者。又如「我被老師罵了一頓」是現代語中的被動句。凡此，教師均宜視學生需要相機指導。

以上，爲句之種類與句之成分。剖析句子時，皆須分辨句子之類型，其次尋出其重要成分，再次則分析其次要成分。以了解各成分間之關係，然後句義了然，不存疑惑。

最後欲分辨詞句之性質，標點符號亦不能忽略：

標點符號，古已有之，禮記學記篇：「比年入學，中年考校。一年，視離經辨志。」鄭玄云：「離經，斷句絕也。」孔穎達疏云：「學者初入學一年，鄉遂大夫，於年終之時考視其業。離經，謂離析經理，使章句斷絕也。」足見古代教育已有離經斷句之業。韓愈師說：「彼童子之師，授之書而習其句讀者也。」高中國文第一冊第三課注釋云：「文中語意完足可止者曰句，語意未完而可稍停者曰讀。」玆句讀，卽學記所謂之離經，亦今日所謂之標點。標點之產生，緣於人類言語之自然方式，言語時，短暫停頓或休止，可令語意淸楚，於是文字乃有「點」號。言語時爲說明語句之性質，令聽者了解，於是文字乃有「標號」。如曰：「老子爲道家之經典。」言者爲使其語意明白，必附言：「老子是書名。」此表現於文字，則爲書名號。古人以句讀爲初學之事，甚爲淺近，一旦識通文理，句讀可遺，故古書恒不施句讀，事實不然，後漢書班昭傳云：「漢書始出，多未能讀者，馬融伏於閣下，從昭受讀。」馬融爲當代知名學者，猶如此，可知，標點符號並非不重要。譬如：論語泰伯篇，子曰：「民可使由之，不可使知之。」一章，後人卽有三種之斷句法，子曰：「民可，使由之；不可，使知之。」子曰：「民可使，由之；不可使，知之。」玆三類讀法，於是造成多種不同之解釋。故若謂標點淺近而忽略，誠然不可。

標點符號之產生，始於言語之自然方式，其功用有二：

1.**避免誤讀、誤解，令文意清楚** 有一遺囑，上言：「我死後財產悉與我子我婿外人不得强佔。」女婿緣此而呑滅其岳父家產之半。死者之子則不同意，以爲遺囑明寫：「我死後財產悉與我子，我婿外人不得强佔。」而女婿則以爲遺囑明寫：「我死後財產悉與我子我婿，外人不得强佔。」親友一看，無言以對，因少一逗號，而徒損一半家產，標點豈謂不重？

2.**增强文句之表情，顯現文氣** 如顧炎武廉恥：「異哉，此人之教子也。」、「則天下其有不亂，國家其有不亡者乎？」用問號與驚嘆號之作用而表情顯現，令人感動。又如杜牧阿房宮賦：「明星熒熒，開粧鏡也；綠雲擾擾，梳曉鬟也；渭流漲膩，棄脂水也；煙斜霧橫，焚椒蘭也；雷霆乍驚，宮車廻也。」因逗號，與分號作用產生明淨排比之美。又逗號連連續用，使文氣勢急而下，甚爲輕快，如賈誼過秦論：「當是時，商君佐之，內立法度，務耕織，修守戰之備，外連衡而鬬諸侯。」是也。若逗號減少，而句號增多，則文氣略緩。如歐陽修：「又爲泰州判官。享年五十有九。葬沙漠之瀧岡。」（瀧岡阡表）是也。

今日通行之標點符號凡十四種，分成三類，第一類係「點」之符號，用以點斷文句，令人明白句中各部分之相互關係：屬於此類者有句號、逗號、頓號、分號四種。第二類是「標」之符號，用以標明詞句之性質。屬於此類者有引號、破折號、刪節號、夾注號、私名號、書名號、音界號七種。第三類兼有「標」、「點」兩種作用，一面有標明句之性質，一面有點斷之作用，屬於此類者有冒號、問號、驚嘆號三種。教師指導學生標點符號之時，應著重於標點作用之說明，令學生確知如何運用，使文意明晰、生動，使句意無誤。如：

(1)句號（。）用於直述或完全句之末尾，以示此句意已完，語氣已畢。

(2)逗號（，）用於長句之中，因語氣關係，必須停頓而分開重讀之處。

(3)頓號（、）分開句中連用之同類詞，作極短暫之停順，以示類分。

(4)分號（；）用於一種或一組長句中，包含多層意思，而並列或對比之分句間。分號之隔斷力比句號小，比逗號大。

(5)冒號（：）用於總起下文或總承上文，或提出引語之處。

(6)問號（？）用於表示懷疑、發問、反詰或詫異語氣之句尾。

(7)驚嘆號（！）用於表示喜怒哀樂之情，或表示願望、讚美、感嘆、命令等語氣之詞句下。

(8)引號（「」或『』）用於引用辭句，或特別提示語詞之前後。以單線畫者謂爲單引號，以雙線畫者謂爲雙引號。雙引號用於引句中又有引句者。

(9)夾注號（（）或——（））用於表示說明或解釋者。

(10)破折號（——）用於意思驟轉，或語氣忽變之處，亦可夾注用。

(11)刪節號（……）用於表示刪去語句或語氣未完者。

(12)私名號（——）破折號立於文句中央，私名號則標於文字旁邊，二者形狀相同，位置則不一。此用於表示人、地、國家、朝代、種族等專有名詞。

⒀書名號（﹏）標於書名，篇名或報章雜誌等名稱之左邊者。

⒁音界號（・）用於翻譯成中文之外國人姓名之間，如路易・柏斯多。以上凡十四類，教師均宜相機指示，令學生能熟悉其運用，然後利於理解句義文義，便於寫作。

綜合上述，語句剖析應顧及詞之類別，詞與詞配合之關係，句之類型，句之成分，以及省略、倒裝、被動繁雜之特殊句型，認識標點符號，然後析解句義，方能令學生明確句義，不生疑惑。

三、義旨探究

作文必先立意，意立則取材覓辭以敷陳成篇，劉勰文心雕龍鎔裁篇云：「草創鴻筆，先標三準。履端於始，則設情以位體，舉正於中，則酌事以取類，歸餘於後，則撮辭以舉要。」所論是也。情思寓之事理，事理託於文辭，欲窺作者之情思，明篇章之事理，則必循文辭而得之。是以，義旨探究，係指藉文辭之了解，以明文義，而究其文旨之謂。文義卽文辭所表出之事理。易言之，則文字所表現之意義。文旨爲作者之情意思想，藉事理文辭而表現者。作者之思想感情爲文章之內容，乃文章之生命。文辭爲文章之形式，乃文章之肉體。感情思想係心理之活動，若無文辭爲其憑藉，則無從表現。文辭若無感情思想，亦成屍骸。情思爲無形之文字，文字爲有形之情思。文旨與文辭二者不可分，或意內言外，或意在言先，意與言總相憑藉，無法捨言而求意，或棄意而立言。研讀課文，不僅於文義之理解，尤貴能尋求作者之情思，以窺其用意。欲見其意，必先曉其言，知其文義，然後方能成事。關於探究義旨，首先在求解題，第二步再探究課文之義旨。

㈠關於題目方面

1.首在解析題義，題義不限於字面之意義，凡與題目相關之事，應一併解說。如出師表之題目，須了解何謂「出師」？何謂「表」？為何「出師」？「出師」發生於何時？出師為何上表？均宜詳釋，令學生知其梗概，明其本末。復如：相見歡（高中國文第六冊），教師必須說明，相見歡係為詞牌，而非題目。詞牌為詞譜之名稱。詞譜，有六百多格式，每一格式均有一詞牌名，每一格式之句式，平仄以及韻皆固定，不可更改。如如夢令，夜游宮，永遇樂等悉為詞牌之名，不能以字面意義解之。此外猶須辨其詞牌係小令，或是中調，或是慢詞（長調），並說明詞牌與內容之關係，如滿江紅、水調歌頭，宜於豪壯之內容。如夢令宜於悲淒之情思。另外詞牌名稱，有其來歷者，如菩薩蠻，教師亦宜指示。

2.注意題目是有意義，或係無意義，係全選或係節選，或題義不明確，或題義不能包舉全文者。教師均須以不同方式處理。如論語學而篇，係擇取章首二字以為篇名，其義與全篇並無關聯。又如美猴王乃節選自西遊記第一回，內容並不包括孫悟空一生，僅取其出世之一段故事。凡此，教師應略為解說。

3.由題義，令學生揣測課文之意義內容，然後略為指示全文義旨，以加深學生印象，輔其理解。

㈡關於課文方面，應分三方面進行

1.瞭解全文意義　由字詞之指導，句子之剖析，全篇文字應無疑難。於是，探究作者所言何事，細思文章內容及要點，令學生於全文事理之來龍去脈了會於心，然後：

2.由文義以究文旨　教師宜指導學生就全段之意義要點，綜合歸納以見其中心意思，令學生明全段之要旨，復由各段之要旨，合之以見全文之意旨。譬如范仲淹岳陽樓記：首段敍作記原由，二段略云巴陵勝狀，專就登樓之墨客騷人覽物異情著筆，以爲下文悲喜之伏筆。三段敍覽物而悲者，四段敍覽物而喜者，五段敍古仁人不以物喜不以己悲，常以天下之喜爲喜，以天下之悲爲悲，作者以此自抒抱負，並勉其友。由各段之大意可知，全文意旨係作者藉記岳陽樓之景象以抒其「先天下之憂而憂，後天下之樂而樂」之抱負，並以此勉其友人。體裁雖然記敍文記岳陽樓，而實爲抒情，藉以抒己之懷，此全文意旨可見之於文字者。除此之外另有全文意旨不見於文字表面者，或用比喻或用象徵，或用典故史實，以蘊藏其旨。教師均須逐一闡明，使學生不遺疑惑。務使由詞義，文義以見作者之情思，了無隔閡。如朱慶餘一首近試上張籍水部（一作閨意），據詩字面之義，似寫新婦欲拜舅姑，羞却之情態。然則此詩，意在諷喻，別具用心。據全唐詩話：「慶餘遇水部郎中張籍知音，索慶餘新舊編二十六章，置之懷袖而推贊之，時人以籍重名，皆繕錄諷詠，遂登科。慶餘作閨意一篇以獻。籍酬之曰：……『越女新妝出鏡心，自知明豔更沉吟，齊紈未足時人貴，一曲菱歌敵萬金。』由是朱之詩名流於海內矣。」可知此係考期將近，慶餘作詩問張籍：「此詩是否合式入時？」意在求主考者之賞識。明爲寫新婚夫婦，而實在先通門徑，運動請託，以爲登科之助也。若不知作者用意，但就詩言詩，終隔一層，不能切體。

3.由文旨以觀文義　此步驟中，首先推闡作者之情思、見解、論斷、予以發揮。譬如以范仲淹之「不以物喜，不以己悲。」之思想而言，教師可就古代士人常懷：「書中自有千鍾粟，書中自有黃金屋。」之利祿觀念予以闡述。斯輩恒爲已想，極少爲他人懷憂。十年寒窗非爲天下，而實爲己身。故終日慮其得失，憂於褒貶，不能放其胸懷。此乃小人之行徑非古仁人之所爲，范仲淹則破此私心，推己及人，己欲立而立人，己欲達而達人，「先天下之憂而憂，後天下之樂而樂。」此抱負何等偉大。張載受范仲淹之影響，乃有：「爲天地立心，爲生民立命，爲往聖繼絕學，爲萬世開太平」之主張。玆仁人之心如此崇高，豈懷土懷惠，終日戚戚之小人所能比擬？凡此，教師均宜有所闡述發揚，令學生深切體會，學生感受愈深，則獲益愈多。

文旨闡述之後，復覽全文。以文旨參照文辭，吾人可察知每段無數文字均用以烘托、加强、證明、鋪述每段之要旨。每段要旨亦用以烘托、加强、證明全篇主旨而已。譬之於人身頭腦爲主旨，是生命之重心，爲情思所在，五官係段落，其作用在表現生命與情思，各有其任務與價值，缺一不可，所有成千成萬之細胞係文字，皆所以豐潤五官，充分發揮五官之效用，令生命悉以表現，使主旨完全表達者，故岳陽樓記全篇之主旨在明作者：「先天下之憂而憂，後天下之樂而樂」之懷抱，並以此慰其友而已。而文中或寫滕子京從政之悲喜，或寫騷人（墨客）之悲喜，或寫出岳陽樓之陰晴，其目的均在用以引出並烘托作者之情思。是以，在此步驟之中，教師當握全篇主旨，指示各段之作用與價值，指示作者構思之過程以及其取材安排，遣詞造句之技巧。此外教師可將每段標擧一要旨，以爲全文之大綱。每段之中又可分爲若干細節，每一節可標擧一節旨，以爲全段之細目。於是綱擧目張，全篇內容，間架分明，學生一目了然，可以明作者之思路，可以知事理之發展。如是，義旨之探究乃臻於極致。

總之，文辭係文章之肉體，文旨是文章之生命，二者相互表裏，不可析離。欲表現生命，表達情思，則須充實支幹，發揮文辭。欲究文旨，須循文義事理得之，欲明文義，亦可由文旨以證之。從分析而綜合，由綜合而分析（註二九），學生不唯可探究全篇義旨，亦可窺作者之用心，知其構思之過程，審其取材安排，遣詞造句之工夫。因此，國文之教學目標：語文訓練，精神陶冶與文藝欣賞，亦循是庶幾可得。

四、作法審辨

學習國文，由詞義文義文旨之了解，以至於應用寫作，其間距離，雖爲一步之遙，然其關鍵頗爲複雜。若學生閱讀僅注意故事情節，理解文義，知其思想，而不能追尋作者思想發展之過程，不知作者如何剪裁安排材料，不知作者如何遣詞造句以美飾其文，不知作者如何聯絡照應，貫串前後，構成佳篇，此閱讀之於寫作，仍無直接聯繫，不生必然效用。欲學生從「讀」中以增進「寫」之能力，唯有審辨文章作法，體認分析，然後模仿運用，乃能有成（註三十）。

作文是否有定法，自古爭論甚多。

王文祿文脈云：「爲文若織雲花龍鳳之錦，經緯縱橫而起伏無定，又若河流入中國，或隱或見，若絕若續而源深長。」準此則爲文似無定法。

呂祖謙古文關鍵云：「文字一篇之中須有數行整齊處，須有數行不整齊處。或緩或急，或顯或晦。緩急顯晦相間，使人不知其爲緩急顯晦。常使經緯相通，有一脈過接乎其間，然後可蓋，有形者綱目，無形者血脈也。」循此，則爲文似有法可尋。

梁章鉅退菴隨筆：「昔有問歐陽（修）公作文之法者，公曰：『吾於賢豈有吝惜，只是要熟耳，變化姿態，皆從熟出也。』」如是，爲文似又無方。

汪琬堯峯文抄：「文章之有法，猶奕師之有譜，曲工之有節，匠氏之有繩度，不可不講求而自得者。」則確謂爲文必有法式。

陸機文賦云：「體有萬殊，物無一量，紛紛揮霍，形難爲狀。」則又難見其法矣。

綜合上述，吾人以爲文章有定法，亦無定法。有定法者係就其常而言，無定法者係就其變而言。吳立夫論文有云：「作文如用兵法，有正有奇，正是法度，要部伍分明。奇是不爲法度所縛，千變萬化，坐作進退，擊刺一時俱起，及其欲止，什伍各還其隊，原不曾亂。」（退菴隨筆）實爲執中之論。正是常，奇是變，唯有守其正而用其奇，乃能變化無端，而不失其本。文心雕龍通變篇云：「夫設文之體有常，變文之數無方。」其理在此。教師教學，宜審辨其法，示以門徑，使知所從，以欣賞分析之工夫，體認尋求作者意匠經營，運材謀篇，以及遣詞造句之技巧，令學生仿習其法，以提高其寫作能力。

㈠關於作者思想發展之型態

文章構成，須經立意、構思、取材、謀篇，以至措辭各階段。作者思想發展，係指作者立意構思取材之過程。欲認識此過程，須察作者如何着眼，如何入手，如何取材，以成篇章。文章多係作者生活經驗之反映，作者之生活或與吾人有異，然部份經驗亦應爲吾人所有者。作者可以道出：「夕陽無限好，只是近黃昏。」而吾人則不可，其因除詞彙貧乏，用筆欠熟練之外，主要在作者識見較高，眼力較銳之故。是以追尋作者之思想發展型態，可以啓開學生思路，訓練其敏銳之觀察力。令學生於立意之後，知從何處入手，知於何處取材，知如何聯想。凡此，教師均應詳予指示，令學生確實體認。欲尋作者思想之發展，多從題義與主旨入手。其次察其段落之安排次序，掌握其意念情思之轉移，如此可以析出文路，而見其脈絡。如韓愈師說，其題義易以今言，則爲「論教師」，教師可論之處甚多，而作者之主旨則在闡明爲學求師之必要。其次，我們從其寫本文之動機觀之：「李氏子蟠，年十七，好古文，六藝經傳，皆通習之，不拘於時，請學於余，余嘉其能行古道，作師說以貽之。」可知，其動機在慨時人恥於求師，以致師道不復，喜李蟠不拘於時，好學求師，故爲文相贈。循此動機，我們可設想，韓愈意念發展應由三者始：教師之必要，評時人之非，敍古之師道等三者之一開始。結果，韓愈從「師之必要」大處入手，首揭「師者，所以傳道，授業，解惑也。」以明人不可無師。下一段可能評時人之非，或敍古之道，以襯首段，而韓愈則以首段未盡詳細，於是再予闡述，就「傳道」發揮之，說明師之所存乃道之所在，教師並無貴賤長少之別。以明釋師之本質在傳道。第三段，則就「授業」而發揮，以爲聖人愈聖，衆人愈愚，乃聖人能求師承業，而衆人恥師棄業之故。第四段，則就「解惑」而立論，謂時人不知求師解惑，但使其子習其句讀，於是惑終不解。

以上三段係就首段之立論而予闡述發揮，亦兼評時人對師道之無知，以時人無知，於是韓愈轉移思路，就是時士人可怪之現象，舉而痛責，曰：「位卑則足羞，官盛則近諛，嗚呼！師道之不復可知矣。」以巫醫、樂師、百工之人不恥相師，而士大夫之族竟恥求師，深不以爲然。爲增強其「求師必要」之論，今人已舉事例。今人之外，則尋證於古人。古人之中最足令人信服者莫若孔子。於是，以孔子無常師，不恥下問之好學精神，以為宜求師之佐證。至此，全篇文意已足，末段述其寫作之動機，可有可無，無關全文。

從其思想發展過程而觀，其文思極見條理，其發展過程亦見層次，內容材料之取用，亦在明師之重要，論時人之非，以及敘古之師道之範圍內，不離「求師必要」之主旨，吻合於寫作之動機，頗足吾人留意學習。

綜合上述，觀察作者思想發展途徑，首宜注意其全文主旨何在（或寫作動機），取材之範圍，如何開始，如何發展，如何結束，主賓關係、譬證、穿插、渲染、烘托之運用如何，均一一指示辨明，令學生融會體認，如是有功於讀寫能力之提高。

(二)關於剪裁安排之手段

剪裁係對文章材料予以簡擇之工夫，其目的在期能確切表達，不至於題外作言，蕪材連篇。安排係組織材料之技巧，目的在求合乎系統，秩序，聯貫，重點之原則，使讀者一目了然，知其旨趣。前者屬於文章之內容，後者為文章之形式，茲分述於下：

1.關於剪裁之手段　取材宜配合主旨，凡不合主旨者，均宜屏棄。高明之作者，其剪裁常吻合題旨。如韓愈師說引言一句：「彼與彼年相若也，道相似也。」以見時人恥師之由。然時人所言，當不止此句，韓愈但取此句，其吻合主旨，並且呼應第二段乃至明顯，此為剪裁之手段。其次注意所剪裁之材料是否吻合寫作目的。如左忠毅公軼事，其為文目的係在動人觀感，表現其忠。其中二處引言，將左忠毅公「忠」之精神表露無遺。其一曰：「吾諸兒碌碌，他日繼吾志事，唯此生耳。」為公而棄私，忠也。其二曰：「庸奴！此何地也，而汝來前！國家之事，糜爛至此。老夫已矣，汝復輕身而昧大義，天上事誰可支柱者，不速去，無俟姦人構陷，吾今卽撲殺汝。」為天下而忘己，忠也。尤其末言，語無倫次，其急切憂國之心完全逼現，此乃作者剪裁之高明手段。其可取之言必然甚多，而必擇此二處，蓋求符合題旨與目的。其次宜用意文章之詳略繁省，有詳其所當詳者，亦有略其所當略者，其目的總求內容生動並盡情達意為主。文心雕龍徵聖篇：「或簡言以達旨，或博文以該情。……故春秋一字以褒貶，喪服舉重以包輕，此簡言以達旨也，邠詩聯章以積句，儒行縟說以繁辭，此博文以該情也。」亦作如此論。是以凡達旨該情者，不論其繁省，皆所適宜。如春秋書曰「隕石于宋五」。而公羊傳曰：「聞其磌然，視之則石，察之則五。」二者繁省有異，然各盡其妙。又如孟子「寡人之於國也」一章上敍河內凶云云。以下但云「河東凶亦然」，此為省略之妙者。又如孟子：「今王鼓樂於此。百姓聞王鐘鼓之聲，管籥之音，今王田獵於此，百姓聞王車馬之音，見羽旄之美。」（梁惠王篇）與下節無異。其文重沓，但不損其美，此亦為剪裁之手段。

2關於安排之工夫　安排係由句連成段，由段連成篇之組織方式。凡優美作品，多文意統一，語句緊湊，結構嚴謹，前後有序，並且層次清楚，輕重分明。無論係賓係主，係虛係實，或正或反，或映襯，順敍，逆敍，補敍，插敍，層遞等各式，位置均妥貼穩當，成一完整體系，欲稍改其序，均不可能。如絕句一首：「終日昏昏醉夢閒，忽聞春盡強登山，因過竹院逢僧話，又得浮生半日閒。」語意頗為快愜。然順序一變：「又得浮生半日閒，忽聞春盡強登山，因過竹院逢僧話，終日昏昏醉夢閒。」（元，白斑，諶淵靜語）意思全然不同。又如：史記項羽本紀：「項王曰：『壯士能復飲乎？』樊噲曰：『臣死且不避，巵酒安足辭，夫秦王有虎狼之心，殺人如不能舉，刑人如恐不勝，天下皆叛之。』「巵酒安足辭」下突接一段議論，正吻合其情境，旁人無從增減。巧於安排之作品，係爲一有機體，無論其中心在前，或在後，順序或正或反，方法或以歸納，或以演繹，均血氣互通，脈絡相連，不能易位，不能改句，玆爲安排之工夫。

剪裁與安排，係寫作之重要過程，內容是否「言之有物」，情思浮現，形式是否「言之有序」，結構完整，均賴剪裁與安排之技巧。範文恒爲完美之作品，教學之時，除體認文義及其要旨外，尤須從文中細察其剪裁與安排之手段，予以欣賞，模仿，以爲寫作之助。

(三)關於遣詞造句之技巧

情意託於文義，文義寓於字句，無字句，情意無以表達，而文章之神韻，氣勢，聲調亦無從呈現。劉大魁論文偶記云：「論文而至於字句，則文之能事盡矣。」又云：「作文若字句安頓不妙，豈復有文字乎？」已言盡遣詞造句之要。字句爲情思之本，修詞改句，不僅令文字生動有力，明確，華美，而且作者之情思與文章之神韻，氣勢，聲調亦因而不同，雖受譏爲雕蟲小技（註三一），教師教學實不能忽怠。

法國文豪福來培爾（Custav Flauber）嘗云：「我們應該曉得，表示某事物最適當的言語只有一個，若錯用了別語，就容易和別事物混同（註三二）。」最妥當之言語，恒從千錘百鍊之中得之。吳文祺云：「蓋鍊字之難，固有一日可以千言，而一字之未安，思之累日而不可得者矣。」（涵文樓文談，鍊字篇）意即在此。是以，賈島作出：「獨行潭底影，數息樹邊身」（送無可上人）二句得意之作後，乃有：「二句三年得，一吟雙淚流，知音如不賞，歸臥故山秋。」之慨嘆。梁章鉅退庵隨筆云：「百工治器，必幾經轉換，而後器成。我輩作文，亦必幾刪潤，而後文成，其理一也。聞歐陽文忠作畫錦堂記，原稿首兩句是『仕宦至將相，富貴歸故鄉。』再四改訂最後乃添兩「而」字。作醉翁亭，原稿起處有數十字，黏之臥內，到後來只得『環滁皆山也』五字。可見古人爲文，多苦心刪改，始予示人。」俱見遣詞造句之不易。欲審辨作者遣詞造句之技巧，宜多方面求之。

1. 遣詞方面 首先

⑴注意其詞之妥當，所謂妥當即詞之形音義恰如其分之意。無論於體裁，義旨，目的，情趣，語氣，身分，時代均無不合。傅隸樸中文修辭學鍊詞云：「一名世之文章，如字音之清濁微舛，即失其悅耳之力，若字形之肥瘠失調，即喪其快目之效，苟字義之輕重不稱，即損其行遠之功。」即說明妥當之理。由詞義言：黃師錦鋐云：「例如『死』字，它也可說『薨』，『崩』，『卒』，『亡』，『物故』，『即世』，差不多近二百種的說法，但是左傳僖公三十二年稱獻公死爲『即世』，戰國策『觸讋說趙太后』稱太后死曰『山陵崩』，自稱死曰『塡溝壑』，趙策稱奉陽君死爲『捐館舍』，史記武安侯列傳稱帝王死爲『宮車宴駕』胡適差不多先生傳稱死爲『一命嗚呼』……當然還有更多的說法，但是作者却選用了其中一詞，自有道理存在，或是身分不同，或是情趣各異，或是體裁有別，但都能恰如其分。」已道出妥當之義。欲見作者遣詞之妥貼，可從比較得之，教師取義同字異之詞以與文中用詞相互比較，然後可以見其合宜。從字音言，須法意其響亮妥當之處，如賈島詩「鳥宿池中樹，僧

敲月下門」句，推賈氏所以棄「推」用「敲」，乃「敲」字有聲，較能襯出夜深之情趣。且「敲」字音較響亮，配合「僧」字讀之亦較「推」字順暢方便。玆乃就音妥而取之。復如：相傳范文正公作嚴先生祠堂記，其歌詞云：「雲山蒼蒼，江水泱泱，先生之德，山高水長。」其友李泰伯則以爲：「雲山江水之語，於義甚大，於詞甚薄，而「德」字承之，乃似趢趚，擬作「風」字如何？」欲吻義旨，文氣，情境以及詞性相對（風與山、水詞性相吻），「風」字自較「德」字佳。「德」字仄聲，音啞，不如「風」音之宏偉響亮，此爲音妥之證。（註三三）從字形言，教師可評論怪異之字，如曹攄詩：「褊心惡恟呶」、「恟呶」二字不妥，過分怪異。偏旁相同之字，亦不宜聯用過多，避免令人煩厭，如曹植雜詩：「綺縞何繽紛。」妥實不妥。其次：

(2)注意遣詞生動。作者使所寫之人物躍然紙上，所抒感情洋溢於篇中，狀景如在目前，論事巧比妙喻，均爲生動之表現。詞之妥當，可以達辭表意，穩當妥貼，不生歧義，令人無所疑惑，而語詞生動，則可感人肺腑，移人情性，使讀者不能自已。洪邁容齋續筆：「王荆公絕句云：『京口瓜洲一水間，鐘山衹隔數重山，春風又綠江南岸，明月何時照我還？』」吳中士人家藏其草，初云：「又到江南岸」，圈去「到」字，注曰不好，改爲「過」，復圈去而改爲「入」，旋改爲「滿」，凡如是十許字，始定爲「綠」。「綠」字較之餘字具體，能色溢目前，而且活用詞性，頗爲生動，讀者感受較深。欲見文辭之生動。

①注意其存眞處，如左忠毅公軼事：怒曰：「庸奴！此何地也，而汝來前！……不速去，無俟姦人構陷，吾今卽撲殺汝。」將其焦急之情態心緒完全表現，栩栩如生。

②注意其擬人表現，如楊喚之夜：「只有綠色的小河還醒著，低聲歌唱著溜過彎彎的小橋。」以無知之物，托爲有情之辭，甚爲動人。

③注意俗辭應用：嚴羽論詩法謂：「學詩先除五俗：一曰俗禮，二曰俗意，三曰俗句，四曰俗字，五曰俗韻。」然而若作者應用俗辭而不覺其俗，則比俗可藉以欣賞模仿，如李淸然聲聲慢：「守著窗兒，獨自怎生得黑。」彭駿孫在金粟詞話中云：「守著窗兒，獨自怎生得黑，皆用淺俗之語，發淸新之思，詞意並工，閨情絕調。」故詞雖俗，而意能新，仍極出色動人。

④注意其用詞變化，如詞平仄交互錯用，陳情表：「臣侍湯藥，未曾廢離。」均平仄相間，音韻格外鏗鏘。又如單詞複詞，參伍錯綜，單詞中有複詞，複詞中有單詞，如國父立志做大事：「便應該以國家爲己任。」「應該」與「國家」均爲複詞，餘均單詞，如此疏密相間，錯落有致。又如同義詞之變化使用，李斯諫逐客書云：「惠王用張儀之計，拔三川之地，西幷巴蜀，北收上郡，南取漢中，包九夷，制鄢郢，東據成皐之險，割膏腴之壤。」此中之「拔」、「幷」、「收」、「取」、「包」、「制」、「據」、「割」，意均相同，作者爲避免文辭刻板，而另易他詞，變化使用，此有助於語詞之生動。

⑤注意靜字動用：活用詞性使語詞淸新生動，如魏禧大鐵錐傳：「客初至時，不冠不襪」，「冠」與「襪」皆名詞當動詞用，簡潔生動。

⑥注意助詞之運用：喜用助詞，可令文句活潑，呈現神氣，如歐陽修五代史記一行傳敘：「傳所謂『天地閉，賢人隱』之時歟！」「歟」詞一用，神氣出全，語詞靈活。

除此之外，亦可由叠字以見神情，如古詩：「行行重行行」，行字重疊，神態盡出，由重複見其情致，如李義山無題詩：「相見時難別亦難。」二難字重見，令其情致委婉深切，或由配字見其詞氣，由誇張以聳動感官，或由倒裝見其著力，或由增字以盡情態，暢其文氣，或減字以見其簡潔，(註三四) 凡此均可體會其文辭之生動，欣賞作者遣詞之技巧。

2. 造句方面　此方面宜注意文中句意之明白，辭格之應用以及文氣與風格，玆敍述於下：

(1)注意句意之明白：詩文為精意求工，語句常見用典與省略，為求協韻取勁，句之結構亦多交錯倒置。如是恒使句意晦澀難明，委曲費解，若玆教師宜詳為指示，循句義以求文意，以見作者之用心。分析時令學生擇其句意明白者而仿之，愼用句意隱晦者。省略之句，如宋黃震黃氏日鈔云：「蘇予由古史改史記，多有不當。……甘茂傳，史記曰：『甘茂者，下蔡人也，事下蔡史舉，學百家之說。』古史曰：『下蔡史舉學百家之說。』似史舉自學百家矣！然則『事』之一字，其可省乎？以是知文不可省字為工，字而可省，太史公省之久矣。」文有繁有省，繁者以盡言，盡情為止，不可繁雜過甚。簡者，當以句意明白為止，不可刻意求簡，而掩句意。至於用典，用典係徵引事類，以佐證其辭，令文意顯現。然作者常藉用典故史實以表達其意，使文句典雅，精鍊，含蓄，此乃造成句意隱晦之因，如文天祥正氣歌：「在齊太史簡，在晉董狐筆，在秦張良椎，在漢蘇武節。」此典尙明，而李商隱：「休問深園舊賓客，茂林秋雨病相如」(寄令狐郎中) 其意則難知，凡此教師均宜指示。其次，欲使語句强勁矯健，協律鏗鏘，其結構多交錯安排，如蘇軾水調歌頭：「不應有恨，何事長向別時圓？」斯二句若順序為「何事長向別時圓，不應有恨。」則語氣較弱，而且不合詞律。又如杜甫秋興詩：「香稻啄餘鸚鵡粒，碧梧棲老鳳凰枝」，二句語氣嬌健，若順序爲：「鸚鵡啄餘香稻粒，鳳凰棲老碧梧枝。」則了無生氣。然而，以其如此，常使句意難明，教師當指示學生就其句意明白，自然生動者予以體會，以見其造句之巧。

(2)注意辭格之應用：前人文章生動，有力，華美，緊湊者，予以分析，恒見其遣辭造句吻合若干法則。此法則，以今日修辭學而言，謂之爲修辭方式，或稱爲辭格。黃師慶萱在其修辭學一書中謂：「我曾從社會各階層人士的談話中，從古今漢語文學作品中，覓取近萬條修辭實例，分析比較，歸納得三十種修辭的方式。在這三十種修辭方式中或屬表意方法的調整。如：感歎，設問，摹寫，仿擬，引用，藏詞，飛白，析字，轉品，婉曲，夸飾，譬喻，借代，轉化，映襯，雙關，倒反，象徵，示現，呼告。或屬優美形式的設計，如：類疊，鑲嵌，對偶，排比，層遞，頂眞，回文，錯綜，倒裝，跳脫。」凡吻合於辭格愈多者，其文章愈見生動，華美，有力緊湊。以蘇軾前赤壁賦觀之。其吻合修辭方式竟有二十二種之多，故教師指導學生審辨作者造句之法，莫利於分析文章之辭格，如此，既可欣賞，且可模仿創造。

(3)注意文氣：古人於文氣，有不同解說，嚴格而論，文氣係指行文之氣勢而言。(註三五)易言之，即詞與詞，句與句間，所以連貫而成之語勢。文章講求文氣，目的在求全文之連貫。李德裕窮愁志文章論云：「氣不可以不貫，不貫則雖有英辭麗藻，如編珠綴玉，不得爲全璞之寶矣。」所論是也。凡是文章皆有文氣，唯文氣有强有弱，有斷有續而已。吾人嘗謂「一氣呵成」，「文氣流暢」或「上下氣不相接」，「語氣不順」，均就其文氣之强弱斷續而言。文氣與音節不可分(註三六)。蓋氣不可得見，必貫注於文字音節中，乃能見其疾徐高下，抑揚頓挫之致。劉海峯論文偶記云：「神氣者，文之最精處也。然論文而至於字句，則文之能事盡矣。蓋音節者神氣之迹也。字句者音節之矩也。神氣不可見，於音節見之。音節卽無可準，以字句準之。」確爲的論。此神氣，卽爲文氣。文氣必寓於音節字句，無法於聲外求之。教師指導學生，宜揣摩詞句音節之鏗鏘及抑揚頓挫之情致，然後因聲求氣，反覆熟讀，乃能切實體會文氣之跡。文氣與文理亦不可分。情節文理相承相接者，其文氣亦前後相連而不斷。故文字通，則氣自順，文字不通，則氣窒礙。大凡文氣充足而强勁者，其遣詞造句恒見下列形式。

①以一詞句統率若干詞句者，如：賈誼過秦論：「及至始皇，奮六世之餘烈，振長策而馭宇內，吞二周而亡諸侯，履至尊而制六合，執捶拊以鞭笞天下，威振四海」，中間一氣直下，不易停留，文氣至爲旺盛。又如金昌緒春怨：「打起黃鶯兒，莫教枝上啼，啼時驚妾夢，不得到遼西。」（唐詩三百首）由首句之動作，而述說目的與結果，四句一氣滾下，文氣强勁。

②反覆使用語調或相同詞句者，如李密陳情表：「臣無祖母，無以至今日，祖母無臣，無以終餘年。」又如荀子勸學：「入乎耳，箸乎心，布乎四體，形乎動靜。」語調相同，或略微變化，均使文氣增强，不能驟停。

③善用關係詞者：如歐陽修五代史記一行傳敍：「處乎山林而羣麋鹿，雖不足以爲中道；然與其食人之祿，俛首而包羞，孰若無愧於心，放身而自得？」「而」、「然」、「與其」、「孰若」等關係詞之應用，乃增强而貫串前後之文氣。

④善使語氣詞者：劉知已史通浮詞篇云：「夫人樞機之發，亹亹不窮，必有徐音足句，爲其始末，是以伊、惟、夫、蓋，發語之端也。焉、哉、矣、兮，斷句之助也。去之則言語不足，加之則章句獲全。」極言語氣詞之重要。如鼂錯論貴粟疏：「今法律賤商人，商人已富貴矣，尊農夫，農夫已貧賤矣。故俗之所貴，主之所賤也，吏之所卑，法之所尊也。上下相反，好惡乖迕，而欲國富法立，不可得也。」全段反覆應用「矣」「也」語氣詞，非但文氣宛轉充足，而且生氣溢出，情韻欲現。

⑤妥用配詞者：亦能補足語氣，使之完整。如周易繫詞：「潤之以風雨」風不可潤，係因雨而類及者，爲雨之配詞，可充足語氣，又如史記李斯諫逐客書：「夫擊甕叩缶，彈箏搏髀，而歌乎嗚嗚，快耳目者，眞秦之聲也。」聲不能快目，「目」爲配詞。

⑥巧用疊字，如李密陳情表：「煢煢獨立，形影相弔。」若用煢然獨立則氣力衰颯矣。（中文修辭學，傅隸樸）除外又有所謂潛氣內轉之說，其理乃下句之意承應上句，不用轉語，看似未轉，而氣實已貫穿。六朝麗指云：「六朝文字，其開合變化，有令人不可探索者，及閱無邪堂答問，有論六朝駢文，其言曰：上抗下墜，潛氣內轉。於是六朝眞訣，益能領悟矣。蓋余初讀六朝文，往往見其上下文氣似不相接，而又若作轉，不解其故，得此說，乃恍然也。試取劉柳之薦周續之表爲證：『雖汾陽之舉，輟駕於時艱，明揚之指，潛感於窮谷矣』。上用雖字，而於相接句上並無字爲轉，若此四語中，下二句乃接上二句而言，不知其氣已轉也。所謂上抗下墜，潛氣內轉者，即是如此。每以他文類推，無不皆然。讀六朝文者，此種行文秘訣，安可略諸！」所論甚足吾人參考。

以上，爲文氣充足，文氣强勁，文氣宛轉常見之應用方式。文氣有强有弱，强者勁健，其勢如黃河之水天上來，一氣貫注，無所阻隔，呈陽剛之美。文氣柔弱者，似斷還續，呑吐出之，呈陰柔之美。曾國藩家訓云：「陽剛者氣勢浩瀚，陰柔者韻味深美。浩瀚者噴薄而出之，深美者呑吐而出之。」噴薄則氣貫而壯，呑吐則氣縮而澀。此為文氣常見之兩種形式。

總之，文氣與文理不可分，文理順者，文氣至順。文氣與音節亦不能分，文氣不可見，必待口誦或默唸，乃能察其行氣之強弱。曹丕典論：「文以氣為主。」曾文正曰記云：「古文之法，全在氣字上用工夫」一道盡氣之作用，文氣乃文章之骨髓，為文者不可不講求，而讀文者亦不可不細察也。

(4)注意文章體裁：文體自詩經分詩為風雅頌三體始，至曹丕典論論文：「奏議宜雅，書論宜理，銘誄尚實，詩賦欲麗，此四科之不同，故能之者偏也。」正式分文體為四類。繼之者，愈演愈烈，有分至一百三十二類者（明賀後徵文章辨體彙選），清吳曾祺涵芬樓文鈔更從姚鼐分類，而於每類中附以子目達二百一十三種之多，玆分類，以今日文學觀念衡量，均不適宜。依當今最通行之分類，係依文章性質分為「論說文」、「記敍文」、「抒情文」、「應用文」四類。玆四類，各有所重，論說文所重在「理」，記敍文所重在「論事」，抒情文所重在「情」，應用文所重在「用」。文章恒兼具兩種以上之性質，此種劃分，係就所重，概括為之，不能截然析辨。若就事論理，必先敍事，是論說文中有記敍文之成分，如劉蓉習慣說（國中國文）一、二、三段敍述其親身經驗，為敍事之性質。後段乃發揮議論說明習慣於人之影響，告人學貴愼始，為論說之性質。此卽論說中有記敍文之成分。論理之中，筆端常帶感情，此為論說文中有抒情文之成分。如梁啓超之最苦與最樂（國中國文第二册第六課），乃論說苦樂之起，恒決定於責任是否了盡，勉勵讀者做一勇於負責之人，筆端中流露感情，令人鼓舞振奮。此爲論說文中有抒情文之成分。又如諫太宗十思疏（高中國文第五冊），爲應用文，然全篇均舉事例以陳治理之要道，含論說文成分，每句均帶感情，含抒情文成分，以其舉引事例，故有記敍文之成分。以一應用文，而兼「理」「事」「情」，可見文章千變萬化，原無必然之類型。然以其各有所重，故仍可析分。體裁與內容並無必然關係，然從體裁可以見作者之用心，分辨作法之不同，故教師教學，辨認體裁是爲必要。辨認文體，首應就其所重，而予類分，其次再察此文體中所含別類文體成分，循是，將有助學生對各類文體之認識與仿作，增進學習之成效。

(5)注意文章風格：文章風格恒受時代，作者自身學養以及其情性之影響。玆中尤受其情性之影響最深。談文學云：「每一個作者在他的許多作品中，也有與他的個性不能分開的共同特性，這就是風格。……風格像花草的香味和色澤，自然而然地放射出來。它是生氣的洋溢，精靈的煥發，不但不能從旁人抄襲得來，並且不能完全受意志的支配。」（臺灣開明書店）劉勰文心雕龍體性篇亦云：「氣以實志，志以定言。吐納英華，莫非情理。是以賈生俊發，故文潔而體淸。長卿傲誕，故理侈而辭溢。……觸類以推，表裏必符。豈非自然之恒資，才氣之大略哉！」等均足明文章風格與作者情性之關係。文章風格，古今有不同之見，文心雕龍區爲八體「一曰典雅，二曰遠奧，三曰精約，四曰顯附。五曰繁縟，六曰壯麗，七曰新奇，八曰輕靡。」詩品分爲二十四品。姚鼐則直別爲陽剛之美與陰柔之美二類，曾國藩則定爲八言，（雄、直、怪、麗、茹、遠、潔、適）（見曾國藩求闕齋日記）等所見各異而言之成理。所以如此，蓋作者均據己意，以爲論斷，人心有別，則所觀自異。欲見文章之風格，宜客觀態度以論，不應主觀評定。在所見風格分類中較爲客觀者，爲陳企德修辭學直指一書所分：「體性上的分類，約可分爲四組八種如下：

(1)組：由內容和形式的比例，分爲簡約，繁豐。

(2)組：由氣象的剛强與柔和，分爲剛健，柔婉。

(3)組：由於話裏辭藻的多少，分爲平淡，絢爛。

(4)組：由於檢點工夫的多少，分爲謹嚴。疏放。」

又云：「簡約體是力求言辭簡潔扼要的辭體。」「繁豐體是並不節約辭句，任意衍說，說至無可再說而後止辭體。」，「剛健是剛强，雄偉的文體，柔婉是柔和，優美的文體」，「平淡與絢爛的區別是由話裏所用辭藻的多少而來。少用辭藻，務求淸眞的，便是平淡體，儘用辭藻，力求富麗的，便是絢爛體。」：「疎放體是起稿之時。純循自然，不加雕琢，不論粗細，隨意寫說的語文：謹嚴體則是從頭至尾，嚴嚴謹謹，細心檢點而成的辭體。」(註三七)

玆式分類，有其客觀之條件，可爲評定之依據，每人皆可依此條件以斷其風格何屬，不致悉據主觀，而論見各異。

形式作品風格之因素甚多，作者情性影響作品風格，時代文風，作者境遇，亦影響作品的風格(註三八)，此外作者取材之範圍，學養，以及寫作習慣均將造成其文章之特色(註三九)。欲解作品風格之成因，宜由多方尋繹，如是乃能徹底了解，進而涵泳欣賞。學生欣賞作品風格，進而予摹習，須就已之情性，多讀同類風格之文章，養成合適之寫作習慣，然後修辭立其誠，不矯揉造作，則當能樹立一獨特之風格矣。

總上所述，欲觀作者遣詞造句之技巧，宜由多方體會，多作比較，多予分析，一字之安措，辭之增減，句之變化，均將改變文章之情趣與文氣。教師宜令學生多讀，多記，多揣摩，多體會，以揭作品之長。如是，時積日久，自然潛移默化，學生之遣詞造句，亦將見其工巧，猛晉於不已矣。

(四)關於聯絡照應之方式

一篇完美之文章，猶如人之軀體，一詞，一句，每段每章，血脈互通，聲氣相連，詞句之間均有有形或無形之線索，以爲前後上下之聯繫或轉折。有形者或用聯詞聯語，或用關聯之句，關聯之段落以爲上下之接榫，此謂之基本聯絡。(註四十) 無形者，或以語意一致，或以時空順序，或以事理情節之發展，或以分合關係，或一問一答，或正反相承，或以照應方式，以爲上下前後之聯絡，此謂之藝術聯絡。(註四一) 玆分述於下：

基本聯絡分：

1.以聯詞為上下文之銜接　蔣伯潛中學國文教學法云：「基本的聯絡，只要幾個重要的連詞沒有用錯，便不至有文法上的毛病。例如承接，則用『是故』『於是』之類，轉接，則用『然而』、『雖然』之類，推展則用『若夫』、『講到』之類，總束則用『總之』『由此觀之』之類」。所論然也。(註四二) 譬如柳宗元始得西山宴遊記：「吾始知嚮之未始遊，遊於是乎始。」如孟子滕文公篇：「滕君則誠賢君也，雖然，未聞道也。」等皆以聯詞爲接榫。

2.以聯語為上下文之銜接　黃錦鋐先生云：「連詞不夠用，擴而充之，用關聯的短語來作上下文的接榫，如儒林外史。『那婆婆道：其實不在家了，不知在那裏。說畢，關着門進去了，說話之間，知縣轎子已到。』（知縣轎子已到與上不連貫，用『說話之間』短語連接起來。）」（論讀與寫的關聯性）所言甚是，其它如：「抑有進者」、「職是之故」等。此外，文言文中，倒敍前事，恆用「初」、「始」、「先是」等短語連接。左傳敍遊常用：「過衞」、「及齊」、「及曹」、「及宋」、「及鄭」，「及楚」等以爲前後脈絡，亦爲聯語之應用。

3.以關聯句為上下文之銜接　聯詞、聯語仍不足以貫串上下文，則用關聯之句。如顧炎武廉恥：「禮義廉恥，國之四維，四維不張，國乃滅亡。善乎管生之能言也！禮義，治國之大法……」以「善乎管生之能言也」句聯絡上下文。又如袁枚祭妹文：「凡此瑣瑣，雖爲陳迹。」句亦以之爲上下之接榫。

4.以關聯之段落為上下文之銜接　此雖自成一段，然作用亦以聯絡前後文。如李陵答蘇武書：「嗟乎子卿，人之相知，貴相知心，前書倉卒，未盡所懷，故復略而言之。」又如，羅家倫求學：「上面說的都是笨法子。但是不用笨法子，不能給你們純熟的工具。」亦以段落聯絡上下文之用，令前後之間一氣貫串，文意相接。

以上之聯絡，爲明顯可見者，謂之基本聯絡。

藝術聯絡，係上下文之銜接不着痕跡，若不洞察，則易忽略。此關係作者修辭之技巧，教師宜予指示，以見作者何以不用聯詞聯句而能貫串前後。此句分爲：

1.語意一致　句意吻合段旨，或上下句意相承，雖無聯詞，而語氣可通，如李密陳情表：「臣少多疾病，九歲不行，零丁孤苦，至於成立。」首段意旨在述其與祖母相依爲命之情。全段之中詞句雖無聯詞，而句意吻合段旨，故上下文可以相貫。復如：陳情表：「詔書切峻，責臣逋慢。郡縣逼迫，催臣上道，州官臨門，急於星火。」均是。此外，每段旨合乎篇旨，段與段之間亦無聯詞而可相承者，如出師表是也。

2.時空順序　前後文意，均以時空順序爲次。此多見於記敍文中，如愚公移山：「操蛇之神聞之，懼其不已也，告之於帝。帝感其誠，命夸娥氏二子負二山，一厝朔東，一厝雍南。」此以時間爲次。如王維山中與裴廸秀才書：「草木蔓發，春山可望，輕鰷出水，白鷗矯翼，露濕青皋，麥隴朝雊。」此由遠至近，由上至下，以空間爲次者，均無須聯詞而可相貫。

3.事理發展　循事理發展，雖無聯詞而上下文可以聯貫。如韓愈師說：「古之學者必有師。師者，所以傳道、授業、解惑也。人非生而知之者，孰能無惑？惑而不從師，其爲惑也終不解矣！」茲以「必有師」爲前提，然後伸論「不從師」之弊，係循事理發展。無一聯詞，而氣自貫。

4.分合關係　以分析或綜合方式相承相續，而無聯詞，如黃淳耀李龍眠畫羅漢記：「凡未渡者五人，一人値壞紙，僅見腰足。一人戴笠，攜杖，衣袂翩然，若將渡而無意者……。」此爲由總而分，句與句之間，亦無聯詞。又如孝經庶人章：「用天之道，分地之利，謹身節用，以養父母，此庶人之孝也。」係由分而總。均無聯詞，而前後相貫無礙。

5.一問一答　以問答方式相互銜接，如論語公治長孔子與弟子言志，係以一問一答構成全篇，不見聯詞。

6.前後照應　一篇文章之中，雖有語句間隔，仍然緊密相連，遙相呼應。此有三種方式：

(1)以相同字句照應：如禮記學記：「其此之謂乎」凡有五次，分置各段，令前後意義相聯。

(2)以重要字句相應：如司馬遷報任少卿書：「曩者，辱賜書，教以愼於接物，推賢進士爲務，若望僕不相師，而用流俗人之言。僕非敢如此也。……今少卿乃教以推賢進士，無乃與僕私心刺謬乎。」以「推賢進士」前後照應，終始相連。

(3)以意義相應：如陶潛五柳先生傳：「先生不知何許人也，亦不詳其姓氏。……無懷氏之民歟，葛天氏之民歟？」從不知始，至不知終，意氣統一，上下連串。(註四三) 此外亦有所謂前伏後應者，蔣建文從作文原則談作文方法云：「爲顧慮後面將顯現的事實，不使人有突然發生的感覺起見，預先在前面說到一些『所以然』，這稱爲『伏筆』。如史記項羽本記：『項梁乃教籍兵法，籍大喜。』爲以後項羽屢敗沛公的伏筆。廣義地說，伏筆也可說是照應的一種。不過伏筆在伏的方面較輕，而後面表出的事實方面較重，照應則並無輕重上的分別。」(所言甚是。) 以上均爲前後照應之法。

7.一路照應 全篇一路照應，一意隨文，如韓愈師說，由首句「古之學者必有師」，一路語意，詞句均不離「師」：首段師三見，次段師四見，三段師三見，四段師四見，五段師五見，六段師六見，末段師一見。其中除五段「樂師」二見，六段「師襄」一見與「師」之意無關之外，全篇「師」字凡二十三見。此爲一路照應之法。又如歐陽修瀧岡阡表，全篇以「待」字爲線索，一路呼應，首段標明「待」字，二段，敍明其母所言：「有待於汝」之由，後據其父之孝行與仁心，其次作者雖「列官于朝」仍不作表，以「待」字未見着落，直至「天子推恩褒其三世」三代均受皇帝贈封，此「待」字乃見着落，於是姿立墓表。此亦爲一路照應之寫法。

8.層遞接應 此係逐層遞嬗，依次而出，以見主旨，如中庸：「天命之謂性，率性之謂道，修道之謂教。」此層層而出。又如大學一篇，由格物致知，誠意正心，修身齊家，治國平天下，層層放大，而見要旨，此爲層遞接應之法。

9.**過渡聯絡**　借述題外之文，以爲過渡，而後進入本文，見出本意。如戰國策觸讋說趙太后，本意欲說太后令長安君爲質於齊，然不語目的，先絮語家常，然後以少子相託，引出太后心事，遂入主題，此爲過渡聯絡，以貫穿前後文意。又如戰國策趙策：「衞靈公近雍疸，彌子瑕。二人者，專君之勢，以蔽左右。復塗偵謂其吾曰：『昔日臣夢見君。』君曰：『子何夢？』曰：『夢見竈君。』君忿然作色曰：『吾聞夢見人君者，夢見日，今子曰夢見竈君而言君也，有說則可，無說則死。』對曰：『日並燭天下者也，一物不能蔽也。若竈則不然。前之人煬，則後之人無從見也，今臣疑人之有煬於君者也。是以夢見竈君。』君曰：『善』。於是因廢雍疸彌子瑕，而立司空狗。此法亦爲過渡之聯絡，借語夢竈君而貫穿前後文意。

以上爲常見之藝術聯絡。藝術聯絡方法至多，其運用之妙，悉繫乎作者。故教師宜指導學生細予觀察，指示其技巧所在，以爲摹習之用。

㈤文章機軸

所謂文章機軸係指作者情思發展所構成文章內容之要點而言。故又稱爲文章間架。如羅大經鶴林玉露云：「太史公伯夷傳，蘇東坡赤壁賦，文章絕唱也。其機軸略同。伯夷傳以『求仁得仁，又何怨』之語設問，謂夫子稱其不怨，而采薇之詩，猶若未免於怨，何也？蓋天道無親，常與善人，而達觀古今，操行不軌者，多富樂，公正發憤者，每遇禍，是以不免於怨也。雖然富貴何足求！節操爲可尙，其重在此，則其輕彼，況君子疾沒世而名不稱，伯夷，顏子，得夫子而名益彰，則所得並已多矣。又何怨之有？赤壁賦因客吹簫而有怨慕之聲，以此設問，謂擧酒相屬，凌萬頃之茫然，可謂至樂，而簫聲乃若哀怨，何也？蓋此乃周郎破曹公之地，以曹公之雄豪，亦終歸於安在？況吾與子寄蜉蝣於天地，哀吾生之須臾，宜其託遺響而悲怨也。雖然自其變者而觀之，雖天地曾不能以一瞬，自其不變者而觀之，則物與我皆無盡也，又何必羨長江而哀吾生哉，矧江風山月，用之無盡，此天下之至樂，於是洗盞更酌，而向之感慨，風休冰釋矣。此東坡步驟太史公者也。」語之甚明，伯夷傳係由不怨，而又不免於怨，然後復述何怨之有以成其間架。赤壁賦從遊赤壁之樂，而寫感吾生須臾之怨。然後述物與我皆無盡何悲之有結束，以成其悲喜之間架。

黃錦鋐先生云：「許多同體制的文章，其機軸往往大致相同，譬如哀祭悼亡文章，大都具備『相依日久，突然死別』，『不料其死而遽死』，『感慨天道』，『安慰死者』這幾個條件。」又云：「凡是勸降的書信，總脫不了『動之以情』，『說之以理』，『誘之以利』，『脅之以力』，這四個條件。」（論「讀」與「寫」的關聯性）亦道出機軸之意。

由上述可知，文章確有其機軸，教師若細爲觀察，當不難發現。譬如范仲淹岳陽樓記，首敍滕子京之悲喜，次敍遷客騷人因境遇之得失而悲喜，然後更進一層，總述不應以個人之得失而悲喜，應以天下之得失爲悲喜，以成其機軸。又如陳鴻之長恨歌傳。首敍唐明皇之忽忽不樂，次敍得楊貴妃之歡，再敍因楊貴妃死之苦，復述其疑能尋回楊貴妃之喜，後敍其終不能再見貴妃之恨。全篇一苦一樂，間架分明，而達其用以感人之目的。若此，教師宜指示學生，令其明白而知仿作。

綜合上述，作法之審辨包含探究作者思想發展形態，剪裁安排之工夫，遣詞造句之技巧以及聯絡照應之方式，文章機軸五種，此爲字詞教學，句子剖析，義旨深究之後，另一重要之過程。此過程係由「讀」轉進「寫」之橋梁。如何令學生藉範文之閱讀而能理解模仿作者寫作之技巧，而後由模仿而能自我發揮，達創造發展之地，玆悉賴教師確切指導，以解決其寫作之難題，學生之語文訓練目標是否實現視乎玆階段教學是否成功，章微穎先生中學國文教學法講義云：「所以審辨作法，是精讀教學另一最高目標和探究義旨合爲兩大目標，亦卽所謂『明義法』了。」亦極言審辨作法之重要。（按上言精讀教學，卽吾人所謂範文教學）循是可知，教師教學實不止於詞句了解；義旨探究而已，尤須更入一層，以審辨作者寫作技巧，由揣摩領會之中，以收潛移默化之效，時日一久，學生作文能力必然增進，而達乎「言之有物」「言之有序」措辭精鍊之境。

五、文章誦讀

古人造字先有意義聲音，而後造字形（註四四）。故字音實爲字義之所託，字形之所本。林尹先生云：「中國文字之構造雖然是形符，但是中國文字之運用依然是聲符」（中國聲韻學通論附錄三），已道盡字音之功。段玉裁亦云：「凡同音多同義」（說文解字注下注）。劉師培正名隅論謂：「侯類、幽類、宵類之字均含詰屈捲來之義。」林尹先生云：「凡喉音字如『宏』『弘』『洪』『鴻』『閎』『紅』『皇』『光』『廣』『荒』『王』『汪』『恢』『旺』『漢』『豪』等等雖然字形不同，都是含有大的意思。」（見同上）。均謂字音與字義之不可分。中國文字可以從聲音之中以理會其意義，已爲不爭之事實。

其次從語音之起源而言，語音之起，起於摹擬外界聲音以及表達內情之聲音。朱自清語文通論云：「語音之起，本於擬聲與感聲。擬聲是摹寫外界客觀的聲音，感聲是表達內情主觀的聲音。擬聲語詞既善於摹狀聲貌，感聲語詞尤足以表達聲情，所以只須巧爲運用這些擬聲或感聲的語詞，就足以增加行文之美。」（中國語詞的聲音美）所論是也，是以從文字聲音可以見作者之聲情。

再次從文章之文氣而言，文氣多呈之於音節，劉海峯論文偶記云：「神氣者，文之最精處也。音節者，文之稍粗處也。字句者，文之最粗處也。然論文而至於字，則文之能事盡矣。蓋音節者神氣之迹也。字句者音節之矩也。神氣不可見，於音節見之。音節無可準，以字句準之。」又云：「音節高，則神氣必高。音節下，則神氣下。故音節爲神氣之跡。」王葆心古文辭通義卷十五引國藩謂：「古人文章所以與天地不朽者，實賴氣以昌之，聲以永之。故讀書不能求之聲氣二者，徒糟粕耳。」又引張廉卿與吳摯甫論文謂：「欲學古人之文，其始在因聲以求其氣，則意與詞，往往因而並顯，而法亦不外是矣。」均謂由聲音可以察之文氣。

復次，從文詞之美而言，聲音係構成美文之要件，劉勰文心聲律云：「故言語者，文章神明樞機。」黃侃文心雕龍札記疏云：「此言聲音爲文章之關鍵，文爲神明之樞機，聲音通暢，則文采鮮而精神爽至矣。」沈隱侯論云：「欲使宮徵相變，低昂舛節，若前有浮聲，則後須切響，一簡之內，音韻盡殊，兩句之中，輕重悉異，妙達此旨，始可言文。」（見文心雕龍註一）均謂欲見聲韻文采之美，亦可從聲音以得之。

綜觀上述，由誦讀可以理會文字之意義，見作者之聲情，察文章之氣勢，以及欣賞聲韻文采之美。此外誦讀之益，仍有如下之作用：

㈠訓練語言能力

教學生誦讀，可訓練其心眼口耳並用，助其學習國語發音，令其腔調準確，然後可謂增進其語言之能力。

㈡增進寫作能力

誦讀可以增進寫作能力。夏丏尊文心書聲云：「讀原是很主要的，從前的人讀書，大都不習文法，不重解釋，只知在讀上用死功夫。他們朝夕誦讀，讀到後來，文字也自然通順了，文義也而然瞭解了。」所論甚是。

㈢矯正學生讀音錯誤

從學生之誦讀，可知其發音是否正確，識字是否淸楚，而予適時之指導與矯正。

㈣考察學生了解程度

由學生誦讀音調之順暢與否，可知其了解之深淺，以爲教師補救教學之依據。

㈤加强形音義之聯結

藉聲音爲媒介，使字形與字義自然結合，加深印象，使學生觀聲而知形義。

盱衡上述，教師教學，欲求學生徹底學習，指導誦讀實爲必要也。

關於誦讀，非僅止於口唸成聲而已，其仍須講求方法，姚姬傳與陳碩士書云：「大抵學古文者必要放聲疾讀，又緩讀，祇久之自悟。」以爲學古文須疾讀，而後緩讀，久之方能自悟。曾國藩：「熟讀五古各數十篇，先之以高聲朗誦，以昌其氣，繼之以密詠恬吟，以玩其味，二者並進，使古人之聲調，拂拂然若與我之喉舌相習。」（曾文正公全集）以爲誦讀古詩先高以聲朗誦，繼之以密詠恬吟，然後乃見其聲調之美。王葆心古文辭通義卷五云：「童慰南論讀史記之法有云：全以精神與作者相求。自然精妙俱出，勉强而求妙者必非妙處。凡讀文字皆然，此秘無人窺見。」以爲誦讀文字之法，宜體會作者之精神，誦讀之「乃能盡其妙」。由是可知，誦讀仍須講求方法，而後可輔助學習，增進其效果。

綜觀上述，誦讀之法，宜注意如下數項：

㈠了解課文

誦讀之前，須了解文章義旨，明作者情思，審辨寫作技巧。如是從誦讀之中乃能體會欣賞篇章之美，而學習仿傚。

㈡注意詞句形式

文章之組成有詞有句，詞有單詞與複詞，句有簡句、繁句與複句。誦讀時，必須注意字與字間，不稍逗留，迅速讀過，詞與詞間略有間隔，句與句間，卽標點所在，間隔較長，段與段間，則可略作逗留。如此，方不至於妨礙文章之氣勢。孫邦正教材及教學法：「『句號』的地方要稍停，以示語句終結：『讀號』的地方，語氣要和下文相接，停頓的時間要短：『分號』的地方，上下的分局要各自一氣讀，以示文意上的類似，排比或相反：『總號』的地方要重讀，表示引起下文，『破折號』的地方上句收音要急促，下句第一字要響亮。」所述甚爲詳明。總之，間隔時間之長短，視語句性質與結構，以及語氣之緩急而決定。

㈢注意吐字

誦讀之時，必須吐字清楚。所謂清楚，不僅指口齒清晰，亦指發音正確而言，此爲誦讀之基本條件。若發音不正，口齒不清，則宜於讀完之後共同矯正。

㈣詞之輕重

文章之中有語勢，一句之中亦有語勢。所謂語勢，即語意之重點。一句之中，詞意有輕重，讀時若值重要字眼，或彼此相關之詞，宜加重語氣讀出，以明重輕。如杜甫春望：「國破山河在，城春草木深。」句中「破」與「在」應重讀。蓋二者彼此相關。「草木深」宜重點，以其爲重要字眼。（按所謂重讀係指聲音加强言之）。

㈤調之昇降

調係指聲之高低而言，聲帶之張弛引起。張者調昇，弛者調低，如琴鍵之排列乃依聲之高低相爲比次者。當意義未完結之文句，如「得酒肉朋友易，得患難朋友難」句中之「易」字；號令或絕叫之文句，如「中華民國萬歲」句中之「歲」字；疑問句者，如「你不相信我嗎？」句中之「嗎」字；驚愕之文句，如「白了少年頭，空悲切。」之「切」字，均須用昇調。當意義完結之文句，如「今年是一九七五年」之「年」字；挿入疑問詞之問句，如：「你是來幹什麼的」之「的」字；祈求之文句，如「願他成功」之「功」；憤恨感激慨歎之文句，如「擁旄萬里，何其壯也！」「也」字，均須用降調。

㈥聲之强弱

此係指肺部發生氣流分量大小而言。分量大則强，分量小則弱，如指按琴鍵，用力大則聲强，用力輕則聲弱。凡表悲壯，快活，叱責或慷慨之文句，其句首聲宜加强。凡表不平，熱誠或確信之文句，其句尾宜加强。凡表莊重、滿足或優美之文句，其句中聲宜加强（註四五）。夏丏尊文心書聲云：「因爲强弱是全關於人的感情的，强弱的分別最多見的是議論文，詩歌及敍事文中的對話，平靜的記述文與說明文中的文句，差不多不大有强弱可分。換句話說，就是議論文，詩歌，對話該應用了强弱的法則來讀。」所論是也。

(七) 氣之緩急

此係指聲音與時間之關係中所形成節拍之長短而言。如在一秒鐘之內，吾人可讀「中華民族」四音，亦可在一秒鐘之內讀「中華民族之救星」七音。同一時間，音數少者爲緩，音數多者爲急。緩急之應用。

1 從文句之結構而言　字與字間最急，可謂毫無間隔，詞與詞間次急，標點符號之逗號「，」略急，分號「；」略緩，句號「。」更緩，尤其段與段間之句號，其時隔更爲緩長。而冒號「：」，問號「？」，驚歎號「！」係所有標點之中最緩者。

2 從平仄而言　平聲長緩，仄聲短急，故古來有所謂平間仄，仄間平，平仄交錯之說，李漁嘗論賓白云：「世人但知四六之句，平間仄，仄間平，非可混施疊用，不知散體之文亦復如是。平仄仄平平仄仄，仄平平仄仄平平二語，乃千古作文之通訣，無一語一字，可廢聲音者也。」所以如此，乃求音之高低相協，氣之緩急互用而已。

3.從句之長短言　句長者氣可略急，句短者，氣可略緩，以造成節奏之感。

4.從文字所含之情思而言　含有莊重，畏敬，謹愼，沉鬱，悲哀，仁慈，疑惑等感情之文句，全體須緩；含有快活，確信，憤怒，驚愕，恐怖，怨恨等感情之文句，全體須急。此外，若干含有韻律之詩文，誦讀之時，爲表現其節奏之美感及韻律之和協，以歌唱方式爲之。其最顯明者，恒將聲氣拉長，聲氣緩長，卽產生顫動，而形成幽咽委婉，搖曳生姿之美感。歌唱詩文之原則，與上述並無不同，如平聲字則氣緩而聲低，仄聲字則氣急而聲高，句長則氣略急速，句短則聲氣略爲緩長，文字陰柔或情緒低沉，則氣緩聲低，文字陽剛或情緒高昂則氣急而聲强，平舖直敍之文字，則不低不昂，平順直唸。此歌唱方式較着重於節奏之和協與韻律之美感。故在調之高低，聲之强弱及氣之緩急間，常予以形式之誇張，而如同歌唱。今人或以其偏重於形式，而不同於語言節奏，故有頗多之爭論（註四六）。

總上而言，誦讀之時，顧及文句構造以及文字所含蘊之感情，爲誦讀之原則。無論調之高低，聲之强弱，氣之緩急，均以玆爲據，務求口吻調暢，聲情配合爲是。

教師指導學生誦讀，當先示範，令學生藉以模仿，並能自我練習。若語詞易於淆混者，宜予講解分析，使不存疑惑。至於學生練習，首先求其理解文義，分淸句讀，矯正語音，讀之順口。其次認識文句結構，語句作用，文字性質與作者情思，逐句揣摩，以審辨調之高低，聲之强弱以及氣之緩急，反覆練習，以達乎自然生動，如聞其聲，如見其人之境。久之自能理解文義，熟悉音節與情感之關係。於是下筆成文，則不見佶屈聱牙之句，但聞鏗鏘之金玉聲矣。時時誦讀，有如是之效，教師豈可銖視？

六、作者介紹

孟子云：「頌其詩，讀其書，不知其人，可乎？是以論其世也。」（萬章下）吾人嘗言，文章之風格恒受作者之情性、學養、個人之際遇，以及時代所影響。故介紹作者之姓名籍貫，生年經歷，時代背景，思想著作，以及當時文壇上或文學史上之地位，可提高學生學習之興趣，有助於課文之了解，加深學習之效果。

㈠姓　名

現代作者常用筆名、化名，古代作者除本名外，有字、號、別號以及諡號之異名。教師宜分辨其不同，指示學生，如「名」：禮記檀弓上：「幼名冠字。」名係幼時父母所命者。凡自稱皆以名（白虎通，姓名）說文：「名，自命也。」如歐陽修瀧岡阡表：「修不幸，生四歲而孤」，「修」爲自名。又如丘遲與陳伯之書：「遲頓首」，「遲」爲自稱。關於「字」，儀禮士冠禮：「冠而字之，敬其名也。」疏：「君父之前稱名，至於他人稱字也，是敬其名也。」可知「字」爲成年時所取之異名，他人爲敬其名，不直呼其名，而稱其字。孔子弟子子貢，姓端木，名賜字子貢，後人敬其名，故不直呼其名，而但稱子貢，如公冶長篇：「子貢問曰：『賜也何如？』」是也。同時，「字」之立，其義恒與名相關，如賜與子貢義相近。韓愈字退之，「愈」與「退之」義相反。關於「號」，周禮春官太祝：「辨六號。」注云：「號謂尊其名更爲美稱焉。」可知「號」之立，乃爲尊其名，而更予美稱，可有，亦可無，號多出於自取，如歐陽修，自號爲「醉翁」。有時亦命於他人，如王守仁嘗築室於會稽山之陽明洞，學者稱爲陽明先生。關於「別號」，別號之立含兩種作用，陔餘叢考別號云：「隱逸者流，欲自諱其姓名而爲此，非如後人反借以自標異也。」如范蠡去越，自號爲陶朱公，又號鴟夷子皮，又號海濱漁父，皆所以自諱其姓名。歐陽修晚號六一居士，梁啓超別號飲冰室主人，皆所以用自標異。至於諡號，乃人死後依其生前行跡而爲之所立之號，所以勸善彰有德。禮記檀弓：「死諡，周道也。」疏：「殷以上有生號，仍爲死後之稱，周則死後別立諡。」循是可知，死後立號，乃周朝以後之事，商以前生時可以自立諡號。諡號，多由天子所立。亦有私諡者，禮記郊特性，周謂注：「古者生而有爵，則死乃請諡於天子，而天子命之諡。後世但死，則皆有諡，蓋未嘗請於天子，特其自諡耳。」所注甚明，天子所命之諡號，係依其人生前之行迹而定之，逸周書諡法解：「是以大行受大名，細行受細名。」注：「名謂號諡。」譬如，曾國藩諡爲文正，依唐張守節史記正義論例諡法解云：「道德博聞曰文，勤學好問曰文。」又云：「內外賓服曰正。」循是，曾國藩一生之事功，亦可以想見矣。

至於現代作者常用筆名、化名。如許地山，筆名落花生，老殘遊記中之主人翁鐵生，號老殘，即作者劉鶚之化名。其目的或隱藏自已或迎合風氣或標新立異；凡此，教師均須略爲指導。

(二)考查作者之史

如籍貫，生年，卒月，資歷等。此在課本作者欄中均有詳細介紹，此外，其不足處，教師須予補充，如籍貫屬於古郡縣者，徵以現在地名，並明其祖籍與出生所在。生年以帝王年號者，舉西元年代對照，官名，取現代官制爲此。若無相當者，則說明其職司，如此，有助於瞭解作者。

(三)考查作者之境遇

作品之內容，恒受作者之境遇所影響，若能考查作者之境遇，或作此作品時之境遇，則可增進對本文內容之瞭解。如蘇東坡赤壁賦，係其謫居黃州之時，在黃州赤壁與客乘夜泛舟，有感於萬物盛衰消長之理，而作此賦。知其爲官之得失，則對本課之了解當更深入。

㈣考查作者之時代背景

作者之作品恒爲其時代背景之反映。如韓愈處於六朝文風之餘沫，以華靡無質之駢文，非貫道之器，毫無價值。於是起而反對，提倡樸質古文，以復古明道，故有原道之作。其他如師說，進學解，均爲時代背景之反映。又如杜甫係唐朝社會詩人，其一生經歷睿宗玄宗代宗三朝，所處時代由唐朝太平盛世轉入紛亂動盪之時期，前有安史之亂，後有吐蕃入寇，其觸目皆爲饑餓景象，所處均在流離之中，故其詩皆着重於社會之寫眞與表現對民衆之同情。如春望、月夜憶舍弟等作品均是。時代影響其思想，其思想影響作品，是以考作者時代背景有助於對本文之理解。

㈤注意其在文壇上，或文學史上之地位

若干作者，在當時文壇上已有舉足輕重，至爲顯赫之地位。如韓愈之古文運動，李漢昌黎先生集序云：「時人始而驚，中而笑且排，先生志益堅。其終，人亦翕然而隨之以定。」可見其文已爲當代所推。蘇軾潮州韓文公廟碑云：「匹夫爲百世師，一言而爲天下法。……文起八代之衰，道濟天下之溺。」其在文學史上之地位，豈僅爲唐宋八大家之首，建立古文之地位而已。又如蘇軾之詞，由歌者之詞轉變爲詩人之詞，以豪放飄逸之作風，代替婉約與柔靡，影響當時及後代之詞風甚鉅。四庫提要云：「詞自晚唐五代以來，以清切婉麗爲宗。至柳永而一變，如詩家之有白居易，至蘇軾而又一變，如詩家之有韓愈，遂開南宋辛棄疾一派，尋溯源流，不能不謂之別格。然謂之不工則不可。故至今尚與花間一派並行而不能偏廢。」（東坡詞）可見其在詞史上之轉變地位。凡玆，教師均須指示說明，令學生於作者及作品有更深之概念。至於與作者關係密切之人物，如朋友，師承，亦應略爲介紹。學養，若可考查，亦當同時指導，如柳宗元自述其文章來源曰：「本之書，以求其質；本之詩，以求其恒；本之禮，以求其宜；本之春秋，以求其斷；本之易，以求其動；此吾所以取道之源也。參之穀梁以厲其氣，參之孟荀以暢其文，參之莊老以肆其端，參之國語以博其趣。參之離騷以致其幽，參之太史以著其潔，此吾之所以推旁交通而以爲之文也。」（答韋中立論師道書）此悉影響其文章風格之重要因素，教師亦不能忽略。

作者介紹，實爲理解課文之基礎，凡與作者有關，可輔助學生學習之知識，皆宜鉅細靡捐，務求詳盡而後止。所謂學術思想，文章流變，固有文化亦由此獲至補充。

綜合全節範文教材之處理，實含㈠作者介紹㈡字詞教導㈢句子剖析㈣義旨探究㈤作法審辨㈥範文誦讀，凡六項。爲處理國文教材所必要之工作，漏一不可。教師務必詳盡解說，以達語文訓練精神陶冶與文藝欣賞之教學目標。

第二節　範文教學之過程

教學係一有目的，有步驟之工作，教師爲求教學之成功，教學目標如期完成，其教學過程之安排，恒須事先計畫。此計畫，以全學期之教學範圍而言，名之爲教學進度，以一課之教學範圍而言，稱之爲教案。此處之教學過程，實指依據教案所安排之步驟而言。準此，方能保證教學過程之明確而有效。編製教案有兩種常用之方法，第一種方法僅列過程大綱，餘者悉憑記憶，此適用於熟練之教師，第二種方法，不僅爲大綱，且將教學進行之細節、教材內容以及可能發生之難題均詳爲擬定，以成一完整之體式，玆適用於經驗不足之教師（註四七）。教學之本質係藝術，亦爲科學，以其爲科學，故教學有明確之步驟，以其爲藝術，故教學無一定之成法。經驗不足之教師，仍在嘗試體驗階段，須依詳細計畫按部就班，方能有備無患，避免陋失。富於經驗之教師，已熟練教材內容，知如何處理學生突發之疑難問題，故列其綱要，已足以靈活運用，應付自如。若悉依詳細教案，進行教學，反受牽掣，流於刻板。

中學國文教學過程，因教材性質而不盡相同。大體言之，其步驟可以分爲預習指導，討論講解，應用練習，督導考查四項。第一項預習指導，屬於準備活動，活動內容在指導學生進行課文之預習，以養成其自學之興趣並加深學習印象。玆階段之重心，在於學生自學活動。（註四八）第二項討論講解，屬於發展活動，此活動包括初習活動與深入活動，以及進行此階段活動之前，學生預習結果之考查。初習含課文概覽與逐段討論講解之活動，深入則含深究、鑑賞與誦讀之活動。此階段中，教師與學生須同時活動，以學生之活動爲體，教師之活動爲用。易言之，學生之活動係由教師之安排，所謂藝術教學，方法技術之靈活運動，幾全在此階段中表現。第三項應用練習，屬於綜合活動，令學生將所學者加以整理，然後模仿、練習、應用，以期其能發表而創造，玆階段重在語文能力之訓練。全階段之活動中，以學生爲主，教師但爲輔導指正而已。第四項督導考查，屬於追踪活動，此活動包括：考查學生學習情形而加以督導，考查學生學習結果，予以診斷評鑑，以爲瞭解教學目標是否達成以及爲補救教學之依據，同時，又可以爲次一教學步驟以及改進教法之借鏡。此階段以教師之活動爲主。

以上四項，雖各自獨立，實相承相續，蓋其中每一步驟均須依據教學目標而訂定，每一過程均須把握教學目的而進行。思考與聽說讀寫能力之訓練以及習慣、興趣、態度、德性與理想之培養，均須在此四步驟中，予以妥善慎密之安排。其過程由準備、發展、綜合，以至追踪回顧，既合於自然之法則，又合乎科學之步驟，宜爲一合理可行之過程。其中或以教材性質、或因教師教學習慣、或因情況需要，而酌情變通，靈活應用，但原則上仍以此爲是，以免本末倒置，前後失序。

一、預習指導

預習指導，係教師指導學生先行處理課文之嘗試。如是，可令學生發現疑難，注意問題，討論講解之時，學生反應必然熱烈，學習亦能深刻徹底。其次，指導學生自行預習，可以令其明白學習之方法，培養其自學之能力，習慣與興趣。教學，乃教師指導學生自動學習之活動，學生預習則爲此自學活動之基礎。欲養成學生自動自發之精神，以及自學之能力與興趣，唯有從此步驟實施。故預習指導，至爲重要。

在指導學生預習之前，教師須充分了解學生之程度與興趣，熟悉教材之難易，擬定可行之教案，設計學生預習項目，然後指導學生能適於其興趣需要，吻合教學目的。

學生預習之範圍，並無規定，概括而言，凡教材所須處理之各項，學生均可嘗試行之。蔣伯潛中學國文教學法：「預習底工夫愈下得多，則課內講習時愈能注意，得益也自然愈多了。」是爲的論。然學生能力有異，教材深淺不一，自學環境不盡相同，教師不能期望過高，而欲盡全部學習於預習之中，原則上，可將預習之工作分爲基礎預習與深入預習。基礎預習重行事實知識之理會以及詞之形音義，句義與文義之了解。深入預習則由作法之審辨以至於欣賞評鑑均屬之。教師當酌視情形，以基礎預習爲本，略附幾項深入之預習，使學生預習由淺而入深，由此項而及彼項，提高其自學能力，增進其自學之興趣。

教師作預習指導之時間，不宜過短，過於短促，常造成草率而流於形式。較適宜之時間，約二十分鐘左右，可於上節課結束前之二十分鐘行之。教師從容指示，學生淸楚自己之預習項目，爲之則較爲具體而明確。

至於預習指導之過程，可分爲啓引學習之動機，指示預習作業之範圍，指示學習方法三項，玆分述於下：

㈠啓引學習動機

動機係學習之驅力，强烈之學習動機，乃促使學生自動學習之保證。啓引動機之法，多從學生之舊經驗，好奇心及興趣所在而爲之。如講述作者之小史，或一則有關之故事、新聞，或一偶發事件，或從學生之生活經驗，或聯絡過去教材，或由視聽教具，或由此篇文章之優美處，或由此文章之內容事實，或提出問題，令學生討論，或說明學習本文之目的，均能引起學生强烈學習動機，教師宜視教材內容及當時情境而決定使用何種方式。

㈡指示預習作業之範圍

預習範圍，凡教材所需處理各項，均可納入。然因學生能力差異，教材深淺不同，故分爲基礎預習與深入預習二類，茲列舉如下：

1.基礎預習　此項預習，爲進行每一課文之前必須令學生爲之者。

⑴題目：以題目之含義爲度，令學生自解其題義。

⑵生字新詞：生字之構造之讀音，難詞之意義，必須查考，此外詞彙中或屬於專名、職官、典故、史實、術語者，較不易查考，教師可以略作提示，或令學生存疑，留待另一步驟處理。

⑶句義：聯合各詞語以成義，責令學生索解，不存疑義。句中或有成語，引句，或生疏句法，難以理解者，教師或可先予提示指導，以免有礙全文之了解。

⑷文義、文旨及段落大意，須令學生循文義以求文旨，分辨段落大意。

⑸作者生平：課文後面作者介紹，令學生自行翻閱，自查詞義，若能參閱其他書籍則更佳。

⑹文體：辨認本篇之文體以及文中含有其他文體成分者。

2.深入預習　此項預習，或謂之超進預習，教師宜視教材性質，學生能力以及學習環境，按照計畫，酌取數項爲之。

⑴文章作法：就課文之立意、構思、剪裁、安排、遣詞、造句、聯絡、照應等方法，令學生嘗試預習，研索深究，逐漸深入。

(2)文章風格：由文章之內容與形式，由氣象之剛柔，由辭藻之多寡，由檢討之工夫，辨認文章之風格，教師可指示方法，令其欣賞辨認。

(3)摘錄佳句：令學生試讀，就文中優美之辭或情深之言或精闢之句，鉤玄提要，摘錄而出。

(4)研究問題：就文中之要點，或足以討論之處，提出問題，令學生回答，可以加深全文之了解。

以上各項預習均宜令學生擇要書寫於筆記本上，以爲查考依據。疑難不解之處，任之空白，留待討論，以便補正。

總之，學生預習之項目，教師可以酌視教材性質而決定取捨，亦可以配合上課進度而分次預習，悉以合學生需要，及視情形而定。

㈢**指導學習方法**

學生預習，須知其方法，否則隔閡難通，事倍功半。預習效率，必然減低，玆就常用者分述於後：

1. 說明學習本課文之目的　此爲重要之手段，學生確知學習本課之目的，則知如何預習，知如何處理本文。而學生預習亦不覺費時費力。

2. 指導考查之方法　國文預習，多賴查考爲之，如字音、詞義、詞性、典故、史實、成語，甚至職官，專名，全依考查之力。指導考查方法，首先指示考查之圖書，其次指示考查之技術：指示圖書是令學生得知在何處考查，指示方法是令學生得知如何考查，二者皆爲重要，必須兼顧。

(1)考查之圖書：圖書包括工具書與參考書。工具書卽字典、辭典、類書等以及圖表而言。値吾人欲辨明字之形音義時，則須查字典，欲辨明辭語之涵義與出處，則須查辭典。所謂辭語包含古書中常見之辭語，歷史上重要之名物制度，成語典故，古今人名地名以及術語等，讀書作文常見常用者，辭典有普通辭典與專門辭典。普通辭典涉及各方面之知識，供一般讀者之用者，專門辭典有關新知識之辭典、人名辭典、史地辭典、成語辭典及各種科學之辭典，供專門之用者。另有所謂類書，性質與辭典相似，如唐虞世南之北堂書鈔，歐陽詢之藝文類聚，徐堅之初學記，唐白居易、宋孔傳之白孔六帖，宋李昉等之太平御覽，王欽若之册府元龜，章如愚之山堂考索，明修之永樂大典，淸修之古今圖書集成、淵鑑類函等，普通辭典無可考查之典故成語，在上述書中多可查出，頗利於古籍之閱讀。圖表，如古代禮器圖，歷代大事年表，歷代帝王世系表、國音常用字讀音表、韻目表、歷代職官表，均可爲參考之用。至於參考書，並不限定何本，悉依課文之需要而決定，其作用在補助工具書之不足，任何書籍皆可爲參考之用。如欲知諸葛亮之生平事蹟，可參考陳壽三國志蜀志諸葛亮傳，皆屬參考書之應用。除外，教師可在高中國文設備標準中取得較具體之資料，可爲輔助參考。

⑵考查方法：工具書考查之方法，多可從書前之「凡例」、「例言」、「編輯大意」或「使用法」得知。惟教師總須扼要說明，令學生不至於暗中摸索。方法之指導，包括檢字法，讀音法、釋義法等。

①檢字：工具書最常見之排列方法係按部首筆劃排列。古籍類書中，今人亦多附部首索引於其書前或書末，檢查甚爲方便。其次係按國音符號順序排列，另附部首筆畫檢字索引者，既可由字音索求，亦可由部首考查，亦有按四角號碼排列者，如王雲五綜合辭典是也。另有以韻目排列者，如淸之佩文韻府，係以詩韻（平水韻）韻目排列。凡此均須扼要說明，尤其部首之中，桓有特殊字例，如「

肉」與「月」之問題，「ㄑ」「ㄍ」「川」「西」「王」字之檢查，以及其他難字不易考查者，均宜略爲指示，令學生知其大概，以便翻檢。

②讀音：字典或辭典之注音，常見者有國音符號注音、反切法、直音法、羅馬字注音等。另外平上去入，與介音有關之等呼，反切中之類隔，以及同字異音之問題，均爲學生預習中可能遇之者，教師或可擇時指導。

③釋義：義有本義與變義之用，一詞之義在某句中，其義如是，在另一句中，其義則不同。辭典中，常並列其義，且舉例說明。教師宜指導學生，就其詞在句中之位置，詞性，以及前後文義，以選擇正確之詞義。

至於參考書之考查，教師之指示必須明確，不但指示某書，尤須指明某篇，某章或某節，不宜爲查一事一詞，令學生輾轉考查，以致費事費時，減低其學習之興趣。

3.默讀時，當聚精會神　口唇不動，喉不發音，不以鉛筆指字而讀，擴大視距，眼睛每次停留時間宜短，掃視正確，不復回視，讀畢一段卽默想此段之大意。如此，可訓練學生閱讀迅速，正確而有效。（註四九）

4.指示本課文宜予注意者　如立意新穎、取材別致、章法奇特、遣詞造句優美、或文氣風格特殊，以及文中之要點，須令學生注意。

以上爲教師所當指導者，至於如何把握教材要點，撰寫心得感想，亦須同時指示，使學生從預習中，練習寫作。

預習指導，爲訓練學生自學能力與習慣，加强學習效率之必要步驟，教師應確實執行，不宜草率。教學是否成功，恒決定於始，學生預習之得失，可以預見教學之得失。

二、討論講解

討論講解，係處理課文正式之活動，此活動須以精讀方式爲之，務求徹底之理解，朱熹答林正卿書云：「蓋讀書之法，須是從頭至尾，逐句玩味，看上字時，如不知有下字，看前句時如不知有後句，看得都通透了，却又從頭看此一段，令其首尾通貫，然方其看此段時，亦不知有後段也。如此漸進，庶幾心與理會，自然浹洽。非惟會得聖賢言語意脈不差，且是自己分上身心義理日見純熟。」此爲精讀之眞義。在此階段，仍以學生活動爲主，教師處於樞機。凡每一活動，每一細節，每一問題，均經審愼之計畫與安排，務自此討論講解過程中，使學生充分理解吸收而達成既定之目的。此階段分成二步驟：一爲初習活動，一爲深入活動。章微穎先生中學國文教學法講義云：「初習是要使學生曉其義，深入是要使學生明其法，初習是要使學生識其體，深入是要使學生通其用；初習是要使學生了解其規矩，深入是要學生體會其藝巧。」分辨甚爲詳晰。然在此二步驟之前，學生之預習須予考查，以察其勤惰，正其誤失，明其結果。茲分述於後：

㈠預習考查

學生預習之筆記，先須檢查，以確知其預習實情。筆記雖不必詳盡批閱，然其得失正誤，宜以符號標明，令其於討論之後改之。在此步驟中，宜就其勤惰得失，略爲批評，或予告誡，或予稱許，使生警惕心，防其敷衍。其次考查預習結果，此活動教師可靈活運用，並無陳規，或作簡要筆試，或以口頭問答，或配合討論講解，隨時詢問，令其發表。教師訂正之時，若遇繁雜艱深之處，宜節要板書，使學生印象明確，得以修正其預習答案。玆項步驟，學生手中，已有預習結果，故語言發表能力較能發揮，教師宜鼓勵其作充分語言發表。凡勇於發表者予以稱讚，於默默無言者設法令其作答。如是，可察其預習勤惰，知其得失正誤。唯語言發表，雖爲重要，簡要筆試，亦須間行，其目的不僅求其變化，而且筆試可以遍及全班，考其得失，令生戒心，其效果之高，恒逾乎其他方法。

(二)初習活動

此活動中，着重於知識事理之認識，詞句文義之理解。凡從文字表面得之者，如詞句意義，作者思想、情意，作者生平及相關知識皆屬之，可稱爲基礎學習，分爲下列步驟：

1. 課文概覽　此步驟首須

(1)說明學習本課之目的，令學生得知學習之方向，且於本課有一整體之概念，啓引其學習動機。其次：

(2)指名學生將題文意義，作者生平，實作動機，文章體裁，全文大意，段落大意等各項，各就其須習答案，或就其所見所得，作系統講述，提付討論，教師補充訂正。其餘學生在其筆記上作修正補充。

(3)令學生閱讀全文一遍，方法有：一、令學生各自閱覽，限於數分鐘內閱畢。二、教師逐段誦讀，令學生循聲默讀。三、分段指名發音清晰、國語正確之同學輪流誦讀，其餘默聲循讀。三者之中，以後者合乎學生活動之原則，較爲妥當，若遇艱澀文言文，則由教師誦讀，然爲求變化方式，可酌轉換使用。學生誦讀時，令學生默讀注意讀音，以辨正誤。一段結束，提問學生矯正，然後教師補充訂正。讀音之矯正，宜於一段讀畢，方指名其餘學生表示意見，不可中途干擾。學生誦讀，注意其讀音正確，亦須注意語氣相貫，配合標點符號，以決定音之斷續，不可逐字分讀（註五十）。是階段中，學生誦讀，但求其讀音正確，文氣相貫而已。無須配合文字之神情，而抑揚語調，或者强弱聲音，緩急語氣，此種讀法可待於欣賞時爲之。

2.處理生難詞語　此步驟著重於點之處理；首先配合上項步驟，每段閱畢，即令學生提出預習時未能解決之生難詞語，或是教師認爲須提出討論者，均依次書於黑板，待全文覽竟，以共同討論方式，逐詞處理。若每段生難詞語繁多，可待課文閱讀完畢，再以分段方式逐一解決。

至於處理之方法，仍以令學生發表意見，提付共同討論，教師作訂正補充爲主。教師作訂正補充時，須顧及全句，或前後文義之連貫，不作孤立之解釋，俾學生易於領會。意義之詮釋，若一言可解，學生易明者，不必板書，繁難者宜以明確解釋，以工整楷書依次書於黑板，使學生可就自己之預習筆記對照修正。教師所提出之詞語，亦作同樣處理。在是步驟結束前，教師當復問學生，是否仍有不解之處，然後再設法處理，務求學生於全文之詞語全無存疑爲止。

3.分段讀講　此步驟著重於線與面之處理，意在全文意義之貫通與理解，求統一整體之概念。

每段讀講，教師先略述該段之大意，以爲承先啓後，聯貫全篇之用，使學生思緒得以統一。然後逐段指名學生一人讀講。段長者可以分一爲二，段短者倂二爲一。讀一句，講釋一句，求其字音正確，釋義明確，若釋義模糊，語意含混，或阻塞難通，讀講不下，教師可提問其餘學生，代為處理，或由教師逕作指示，使其迅速進行。每段讀講完畢，令全體學生共同討論，批評補充，教師作最後之訂正。茲過程中，以學生共同討論，批評，補充，發表為主。教師從旁推動訂正，一面指名學生討論發表，訓練其語言能力，一面考查其預習得失，察其勤惰。

學生讀講之後，教師須作補充整理之讀講，此方法有二：一為學生每段讀講完畢，令其餘學生討論，補充，批評，然後教師逐詞（包括虛詞）逐句之讀講，作具體之解釋與翻譯，既可作為訂正之用，亦可藉以整理。二為全篇讀講完畢，其餘學生亦討論批評補充，教師亦作簡要訂正竣事，然後教師從首段逐詞逐句逐段之讀講與翻譯，二者之間，以前者較為省事簡明，後者較為詳細繁複。

教師讀講過程中

⑴宜注意類化原則：講解務求深入簡出，以舊經驗，以具體之事理，或以明確語句詮釋難詞難句，專名，典實，術語，常識，虛字等。學生講解不清，需要補正者，教師宜就其修辭，詞性，文法，從其根本，予以分析解剖，多作類比，多取事例以資說明，如此學生方易理解。

⑵宜注意興趣原則：教師讀講，最忌按部就班，逐句講解而下，不作旁語，如此雖能令學生理會文義，然常難維持學生學習興趣。維繫學生學習興趣，講解清楚係其必要條件，而非充分條件。教師宜就其文義或內容，或典故或常識，旁徵博引，多舉實例。如講述趣事笑話，歷史事實，一則軼聞，生活經驗，作者小史，一首詩歌，一句名言，某段文字等與本文有關，而不見於本文之中者，取之以譬喻比較說明。如此可一新學生耳目，刺激學生感官，鬆弛學生情緒，因而可以維繫並且增進其學習

之興趣。除外，變化教法，偶或提問學生，促其思考，亦可令其注意，發生興趣。

(3)宜注意個別適應原則：教師讀講之速度，快慢詳簡深淺，必須適中。程度較低學生，宜隨時注意其是否理解，程度較高學生，宜以較難問題令其思考，如是教學實效，方能遍及全體。其次，教師讀講勿吝於板書，板書可以加深學生印象，易使學生了解，利用黑板以輔助教學，最爲簡便可行，此爲教師所深知者。

每段讀講完畢，須稍停片刻，讓學生質疑，或查考學生是否理解。逮全篇讀解竣事，教師須由首段至末段，語譯一遍，復述全文文義，指點分段要旨，藉以整理（指文言文或古詩），每段譯過，亦停片刻，復問學生是否明瞭，然後再譯次段，以至終篇。如是，可以統括全文，使成完整概念。趙廷爲教材與教法云：「正當的教學是由綜合而分析，更由分析而歸於綜合。」所謂「綜合」係指講述全文大意，段落大意而言，所謂「分析」係指逐詞，逐句，逐段之讀講而言，所謂「歸於綜合」係指語譯一遍，復述全文文義，指點分段要旨而言。第一次綜合，在灌輸整體之概念，第二次綜合在貫通前後文意，給予統一具體之整體認識，層次上，略有不同。

玆教學之過程，僅指示吾人可行之方向。實際之教學技術運用，仍以靈活爲主，步驟可以遵循，原則必須依據，餘者仍視當時情境而決定，以求學生理解之途徹與學習效率之提高。

以上，爲基礎之學習，屬於初習之活動。甚多教師恒以此活動作爲一課文學習之完成，以爲學生了解全文文義，無所疑難，已大功告成，罕見作深入之探究。此固受考試題目之影響，主因乃教師於教學目的認識不深之故。國文教學目的不限於知識之認識與理解，猶須更進一層，以培養其思考能力以及語言文字之應用能力，分析能力，綜合能力與鑑賞能力。在技能方面，求其由欣賞，至於模仿以及於創造之境地。在態度與理想方面，求其行爲表現，判斷價值，而至於健全人格之確立。若教學僅止於文義之理解，則此仍留於最低之層次，無能臻於教學目標，欲達教學目標，教師務須更上一層，作深入之探究，以爲進入最高層次之津梁。

㈢**深入活動**

此活動著重於全篇義旨之闡述，文章作法之探究，遣詞造句技巧，以及文字風格之鑑賞等皆屬之，可稱爲深入學習。分內容深究、形式深究以及鑑賞、誦讀四活動，玆分述於下：

1.內容深究　此以探究文章內容上之諸問題爲主，如文義所表現之事理、情思、意見均屬之。以論語公冶長篇孔子與弟子言志章爲例：

「顏淵季路侍。子曰：『盍各言爾志』子路曰：『願車馬衣裘與朋友共，敝之而無憾。』顏淵曰：『願毋伐善，毋施勞。』子路曰：『願聞子之志。』子曰：『老者安之，朋友信之，少者懷之。』」（案：淸嘉慶二十年重刋宋本，此章「裘」字上有「輕」字。依阮元校勘乃去之。）

教師可就本文，預設如下問題，提問學生：㈠本章主旨何在？㈡師生三人各有所懷，其志有何不同？㈢孔子問曰：「盍各言爾志」目的何地？㈣子路先發言，顏淵後發言，是否可察二人所具之性格？㈤三人志願，可以表現不同之修養境界，其境界有何差異？㈥闡述孔子之志願，想像其實境㈦讀本章後有何感想？

以上幾項，均屬於內容之深究，此外，或探究作者寫作之動機，或闡發作者之情思，或發揭作者之心理，或伸述每段之主旨，要點，悉爲內容上之問題。

教師指導深究內容，須預編若干問答，諸如上述之各項及關係每段主要意思，全文中心主旨者，依文章先後順序提出，令學生討論、發表，教師再作修正補充。提出問題討論之時，教師將題目板書，學生必須逐條筆記，以見其綱目條理。關於類似問題，亦可在預習指導階段中提出，使事先處理，至此階段，再予討論、補充。實際應用，則酌視學生學習情形而決定。

內容深究，可窺作者之用心，可揭露文義所蘊含之情思及事理，可察作者思想發展之型態。可見段落大意與主旨之關係，因而可啓引學生揣摩文章義旨，揭發作者情思之興趣，發揮啓迪知識與陶冶情性之作用。此步驟至爲重要，教師實不能省略。

2.形式深究　斯項活動著重於文章作法與措辭技巧之體認，包含如何取材，如何安排（指謀篇或組織之工夫），如何聯絡照應，如何遣詞造句。教師藉此之深究，令學生認識寫作方法與措辭技巧，以爲其由「讀」至「寫」之橋梁。學生寫作能力之提高，多賴此階段之活動。

此活動，首先辨明文體。文體雖不能決定取材範圍，然可以影響篇章安排之方式。如論說文多以理則關係安排，記敘文以時空關係安排（註五一）。文體一明，篇章安排方式較易掌握。此步驟亦令學生，先以討論，敘述理由，教師補充修正。

其次，就文章之主旨，亦即作者立意所在，觀其取材或着眼之點。主旨確立後，經構思而得之材料，必然繁多。作者取若干切合題旨，或未必切合題旨之材料，以爲文章內容，則此內容，可以察作者識力之高低，剪裁能力之優劣。茲階段之教學，令學生把握主旨，就本文取材剪裁之得失，提出討論，教師綜合補充。

關於安排，無論是句與句之間，節與節之間或段與段之間，其原則不外是統一：吻合文旨，思想一致。聯貫：語意連繫，關係淸楚。秩序：層次分明，排列妥當。語勢：形成重點，引起注意，四項而已（註五二）。然排列方式則千變萬化，殆無規矩可尋，或賓主，或虛實，或正反，或分合，或大小，或前後，或因果，或穿揷，或烘托，或譬證……等等，任何形式均有可能。在此步驟中，爲避免學生思緒紛亂，教師可將全文之安排，分爲三段；一爲開端，一爲發展，一爲結尾。提問學生，本文如何開端；以敍述原因？或以奇特之理論情節？或提出總綱，或以其他方式？詢問學生，令學生討論，教師補充訂正。再指問學生，本文如何發展：以分合方式？以大小方式？或以時空方式？或以正反關係？或其他方式？令學生思考發表、討論，教師再予補充訂正。至末提問學生，結尾以何方式完成，以論議作結？以描寫或敍述作結？或以抒情作結？或呼應前文作結？或以其他方式？以此令學生討論，教師訂正補充。安排之法，其式難數，教師宜把握此三段方式，指示學生，使其握大綱，而覓細節，則綱擧目張，脈絡可尋，學生不至於疑惑難解。

至於聯絡照應，宜提問學生，本文其後各段之聯絡方式，係基本之聯絡，抑或藝術聯絡？以聯詞或聯語？以聯句，或聯段？或是不着痕跡之藝術聯絡？其方式如何？教師之指導，宜從基本聯絡而至藝術聯絡，由淺入深。方法仍以指示要點令學生討論，教師補正爲主。

若遣詞方面，宜由用詞之妥當處，生動處，以見作者遣詞之巧。妥當，是指詞之形音義，在全文全句中之穩當妥貼，不能易以他詞而言。生動，則指詞之表現栩栩如生，令人感動而言。宜從詞之純眞，擬人處以及由用詞之變化，詞性之活用，助詞之運用，配字，疊字，誇張處見其遣詞之生動。教師可就某詞指問學生，其用法之特殊所在，教師予以補充訂正，多作相似詞語之類比，使學生自思考討論之中，領會作者遣詞之巧。

造句方面，宜注意句型（句之種類，以句之形式分有：簡句、繁句、複句。以句之作用分有：敍事句、表態句、判斷句、有無句）。分析句法（文法），見句中之各成分及其作用。如是，可使學生造句妥當而明白，不致混雜。分析句法，不能使學生作文美巧，而可使其造句不生錯誤。若欲增進其寫作技巧，令其文章優美，除從立意、取材、安排、聯絡照應着手之外，須由修辭方式探討。黃師慶萱曾從社會各階層人士談話中，從古今漢語文學作品中，覓取近萬條修辭實例，分析比較，歸納成三十種修辭方式（註五三）。中有二十種屬於表意方法之修辭形式，提示句意清新、生動、有力、感人之語句型態。有十種屬於優美形式之修辭方法，提示語句華美靈巧之形式。教師就篇中較爲優美感人之語句，提出令學生討論，分辨其辭格（修辭方式），教師再予補充，多取同類辭格，相作比較，以深其印象。

以上均關係文章作法之重點，如：如何取材安排，如何聯絡照應，如何遣詞，如何造句，如何分析法，如何分辨辭格，範圍至廣，要點頗多，教師無能亦不宜在短期之內欲竟全功，徹底指導。教師宜就其突出之處，分別提出，循序漸進，以期學生積久功深，領會其妨，則深入之活動，形式之深究，方見其價値。

3.**鑑賞**　鑑賞之意義，就本質而言，係對於某事物感覺一種價値，並承受其價値，其中伴有濃厚之情感成份。就過程而言，係「披文以入情」之表現。鑑賞之功用，除達成教學目標，培養欣賞文藝之興趣與能力外，可達成學生良好態度，確立高尚理想，陶冶學生性情，充實生活內容，發展審美知能，啓發研究興趣，學習評估事物價值，並且因欣賞而模仿，以至於創造，培養其創造能力，鑑賞之重要，至爲顯明。

範文之鑑賞，不外乎內容與形式兩方面。內容方面包括情感與事理之欣賞。形式方面包括結構修辭，聲律以及風格之欣賞。玆略述於下：

(1)感情（思想）：白居易與元九書云：「詩者根情苗言，華聲實義。」詩如此，文亦如此。文必以情爲根實，乃能行之久遠。文心雕龍情采云：「繁采寡情，味之必厭。」皆屬此理。所以至文必有至情，教師指導學生鑑賞，必由作者藉文字所表現之情眞、情深處着眼，如李密陳情表：「臣無祖母，無以至今日，祖母無臣，無以終餘年。母孫二人，更相爲命，是以區區，不能廢遠。」字字皆自肺腑，若非出於眞情，何能及此？眞情生於至性，性情之誠眞純厚，發爲文辭，自能動人內心，晉武帝卒允所謂，豈非感其至情？又如諸葛亮出師表：「陛下亦宜自課，以諮諏善道，察納雅言，深追先帝遺詔，臣不勝受恩感激。」關懷幼主之深情，忠摯謀國之誠心，溢於言表，非眞情至性，實無能如是。又如歸有光先妣事略：「中夜與其婦泣，追惟一二，彷彿如昨，餘則茫然矣。世乃有無母之人，天乎！痛哉！」後一句，語雖平常，然非深情至性之人，不能道出，此爲感情之鑑賞。感情之鑑賞，多從人性之眞與善處發揭，領略其美感。至於思想，如上述李密陳情表，歸有光先妣事略，均呈露對親長之孝思，係儒家孝道之表現。諸葛亮之出師表則表現忠君愛國之思。凡此皆可闡揚欣賞。作者之作品恒爲其思想之表現，若鑑賞文章，但就其情性之眞善處，而不及於作者思想之表現，亦非欣賞之極致。

(2)事理：一篇文章，作者之思想意念，恒藉事理表達，事理復依文辭而呈現，若事理之發展巧妙，作者之立論精當，引證有力，則可資爲鑑賞。如戰國策觸讋說太后一文，觸讋爲請太后允質長安君於齊，其說諫之巧，令人折服，先絮語家常，使感情得以溝通，然後以少子直託，引出太后心事，乃提醒太后之愛長安君，適以害之，若眞愛長安君，則應令出質於齊，建功於國，乃得子孫繼世爲侯。於是太后乃霍然意解，欣然接受。趙太后以愛幼子之私情，不顧國家大計，堅拒大臣之强諫，趙國之危急，大臣之焦慮，殆可想見。讀者置身設想，即可體會觸讋說諫方法之高明，非一般人所能爲之。又如戰國策齊策馮諼客孟嘗君一文，由寫馮諼之貪得無饜，以及其市義而返，均不得孟嘗君之心，至孟嘗君曰：「先生所爲文市義者，乃今日見之。」及後段：「孟嘗君爲相數十年，無纖介之禍者，馮諼之計也。」事理發展，極見衝突，甚爲動人，此乃事理發展之妙。又如韓愈師說：「師者，所以傳道、授業、解惑也。」師之重要，一語道盡，此立論之精者也。又如歐陽修之縱囚論，以爲太宗縱囚，出於矯情干譽，死囚復來，知其必免，是上下相欺，不足爲常法。文字有力，亦見解獨到，立論精闢。凡此皆爲事理之鑑賞。

(3)結構：篇章組織，若安排巧妙，結構嚴謹，亦可令人欣賞。安排方式，因文體而各有不同，每一文體亦含甚多之變化。或以正反，或分合，或遠近，或層遞，或因果，或先後……種類至多。鑑賞之時，宜配合主旨，注意作者如何開頭，如何結束，如何發展，全篇之中心置之何處，以何種方式相承相應，教師用比較，譬喻之法，令學生領略想像，而欣賞其安排之奇，組織之工。

(4)措辭：措辭，乃表現文章優美之關鍵，其欣賞宜從詞句之妥當、生動、華美、緊湊、有力處着眼，如：爲何作者之情思可以具體表現？爲何人物之性格以及心理狀態，能淋漓盡致，生動表露，爲何某一詞某一句，甚爲生動有力？爲何某句文辭至爲華美？至爲典雅？何以某一辭句用於某處，特覺妥當？爲何某一節段文氣強勁順暢？修辭之分析，已行於形式深究之活動，此處但用具體之譬喻比較，令學生體會，想像爲之，如是，可以領略作者造辭之妙，達鑑賞之效果。

(5)聲律：古人作詩文多講究聲韻之美，沈約宋書謝靈運傳論云：「若前有浮聲，後須切響，一簡之內，音韻盡殊，兩句之中，輕重悉異，妙達此旨，始可言文。」是以從古人詩文，可以欣賞其音韻之美。詩文之音節，不外乎同音相成之「重疊」，包括雙聲叠韻，及平平仄仄聯用；異音相續之「錯綜」，包括平仄參伍，及仄聲，上去入三聲輪用；以及同韻相協之「呼應」，包括選韻、轉韻、逗韻，由此不同之應用，在抑揚抗墜之間，讀者可以領略響外別傳，聲中難述之妙（註五四）。一般詩歌講求平仄相協（有時亦拗句求其變化）字數句型一定，如此可以聲調悠揚，金聲玉振，散文雖不定字數多寡，而平仄相錯，或聲韻重疊，或輕重相應，以求鏗鏘有力，則爲一致。除此而外，聲律最微妙之處，在求以韻表情，以聲摹境。如詩小雅：「南山烈烈，飄風發發」此叠韻之合用，頗能道其情狀。又如賈島客思：「促織聲尖尖似針，更深刺着旅人心。」以齒音字「尖」「針」「刺」表現一種客心隱痛，最能以聲摹境。教師指導學生鑑賞，亦令其想像、體會。則可領略其貼切之感。

(6)風格：讀蘇軾之詞，有天風海雨逼人之感，表現陽剛之美；讀柳永之詞，有曉風殘月之意境，表現陰柔之美，此皆爲風格之表現。風格，係因作者之才性，所顯現於文字上之特色或格調，如花香之香味花澤，甚難抄襲仿造。文章之風格，各家多依主觀感受，故所見不同，欣賞文章之風格，教師宜從具體處指點，如：由內容與形式之比例觀之，片言支語，而切中肯綮者爲簡約，反覆再三，以闡盡題義者爲繁富；由氣象之剛强與柔和觀之，氣勢浩瀚，意境恢宏者剛健。韻味深美，情語隱微者柔婉。由辭藻之多寡觀之，艷辭麗藻，意在文飾者絢爛。字句質實，務求清眞者平淡，由檢點之工夫觀之，隨意所之，純任自然者疏放。刻意雕琢，一心求工者嚴謹。凡此八種，教師宜以具體情景作譬，指導學生揣摩，想像，領會，使之感心動情，而想見其人，達鑑賞之目的。

此外，在詩詞中有所謂境界之說，王國維人間詞話云：「能寫眞景物眞感情者，謂之有境界。」按此言之，所謂境界，實一種情景交融，心物交會之意境。其表現於外，感於讀者心中者，即神韻（註五五）。欲欣賞境界之美，可就其情景交融，心物交會之現象，或由情見景，或即景見情，指導學生想像、體會。

以上爲國文欣賞之要點，教師指導學生欣賞，可單列一項行之，亦可配合內容與形式之深究爲之。先深究，然後指示欣賞之處，予以指導。關於欣賞之方法，在欣賞教學法一節中，已予陳述，此處不再贅言。欣賞之基礎，在於學生之充分了解，了解愈深，則欣賞之程度愈高。是以欣賞時，教師須補充學生想像，以增其經驗，闡述內容，以揭其優美，或講述故事以强調着眼點，指導欣賞之方法，以提高欣賞能力。在講述之時，多用暗示，比較譬喻方式，令學生體會，想像，可引起其感情共鳴，此外，或令學生置身設想，比較自己之能力與作者之能力，或讀前人之詩話詞話文辭以輔助欣賞，或提出問題，令學生回答，均爲欣賞方法之應用，教師可酌情行之。

4.誦讀　鑑賞係藉視覺而達欣賞之目的。然欲得充分之欣賞，仍須依聽覺以完成。故誦讀實欣賞活動之重要步驟。教師須指導學生循聲以見義察情，體會其善美所在。此一活動，首先，由教師朗讀示範，但求讀音正確，聲調清晰，令學生知所遵循，避免錯誤。其次，再作表情之範讀（註五六），範讀之時，應隨時提示語句之結構以及文字感情，然後調整調之高低，聲之強弱，氣之緩急，用以表現雄壯激昂、欣悅、和平、幽靜、悲哀、淒涼等種種之不同情境。學生試讀之時，聲音方面，避免其裝腔作勢，誇張語音，而求語調自然，吻合內容情態。姿勢方面，不宜矯揉造作，左右擺動，但求端正站立，體態自然，至於誦讀之前，瞭解全文文義，誦讀時間不逾十五分鐘，均爲指導學生誦讀須知事項。教師指定一名學生誦讀，其餘學生當循聲默讀，各自揣摩體會，課後再作誦讀，以至文辭習慣，聲調和諧，達自然純熟之境。

綜合上述，討論講解之活動，要含初習活動與深入活動兩大步驟。此二步驟雖有深淺之分，前後之別，然二者實爲一體：由分段讀講，文義處理，內容、形式之深究及於鑑賞，誦讀，係一貫而下，不能析離。是以進行方式，可以採圓周方式進行亦可以擇直線方式進行。所謂圓周方式，即全課讀講完畢，初習活動結束，然後從始作內容，形式深究與鑑賞之深入活動，逐項逐段處理。所謂直線進行方式，即以一段爲單位，逐段讀講，深究以及鑑賞，以至於結束，併初習活動與深入活動於一段之中，同時處理，呈直線進行。此二者之差別，前者以一課爲單位，劃分初習活動與深入活動，後者以一段爲單位，劃分初習活動與深入活動。前者須復始再作處理，作深入活動，後者則逐段處理，不必返而復始。常見之方式，文言文多用直線進行，語體文或詩詞多採圓周進行。教師可酌情參用，略予變化，不必固執定式。至於誦讀，無論採行何種進行方式，均宜於初習與深入活動結束時行之。如此，從聲音中，方能揣摩體味全文之旨趣情思，達欣賞之極致。

三、應用練習

範文教學之重要目的之一，在求文字之熟習應用，以培養學生文字發表之技能。由讀至寫，範文教學係一過渡橋樑，而應用練習則爲連絡彼岸之關鍵。文字是否能純熟應用，悉賴此過程是否充分實施。文字欲求靈活應用，首求理解文義，其次實際練習，理解文義，已於課內讀講之時處理畢事，實際練習，則在此步驟中，予以指導。指導之前，教師必須注意學生之能力、興趣與需要，就學生讀寫能力所缺，文辭之中有練習價值者，擇取數項，計劃提出，作一靈活之練習。練習方式，或以口頭問答，或應用黑板集體討論，或以書面方式，自作練習，其中以應用黑板，或書面方式練習較爲具體有效，而且節省時間，遍及全班，然實際應用，則以生動變化、趣味有效爲原則，酌情而爲。練習之項目，常見者有以下幾種。

㈠文句改作

此項目重在改句式而不改句意，教師就本文提出若干文句，令學生改作，或就原有文義，另行改作，或改變句式，由敍事句而爲判斷句，由判斷句而爲疑問句，或改變繁簡，由簡句入繁句，由繁句入簡句……等等。

㈡文句模仿

模仿句子之修辭形式；或排比，或類疊，或倒裝，以及模仿句子之表意方式，或仿擬，或轉品，或設問，而予仿作，此項目重在改句意而不改句式。

㈢文句翻譯

提出若干文句，令學生翻譯，或由文言譯語體，或以語體譯文言，或由詩詞改為散文。

㈣文句分析

提出若干文句，令學生作句法分析，使熟習句子之各成分及安排方式。

㈤詞性活用

提出若干語詞，令學生作不同詞性之活用練習，或形容詞用為名詞，或名詞用為動詞，或形容詞作副詞。

㈥虛詞使用

提出若干虛詞，或連詞或介詞或助詞，令學生造句，模仿應用。

㈦成語運用

以一成語造一句子，或以若干成語造句，聯貫一氣，成一小節，或小段。

㈧詞語類比

提出若干語調，令學生或舉同義詞，或舉相反詞，以為類比。

㈨標點練習

提出若干標點符號，令學生造句，或舉一段文字，令學生加上標點練習。

(十)答　問

就本文中有關作者之思想發展型態、作法之諸問題，令學生回答，以使熟習應用。

(十一)誦讀練習

艾偉中學國文教學心理學云：「有條件之背誦，對於初學者大有裨益，甚且爲學習上最經濟之方法。」故就本文中若干重要之節段，令其誦讀，作背誦或默寫之練習。

(十二)閱讀筆記

就參考書籍，令學生閱讀，摘其要點，取其大意，令學生練習筆記。

(十三)節要或擴充

就本課文中一段，令學生節要敍述，或擴充發揮。詳者予以省之，省者予以詳之，並爲題外之意，由段擴成篇。

(十四)發表練習

此發表練習類似於寫作，令學生就全文或某段有關作者之情思、立論，或剪裁安排，或遣詞造句技巧，發表其心得感想，以爲寫作之練習。

(十五)模仿作法

就文章之體裁或開端，發展，結束之安排方法，或文章之機軸，或遣詞造句與聯絡照應之技巧，令學生揣摩，仿作，力求形式之一致，面貌相同，此活動以語體文爲主，明易之文言文，在高中階段，可酌情試行。

上凡十五項，舉其大要而已。教師可就學生所需，提出指示練習。練習時間，在課堂之上，不出十五分鐘爲限，以問答或共同討論方式行之，餘者令學生在家自習，視爲作業練習。練習並非考試，故凡遇疑難，可令學生發問，或允其擇書參考。爲求實效，練習須確實施行，教師定時檢查練習簿，察其勤惰，觀其得失，以爲改進教學方式以及補救教學之本，且可爲平日學習成績之參考。

四、督導考查

欲知學生學習是否積極，教師教學是否成功，多賴督導考查之工夫。範文教學，由預習指導，討論講解以至應用練習，全都活動已初步竣事，餘者，由教師督促學生精讀自習，並作教學成果之考查。督導係督促指導學生學習，防其中輟，考查係查考教學得失，以爲補救教學之用。二者目的悉爲一致，惟手段有積極與消極之分而已。積極之督導，宜於平日督促、鼓勵、指導，使勿生怠心，防其敷衍，並須主動尋求學生疑難，代爲解決，並察其弊失，責令改善。故與學生時時接觸，或參與學習，實爲教師不可或缺之責。欲充分了解學習得失，作爲督導之助，考查不失爲一有效之方法。此外，考查學生學習得失，在教師方面，可以審知教學目標是否達成，可以察自己教學之成敗，可以爲改進教法之依據，可以爲次一步教學之基礎，可以爲學生升留級之參考，可使其自知學習之得失，令其了解己之學習進程，提供其學習之動機，察其學習能力與興趣，刺激其努力學習。故學習考查爲一重要之活動。

關於考查之問題，在近代教學法中，已作重大之革新，水心在其教學法的趨勢一文中嘗云：「在現代的教學方法中，成績考查的技術比起過去已有很多的改進，最重要的改進有下列幾點：⑴考查的範圍，不僅限於知識技能部分，習慣，態度，理想等等方面，也包含在內。⑵考查的方式，不限於書面測驗，還須兼日常觀察，行爲記載，工作檢討，學生自我反省，及相互批評等等方式。⑶考查人員，不限於教師，如上所述，學生自己也擔任考查的角色。⑷考查時間，不一定要在某一單元教學完畢之後，在活動進行中，亦須隨時考試，檢討，以便必要時隨時改正。⑸考查所得的成果，不與學生作相互比較，但應注意學生本身前後成績的比較。⑹工作成果的考查，有時不以學生個人的成績爲對象，而以小組的集體成果爲對象。」（註五七）已道出考查之方向。玆觀念，較之舊日悉以書面測驗成績爲依據之考查，已見改進。循此，範文教學之考查，在平日宜以觀察，談話，日常記錄之方式，從學生行爲態度傾向，談話內容中，考查學生之思想、習慣、興趣、態度與理想。其次知識技能方面，則由下列各項，以察學生學習之得失；

㈠學習筆記之考查

筆記包含預習筆記，課內讀講時，教師所作補充修正或提出問題之筆記，以及應用練習之筆記。筆記考查之方式有多項，或以抽閱方式，或以上課提問方式，或令其自作修改，然爲防學生怠惰荒廢，教師宜多輪流抽查學生筆記，予以批改、評分，並予記錄，以之爲勤惰之參考。查考之時，注意字跡之清楚，注意其錯誤缺漏之處，注意其用心程度，然後促其改正。常見之弊病或錯誤，宜作全體指示，提醒學生，防其再犯。在下次查考筆記之時，除注意上述各項要點之外，尤須注意學生是否曾修正其筆記，如此學生偷惰之病，當可防患。

㈡每課之學習考查

課堂之討論講解，學生是否充分理解，是否能深入體會，是否純熟成誦，教師均宜予考查。考查方式，或以口頭問答，或以書面測驗，或二者交互遞用，以見變化。考查之項目，凡作者生平、詞句文義，文章內容，作者情思立論，作法風格或背誦，均可爲之。而在教材中較爲特殊，應用較爲廣泛之材料，應先考查，餘者酌爲詳略。背誦，係學習上最經濟之方法。教師宜擇文句優美，立論精闢之段落或篇章，令學生熟讀成誦，以口頭或書面方式，令其背誦或默寫。至於其他考查之項目，或解釋，或翻譯，或造句，或塡充，或改錯，或問答，或是非，或選擇，或作報告等，可依需要行之。每課之考查，多於次一課預習考查，或討論講解之前爲之，然亦可於教學活動中進行。時間不必過長，項目不宜過多，而次數可略爲增加，蓋此主要目的在了解學生學習之實情，以爲改進教學，督導學生學習之依據。考查之題目，其性質不僅重在記憶與理解，尤須注意其應用，分析，綜合與判斷等能力之考查，使學生之學習更進一層。爲防學生輕忽，每課應作學習考查，考查之結果，教師宜紀錄，以爲學業成績之參考。如是，可令學生造成戒心，不敢稍怠。考查題目難易，須配合學生之個別差異，蓋考查之作用，亦在啓發學生學習動機，培養其學習興趣。故教師不可以考倒學生爲快事。應擇難易適中之問題提問，以免學生產生懼心，而患苦於學。以上爲功課學習之考查，教師可不拘形式，隨時爲之，以便寓督導於考查之中。

㈢綜合之學習考查

在學習一階段或一學期之後，須作一綜合之學習考查，以觀績效，學校之月考與期考，其作用亦在於此。一般學生，均視此綜合之考查爲重大事件，考期一至，人人如臨大敵，開夜車者有之，茶飯不思者有之，惶惶不安者亦有之，此固有助於學習效率之提高，然已失却學習考查之意義與目的。學校當局與教師應體認學習考查之意義與目的，培養學生學習興趣，鼓勵學生在平時，不宜臨時抱佛脚，避免一曝十寒，存心應付，此非學習之正確態度，綜合考查，多以筆試方式爲之，筆試中可見者爲論文式之考查與客觀測驗：

論文式之考查，可分爲兩種：一爲書面報告，一爲問答試題。書面報告，屬於整理性之考查，學生可於課餘自作。所謂整理，章微穎先生中學國文教學法講義云：「至於整理，乃是將所曾習課文的各部分有可相爲比較之處，或相同的，或相似的，細作比較—題旨，文體的比較，思想材料的比較，剪裁、安排的比較，聯絡、照應的比較，詞彙、句式的比較，風格、情致的比較等等，教師除對課文講解深究時經常有所指點外，可擇要指出某幾篇、某幾部分，令學生於課外去分別用心比較一番，經過相當時間（約一學期），就叫他們編排一個綱目，或使各爲概括的說明，或使各舉例證，或使作成總序，以發揮學習的心得，繕送批閱。」所述至爲詳盡。至於，問答試題，係以作文之方式回答題目，於課堂上考之。着重於義理闡發與心得感想之概述。

客觀測驗，係由教師依教學目標，教材內容，予以不同形式之命題，以考查學生學習成績。此測驗，其結果較爲具體可察，成績較爲客觀。命題方式，有解釋：字詞、成語、典故之解釋；注音：生難字之本音或異音；塡充：重要或基礎之知識與觀念，取其重點，以之塡充。翻譯：文言譯成語體，詩詞譯成散文或語體譯成文言。問答：重要知識之回答。造句：介詞、連詞、副詞或成語之造句；是非：正與誤之分辨。選擇：最正確（錯誤）之選擇，相同性質之單選擇，或多重選擇。改錯：改正易生錯覺之誤字。標點：擇一段文字令其標點。默寫：令其默寫一段宜於背誦之文字。除此而外，另有排列、重組、配常、仿作……等等，種類繁多，不一而足。此類測驗，有標準之答案，可以評定，故學校之考試，多廣泛採用，為現今最通行之考試方式。

以上，為考查學生學習之常見方式，教師考查學生時，方式之選擇，應注意下列四項原則：

1.正確　測驗之題目明確，可測驗出所欲測驗者。

2.客觀　學生之成績，任何人予以評鑑，結果均為一致。

3.可靠　可以測驗出學生學習之眞正成果。

4.可行　便於學生回答，便於教師記分，便於施行（註五八）。如是，對學生學習之實情，乃可正確認識，考查之結果方足珍貴。

總之，教師宜認識：督導學生學習應重於考查學生學習。考查學生，平日考查應重於綜合考查。並且能藉考查，有效達成教學目標，養成學生學習之興趣，則可謂成功之督導考查矣！

綜合全章，範文教學之過程，包括預習指導，討論講解，應用練習，以及督導考查四大步驟。每一步驟均依功課目標，作充分詳盡之計畫處理，務期學生從教材內容中，獲取具體而有效之結果，此固繫於多端因素，然教師依據教學原則，如：初則準備原則與類化原則，中則自動原則、興趣原則，個性適應原則、社會化原則，終則熟練原則與同時學習之原則（註五九）。靈活應用有效之教學方法，導，鼓勵，刺激學生自動學習，實爲最重要之因素。教學係科學，亦爲藝術，過程之中，有其不變之原則，亦有其可變之技術運用。上述之步驟以及處理進行之方法，可爲教師之參考。若教師發現更具有效之處理方式，當酌予變通，最佳之教學係存於時時改進之教學中。此爲教師所應深識熟諳者。

第三節 文言文與語體文教學之要點

教材之處理，依據教學目標，恆有一定之處理項目，無論何種文體均須含作者介紹，字詞教學，句子剖析，義旨深究，作法審辨，欣賞誦讀等六項活動。藉此活動，用以啓導學生之思考能力，訓練其聽說讀寫之語文能文，培養其欣賞文藝之興趣，以及良好之習慣，正當之態度與崇高之理想。唯教材內容有深淺，教材性質有差異，教材文字有難易，故在取捨應用之間，勢必有輕重，無法相侔。是就範文教材最常見之文體：語體文與文言文之教學要點略爲比較，以見所趨。

國文教材依據艾偉實驗，文言文之理解，確較語體文困難（註六十）。其因乃文言用詞及句法異於今日之語言習慣（註六一），較難理解。語體文則係依今日之語言習慣而爲之者，較易理解。以此，文言文之教學與語體文之教學，方法應用，輕重之間，並不一致。試比較如下：

△預習指導

文言文較難理解，其預習以基礎預習爲主，以深入之預習爲輔。語體文較易理解，其預習可指導學生作深入預習，進一步令其自學，增進其自學之能力。

△作者介紹

文言文方面，作者之姓名、籍貫、職官，須多予指示討論。而作者之生平、時代、學養、境遇（尤其成此作品時之境遇），無論文言語體，均須設法了解，充分討論，以探索其寫作之動機與目的，尋求其情思之根源。方法之應用，在此步驟中，文言、語體文均以學生之討論爲主，教師訂正爲輔。

△字詞指導

文言文雖詞語較多，教師宜指導學生加强預習，多安排時間，逐詞逐句討論講解，務期學生於文義內容充分領受，無所窒礙。如是，方能循文義以索文旨，而見作者情思。其次，教師應指示文言文與語體文用詞之差別，如文言多單音詞，語體文多複音詞，文言之詞多活用，詞性變化較多。語體文之用詞多固定，詞性變化較少（註六二）。虛詞之應用，文言亦不同於語體，教師當隨時比較、指示。

語體文雖難詞語稍少，文義內容較易理會，教師可指導學生自行預習。在教室內，以每段爲單位，作重點討論講解，無須令學生逐詞逐句講讀，以免爲蛇畫足，費時費事。至於語體文之虛詞，亦宜略作指導，使知其作用，不可以其簡易而忽略。

△語句剖析

文言文之句法，其疑難之句式，或倒裝、省略者，須指導學生分析討論，使之還原，並與語體文之句法作比較（註六三），務使學生由詞義以明句義，由句義以明文義。時間分配可酌為延長。

語文之句法，亦須指導學生分析討論，依句之形式、性質、計畫提出，使學生明語句應用之正確格式及其變化，防犯其為文造句之誤失。時間分配可酌為長短，至學生了解、熟悉為止。

△義旨深究

茲步驟，無論文言、語體，均須深入探究。由文義之理解、作者之認識，以探討文章內容，作者情思，以及其立論見解諸項問題，使作者之用心顯現無遺。二者於方法應用並無區別。時間分配則就教材內容互為短長。

△作法審辨

斯步驟，文言、語體之處理，亦無異同。欲審其作法，由中心意旨以尋作者思想發展型態（指構思取材之過程），見其剪裁安排之工夫，察其遣詞造句之技巧，明其聯絡照應之方法，以及窺其全篇文章之機軸，均應詳予探討、指示。

△欣賞誦讀

作品欣賞可酌情併入義旨深究與作法審辨之項目中。易言之，卽與內容深究、形式深究之活動同時實施，可節省精力，便於進行教學。欣賞或批評活動，文言、語體均爲一致。凡作品之感情眞善，事理立論巧妙，措辭生動華美，結構組織工整，聲律自然而見情，風格浮現，情景如出者，皆可爲指導欣賞之用。誦讀方面，亦無差異，必須令其反覆朗誦，體味其文氣、文旨，與情感，欣賞其風格境界之美感。若精謹優美之篇段，不論文白，皆求熟讀背誦。

△應用練習

玆步驟，於語體文教學中須予加重，尤其練習文句之節要與擴充，心得感想之發表，該文作法之仿作，務使學生充分練習，使學生能作一句法正確、切合體旨、文理通順，甚至優美感人之語體文。文言文教學，國中階段，讀後心得感想，文句節要或擴充及作法仿作等，宜以語體文爲之。逮至高中，可以明易之文言文嘗試練習。

綜觀上述八項，可鑒文言文與語體文之教學並無殊異，其中可見輕重者，唯第一、第二、第三、第八項而已，其餘，悉相比跡，難見厚薄。或謂語體文難教，文言文易爲，此乃着眼有偏所致，蓋非實情也。

第四節　詩詞曲教學之要點

詩係文學中最精粹之語言，以極少之字句表現至深之情思。其不若散文，須以千言長篇，方能盡意。詩之性質，在其含有情趣意象以及韻律。表現之形式，實異於散文。並且，以其文字少，故義理隱微，而深於散文，以其文字精鍊，故情趣雋永，而難於散文。因此，韻文之教學，取捨應用之間，理與散文不盡相同。玆就一般範文教學之過程，以見韻文教學之要點：

△預習指導

詩詞曲之預習，以基礎預習爲主。凡題目（含詞牌或曲牌）、詞義、句義、篇義，詩之體式（若詩，則辨其爲古體、樂府、或近體，七言或五言。詞則辨其爲小令或中調、或長調。散曲則注意其爲小令或散套），屬於何種文體（或抒情、或記敍、或議論），以及作者生平與時代背景，宜令其自行預習翻查。若教材不深，可進一步深入預習，如平仄安排，所押何韻、句法、章法，以及典故，均可指導學生預習。

△作者認識

此步驟係處理教材之開始，爲詩詞曲教學中之重要步驟。蓋詩境爲作者心境之反映，欲認識詩境，欣賞詩境，揣摩作者之心境，乃其着手之處。故探討作者創作之年代，創作之地點，作者之性向，交遊與際遇，可以增進作品之內容、思想、心境以及風格之認識，提高欣賞之興趣。如辛棄疾永遇樂一詞，係作於知鎭江府時，是年辛棄疾六十六歲，臨此三國舊地，有感於時艱，欲伸其志，圖謀恢復中原，故有此懷古傷時之作，充分表現其「烈士暮年，壯心未已」之情懷。凡竑，若不予探討，則對此詞之領略，必難深入。又如白居易有一首答夢得詩：「柳老春深日又斜，任他飛向別人家。誰能更作孩童戲？尋逐春風捉柳花。」黃師永武在其怎樣欣賞詩一文中云：「要欣賞這首詩，對白居易晚年得風痺症，放歸侍姬的情事要有所了解，才能明白詩中的比興所在。桂馥曾討論白傅詩意云：『樂天楊柳枝詞云：「永豐西角荒原裏，盡日無人屬阿誰。」此爲樊素作也。素善歌楊柳枝，人以楊枝呼之。時樂天老病，故託興於楊柳。又有不能忘情吟，蓋欲遣素而未能也。又有別柳枝絕句，是樊素終去也。又有春盡日詩：「病與樂天相伴住，春隨樊素一時歸。」又云：「思逐楊花觸處飛」，此素初去而猶繫念也。又有答夢得詩云云（略）。又有詠懷詩云：「院靜留僧宿，樓空放妓歸。衰殘强歡宴，此事久知非。」去後不得已之決絕也。漢武秋風辭云：『歡樂極兮哀情多，少壯幾時兮奈老何！樂天蓋有感於此。』（札樸卷六）是本詩爲放歸歌妓樊素而寫。詩中之柳花，正比擬着樊素。」循上可知，認識作者，在詩詞曲教學中至爲重要。

△詞句析解

此步驟重在析解討論題義、詞義、句義與全詩之義。令學生理解全篇詩義，知作者所作何言。詩詞曲句中，或爲協律，或爲取勁，或爲生動，或爲對仗，恒將詩句倒裝，不合句法。並且詩中多見用典，使詩義難解。詞性應用變化亦多。凡此，均須一一解析說明，尋其出處，顯其含義，然後再進一步探討詩旨。

△詩旨探究

詩之字句多經精鍊雕琢，語詞亦多比興，故恒見言在此，而意在彼，如上舉白居易答夢得詩，即爲一例。此外，詩中多見作者寓情感於景物，或史實，典故之中，教師宜提示學生討論，予以闡發，以窺作者情思之所寄。如張可久之清江引幽居一曲：「疏籬外，玉梅三四朵。」（高中國文第四冊），若照字面解，實不見其旨趣，因此教師宜指示學生由對作者之認識，以及題義，前後文義之理解，而後於文字外求之，尋其情思，如是，可以知作者所欲表現之旨趣何在。總之，此步驟中，須知作者創作此詩之動機與目的，明其情思所託，然後，可以爲欣賞之基礎。

△作法提示

依據教學目的，中學國文教學不求學生能作詩、塡詞、作曲，唯期培養學生欣賞文藝之興趣與能力，以陶冶情性，變化氣質。然在詩詞曲教學之時，於其作法，不能不作指導，增進其語文知識，以提高其閱讀與欣賞之能力。故作法提示亦爲詩詞曲教學重要步驟。指導之前，首須認識韻文之體式，如詩有古體詩（樂府與古詩）與近體詩（包括律詩與絕句）。詞如小令、中調、長調。曲（以散曲爲主）如小令、散套。其次，對於題目，或詞牌、曲牌略爲說明，然後作格律之指導。詩有固定之句式、平仄與押韻或對仗，有整齊之章句，有常用之句法與章法。詞曲為長短句，均有詞譜、曲譜以為填詞，作曲之依據。其句法、平仄、押韻皆有一定之範式。除正格之外，亦有可變通之處，如詩音節之「拗救」、「轉韻」、「逗韻」等皆是。教師宜擇時指導，或指示學生詩詞作法之書籍，以為參考。求學生能認識其體式規範，或可作為欣賞或批評之基礎。

△欣賞為韻文教學之重點

欣賞之方法，最常用者係以闡述、譬喻、比較、暗示之方式，使學生揣摩、體會、想像，可以達賞心悅目之目的。欣賞之基礎，在求學生對作品能充分了解，了解愈多，即感受愈深。其次，教師應自能欣賞，自已若無能欣賞，亦無法使學生欣賞，或發生興趣。此為教師所須謹誌者。

㈠內容方面

係指詩中之景物、事理、情感、思想而言。欲欣賞內容，須從作者如何記事寫物，狀景抒情，如何寓情於景物，如何寄意於情事，如何以時空之交錯見其感慨，託其情思，如何以情感改造時空事物或理性，以見其詩境與情趣等方式着手。然後闡述詩中之情景事理，令學生體會、想像、揣摩，以為欣賞。

㈡形式方面

含結構、辭采、聲律，以及押韻之欣賞。⑴結構：則欣賞詩句如何承接，如何交綜相應，如何翻疊，如何對比，以體會其結構之巧。⑵辭采：辭采為韻文中最須注意之處。蓋其中逐字逐詞悉經錘鍊雕琢而得，係作者學養、功夫之表現。從辭采可以領略韻文言簡情深，字寡意賅之妙。而且意象鮮明，感受深切，此爲遣詞造句之工夫，爲詩人所刻苦爲之者。欣賞辭采，無論其辭或巧或拙，或平或奇，或濃或淡，或雅或俗，或藏或露，或剛或柔，均須從其妥當、明確、生動、有力、華美、情深處欣賞。⑶聲律：聲律欣賞係從其句式（如五字句上二下三、七字句上四下三、四字句上二下二、六字句上二下四爲常見之格式），平仄之間錯、協律，以至於聲情之諧和處，凡表現金聲玉振、聲調悠揚者皆可欣賞。⑷神韻：神韻係韻文中所具有之意象，藉結構、辭采與聲律之作用所顯現於文字外之神情韻味，此與王國維人間詞話所謂之境界：「能寫眞景物、眞感情者」並無不同。欲欣賞韻文之神韻，黃師永武在其怎樣欣賞詩一文中曾予說明：「大致構成神韻的條件，往往是在詩境中須具有含蓄性、聯想性、改造性、實感性、感悟性、新奇性、無限性的美感。有了這種條件，容易產生神韻。我們欣賞詩的神韻，也可以從這些角度去體會，或許要較前人具體得多。」是爲卓見。所謂含蓄性，即言有盡而意無窮者。所謂聯想性，係以比興方式託物喩事、形容摹寫，以寓情思者。所謂改造性，即以物擬人，或以人擬物，形成一心物交會之境界者。所謂實感性，係狀情寫物，傳其神態，使讀者如聞如見者。所謂感悟性，係以跌宕之筆、癡情之語，令人省悟感觸者。所謂新奇性，係表現一妙意、巧思或新義者。所謂無限性，係在文字之收住處，引讀者進入時空無限之境界，使餘韻不絕者。凡此，均可令學生體會其神韻之美感，而達欣賞之效果。

綜觀上述，韻文可欣賞者甚多，教師宜就韻文教材之內容與性質，擇其生動感人，有力華美或特殊之處，提出欣賞，使學生賞心悅目，培養其文藝欣賞之興趣。

△朗　讀

韻文須經誦讀，方能領略詩中之聲情意趣，體會其神韻之美，而得鮮明而眞切之感受，達欣賞之極致。詩大序云：「詩者，志之所之也。在心爲志，發言爲詩。情動於中而形於言，言之不足，故嗟歎之；嗟歎之不足，故永歌之；永歌之不足，不知手之舞之，足之蹈之也。」已道詩與誦讀之不能分。在欣賞之後，教師宜指導學生依據韻律，字句安排，情感表現，景物變化而決定調之高低、聲之强弱、氣之緩急、反覆朗讀、揣摩體會，於抑揚頓挫、鏗鏘宛轉之中，循聲索情，而達如見其人，如聞其聲，與之同感共鳴之妙境。至於熟讀成誦，雖爲此步驟之餘事，亦須確實爲之，以增進欣賞之效果。

△應用練習

此步驟以發表其心得感想以爲練習，並且務必令其熟讀背誦，以備作文之引用，或爲日常生活之點綴。

凡上爲韻文教學之要點，可資教學參考。詩（韻文）乃作者心志之表現，係文學中最精粹之文字，其重要，古人曾已言之。禮記經解：「其爲人也，溫柔敦厚，詩教也。」孔子云：「小子，何莫學夫詩。詩，可以興，可以觀，可以羣，可以怨。邇之事父，遠之事君，多識於鳥獸草木之名。」（陽貨篇）陽貨篇：「子謂伯魚曰：『女爲周南、召南矣乎？人而不爲周南、召南，其猶正牆面而立也與？』」此言雖爲古人之見，不必適用於今，然詩可培養文藝欣賞興趣，陶冶情性，變化氣質，亦吾人所深知者。教師於此，當有所體認切知矣。

第五節　中國文化基本教材教學之要點

爲宏揚中華文化，陶鎔高尚情操，培養優良之德性，以成就一健全之人格，講授中國文化基本教材至爲必要。文化基本教材係以論語及孟子之精華爲內容，爲國文教學重要教材之一。教師欲達目標，期其實效，方法之應用，自當詳予探討。玆學論語之講授予以說明：

論語係「孔子應答弟子時人，及弟子相與言而接聞於夫子之語也。當時弟子各有所記，夫子既卒，門人相與輯而論纂，故謂之論語。」（班固漢書藝文志）其體裁爲語錄形式，章句簡要，而且各自獨立，不相貫連。文辭樸實簡約，不見藻飾。內容多爲人格修養，社會倫理之教訓、政治哲理、批評人物之言辭。餘者爲孔子之出處及其日常行事，孔子之自述，孔門弟子之言論行事，弟子之頌美及時人之批評等。（註六四）因此，論語之教學，教材之處理，勢不能比照範文爲之。依高中國文課程標準（註六五）實施方法第三項，中國文化基本教材講讀及指導規定：「中國文化基本教材以闡明義理，躬行實踐爲主。講讀時，宜配合日常生活，儘量發揮義蘊，使透澈領悟，而於動靜語默之間陶鎔高尚情操，培養健全人格。」可知論語教材之處理，宜配合日常生活，儘量發揮義蘊，以躬行實踐爲主，其不必盡同於範文教學，乃至明顯。

論語教學須注意之要點，玆就所見略述如下：

△疑義處理

讀其文必知其義，係教學之首步要求。是以字詞指導、句子剖析，以求明義，得其旨趣，為處理教材之固定步驟。唯論語文字簡潔，字少義繁，一句中常見可以作如是之解，亦可以作如彼之解。各家註釋，亦多各是所見。如為政篇子曰：「色難，有事弟子服其勞！」，「色難」一詞，即有二種解釋。一為「父母之顏色」：集解引苞咸注云：「色難，謂承順父母顏色，乃為難也。」又引馬融說：「承順父母顏色，乃為孝耳。」是也。一為「子女之顏色」：鄭玄註云：「言和顏悅色為難也。」皇疏引顏延之云：「夫氣色和則情志通，善養親之志者，必先和其色，故曰難也。」若此，教師若不作明確解釋，取其義妥者，學生易致疑惑。

在此步驟，教師作讀講指導時，若遇疑義，宜先比較各家不同之見，然後擇其上下義理一貫，吻合語詞之意義與語句之結構，與孔子之思想一致者，以為解釋之標準。陳大齊先生在其論語臆解自序云：「務求把名詞的意義與語句的結構解釋得少所歧異，把言論的涵義解釋得互相符順而無牴觸，以期發揮孔子思想體系的完整性。」所言至為確當。

△義旨闡述

此項可分四步實施。㈠由章義以見章旨。㈡引論諸家之說，以之發揮。㈢舉引他章相似者擴充闡述。㈣舉用生活事例以譬證。

試以論語八佾篇「林放問禮之本。子曰：『大哉問！禮，與其奢也，寧儉；喪，與其易也，寧戚。』」為例，予以說明：

㈠由章義以見章旨

本章旨意係說明禮之根本在「儉」與「戚」，不作形式之張飾。易言之，禮之本即在「質」與「誠」而已。

㈡引論諸家之說以發揮

如朱注引范氏曰：「夫祭，與其敬不足而禮有餘也，不若禮不足而敬有餘也。喪，與其哀不足而禮有餘也，不若禮不足而哀有餘也。禮失之奢，喪失之易，皆不能反本而隨其末故也。禮奢而備，不若儉而不備之愈也；喪易而文，不若戚而不文之愈也。儉者，物之質；戚者，心之誠，故為禮之本。」又鹿善繼四書約說：「天下事實意為本，苟無其實，繁文愈盛，祇增其偽耳。老子以為忠信之薄，亂之首也，正指繁文之禮說。夫禮安得為薄，無本則薄耳。」(註六六)又如左氏昭廿五年傳：「本其心謂之禮。」淮南齊俗：「禮者，實之文也。」等皆可為其發明，教師可就其意或就其文以為闡述或比較。

㈢引舉他章相似者擴充闡述

在論語中論及禮者，仍有多章，可引舉性質相近者以擴充其旨，如先進篇，子曰：「先進於禮樂，野人也。後進於禮樂，君子也。如用之，則吾從先進。」又如八佾篇，子曰：「人而不仁，如禮何？人而不仁，如樂何？」又曰：「爲禮不敬，吾何以觀之哉？」又八佾篇：「子貢欲去告朔之餼羊。子曰：『賜也！爾愛其羊，我愛其禮。』」由此幾章相對照應，更可見禮之眞義。

㈣舉用生活事例以譬證

如今人常有生前不能盡孝，死後不知含哀，但知喪禮極盡奢侈，致力舖張。或以中西樂隊演奏哀歌，或雇人代爲哭喪，此乃捨本而逐末，非禮之眞義。

以上爲義旨闡述之步驟，教師可酌情闡述，增深學生學習印象。

△人物介紹

凡章中所論及人物之古人、時人，或弟子，宜就其時代，行事或言論加以介紹，便知言者何人，所論者何人，如是，講解討論乃能生動。如雍也篇，子謂子夏曰：「女爲君子儒，無爲小人儒。」若但就字義解說，難見本章之生氣，教師宜介紹子夏之行事或言論。如子夏其字，姓卜名商，衞人，少孔子四十四歲。子路篇：「子夏爲莒父宰。」史記仲尼弟子列傳：「子夏居西河教授，爲魏文侯師。」先進篇：「子貢問師與商也孰賢？子曰：『師也過，商也不及。』」又如子張篇，子夏曰：「小人之過也必文。」又曰：「雖小道，必有可觀者焉。致遠恐泥，是以君子不爲也。」等節中舉例，以見子夏之言論，予以補充，則本章教學方能成功。

△駁問所論

論語爲一語錄，讀此書，宜如聞今人之言語，若覺書中所言不當，可令學生反駁問難，故王充論衡卷九問孔篇云：「世儒學者，好信師而是古，以爲賢聖所言皆無非，專精講習，不知難問。夫賢聖下筆造文，用意詳審，尚未可謂盡得實，況倉卒吐言，安能皆是？不能皆是，時人不知難；或是而意沉難見，時人不知問，案聖賢之言，上下多相違，其文前後多相伐者，世之學者不能知也。」誠爲至論。如何駁問？費海璣在怎樣教論語一文中云：「子曰：『夫仁者，已欲立而立人，已欲達而達人。』我說：『倘先有一自私念頭，欲立欲達，這欲望不遂，豈不永不去達人立人了嗎？仁者應已不欲立而立人，己不欲達而達人！』」以茲方式，令學生自述所見，彼此辯論，可使其旨愈明，學生之興趣亦能提高。

△辨認眞僞

論語爲七十弟子之門人共所撰錄，大致可信，然其中多見戰國末年人竄亂之跡，眞僞混淆，不易別擇。讀其文，須辨其眞僞，否則有失其意義。如論語後五篇之可疑，上論與下論之異，篇末附記混入正文之錯簡，須令學生有所認識。（註六七）

△價值判斷

孔子爲我國千古之至聖，其人格崇高，思想偉大，流風所及，歷數千載而不朽。然孔子爲二千四百年前之人物，其學說思想爲二千四百年前之思想，若讀其書，而不知時世之差，則無異食古不化，成爲今之古人。故讀論語須辨認：「孰者歷久不磨之眞理，可以俟諸百世而不惑，猶可以爲吾儕取信乎？孰者僅爲時代之產品，事過境遷，已不復適用於今日，而不足以資崇奉？夫治學所以致用，此則爲讀論語者一最後之工夫也。」（錢穆論語要略）讀其書而不知活用，是爲兩脚書櫥，非國文教學之目的。

△比較不同學說

論語爲儒家之寶典，亦爲中國文化精神之所在。欲見其偉大，唯從比較之中得之。或與諸子學說相資比照，或與西方學說相互比較，如是，孔子學說之可貴方能豁然而出。如以墨子兼愛之說比較孔子「仁者己欲立而立人，己欲達而達人」（雍也）之說。或以韓非卷二二柄第七：「明主之所導制其臣者，二柄而已矣。二柄者，刑德也。何謂刑德？曰：殺戮之謂刑，慶賞之謂德。爲人臣者，畏誅罰而利慶賞，故人主自用其刑德，則羣臣畏其威而歸其利矣。」以此比較論語顏淵篇：季康子問政於孔子，曰：「如殺無道，以就有道，何如？」子曰：「子爲政，焉用殺？子欲善，而民善矣。君子之德風，小人之德草，草上之風，必偃。」則孔子學說思想之偉大，乃不言而喻。至如孔子之教育學說，在近代西方教育理論中常可取得印證。如「不憤、不啓。不悱、不發。」「擧一隅不以三隅反，則不復也。」（述而）之啓發教學，已見之於千載之上，而西方則爲十八世紀以後之事。由此相互爲較，學生可觸類旁通，而樂於學習矣。

以上係論語教學之要點，稍異於範文教學者。至於預習指導，熟讀背誦，撰寫心得，乃一般教學之固定步驟，必須實施，無庸贅言。教學方法之運用，仍以學生之活動爲主，期其從討論講解中領會其旨趣與義蘊，於躬行實踐，動靜語默之際轉移氣質，如是，論語教學方可謂爲成功。

本章結語

範文教學係國文教學之主力所在。國文教學目標之兩大任務：語文訓練與精神陶冶（含文藝欣賞），實欲在此步驟中期其達成，教師之學養與教學方法之運用，亦多在此階段中獲充分表現，故如何令其成功，乃至爲緊要。

茲階段之教學，一般教師最易忽略者有三：不能充分準備，未能把握與趣原則，罕能指導深入學習，以致學生學習多難臻於極效。

充分準備，教師方面係指教學前之擬定教學計劃，以及充分熟悉教材而言。學生方面係指指導學生預習功課而言。準備係教學之基礎，準備愈充分，教學愈易成功（註六八），斯爲不易之則也。

把握與趣原則，欲令學生學習趣味盎然，樂在其中，蓋非易事。然教師若爲應用，仍可誘發其學習之熱忱。如教學過程明確依序，有條不紊（註六九），變化教學方法（註七十），講述具體，多學實例，穿插故事及有關知識，提示目的與方向，指導學習方法，適應個別差異，鼓勵讚許，和藹誠懇，喜愛學生等，均有助於其學習與趣之提高。

至於深入學習，乃教學最重要之活動。依據問卷調查得知（註七一），中學優良國文教師九十九項基本能力之中綜合評定，位序第一者爲「能隨時從課文揭示做人處事的道理。」準此，範文教學實不以知識之傳授與文義之理解爲是。尤爲重要者，在期作深入之學習活動，培養學生之興趣、態度、理想、德性，以成就一健全之人格。是以，美國教育家克伯屈所創同時學習之原則，其意卽在此。

以上三項常見之弊若能改進，則範文教學成功，當非艱難。

【附註】

註一 民國六十年部頒高級中學課程標準。

註二 見許世瑛中國文法講話，開明。

註三 上說均依許世瑛中國文法講話。

註四 本段所論係參見林尹文字學概說。

註五 以上例子均取自鍾露昇國語語音學。

註六 參見林尹文字學概說第三篇第二章五十頁正中。

註七 以上複詞部分參閱許世瑛先生中國文法講話。

註八 見林尹文字學概說五十二頁。

註九 見漢文文言語法六頁，樂天。

註十 參見許世瑛中國文法講話三十二頁。

註十一 見同十。

註十二 見蔣伯潛字與詞，一三六頁，世界書局。

註十三 以上參見開明國文講義第二冊第三五二頁，三十七年版以及許家鸞先生綠園賞文。

註十四 參見黃錦鋐先生單詞教學師大講義六十一年度二十九頁。

註十五 見國民中學國文第三冊語文知識（六）六十一年八月四版。

註十六 見同註十五。

註十七 以上詞類之區分見國中國文三冊語文知識（六）六十一年八月四版以及許世瑛中國文法講話。

註十八 以上均參閱許世瑛之中國文法講話。

註十九 以上句子之種類參見許世瑛先生中國文法講話。

註二十 參見國民中學六十一年一月三版，國文語文知識（五）及黎熙國語文法（商務）第一章緒論。

註廿一 許世瑛先生在其中國文法講話稱敍事句之主語爲起詞第六十八頁。

註廿二 見許世瑛中國文法講話，第一三八頁。

註廿三 黎熙國語文注將其歸入述語之中。

註廿四 見同註廿三。

註廿五 見中國文法講話第六十八頁許世瑛先生稱敍事句之賓語爲止詞。

註廿六 見國民中學國文語文第四冊語文知識（五）民國六十一年一月三版。

註廿七 見國民中學國文第四冊，民國六十一年一月三版。

註廿八 以上參見許世瑛先生之中國文法講話，開明。

註廿九 見趙廷爲教材教法。

註三十　參見黃錦鋐先生論讀與寫的關聯性，淡江叢書大學國文選乙編。
註卅一　揚雄法言吾子篇。
註卅二　見夏丏尊文章作法引，綠州書店。
註卅三　見國民中學國文第三冊，六十一年八月四版，語文知識（三）。
註卅四　見黃師永武著字句鍛鍊法，商務。
註卅五　見朱自清語文通論文氣的辨析。
註卅六　見夏丏尊談文氣，淡江叢書大學國文選二編。
註卅七　見夏丏尊文心二六二頁，臺灣開明書店。
註卅八　見鍾嶸詩品序。
註卅九　見夏丏尊文心，開明書店。
註四十　見黃錦鋐論讀與寫的關聯性，淡江叢書大學國文選二編。
註四一　參見蔣伯潛中學國文教學法八十三頁，泰順書局。
註四二　同註十二。
註四三　以上參考蔣建文衆作文原則談作文方法一〇九頁，商務書局。
註四四　林尹先生文字學概說，正中，十九頁。
註四五　見章微穎先生中國文法講義六十一頁，師大出版。
註四六　見國文月刊五十三期中國語文誦讀方法座談會記錄。
註四七　參考王志義中學各科教案之編製與實例（增訂版）三頁。

註四八 參見方炳林普通教學法第六章教學原則及其應用。
註四九 參見孫邦正譯中學教學法第三四五頁，正中。
註五十 參見孫邦正教材與教學法第二冊（商務）五十二頁。
註五一 見國民中學國文第三冊語文知識（三）篇章的結構，民國六十一年八月四版。
註五二 參見蔣建文從作文原則談作文方法（商務）。
註五三 見黃師所著修辭學七頁（三民書局）。
註五四 見黃師永武怎樣欣賞詩（高雄師院學報第一期）。
註五五 見黃師永武怎樣欣賞詩（高雄師院學報第一期）。
註五六 參見章微穎先生中學國文教學法講義八十三頁。
註五七 見中國教育學會主編教學研究，商務十九頁。
註五八 參見方炳林普通教學法第二十章第三節選擇的標準，三民書局。
註五九 孫邦正普通教學法第三章教學原則，正中書局。
註六十 見艾偉著中學國文教學心理學五頁，中華書局。
註六一 見漢文文言語法，樂天出版社。
註六二 參見漢文文言語法第一章第一節，樂天。
註六三 見胡適文存第一集卷一，中學國文的教授。
註六四 見錢穆論語要略十二頁，商務。
註六五 教育部六十年二月公佈。

註六六　見中國文化基本教材教師手册第一册，國立編譯館主編。

註六七　見錢穆論語要略，商務。

註六八　見方炳林普通教學法第六章教學原則及其應用第一一三頁，三民書局。

註六九　見孫邦正譯中學教學法第五十三頁，正中書局。

註七十　同註六十九第九十四頁。

註七一　見本論文第一章結論。

第五章　作文教學

培養語言文字發表之能力，係國文教學重要目標之一。其中文章寫作能力之訓練，尤具見於條文；國民中學課程標準國文教學目標第六項：「指導學生寫作體旨切合，文理通順之語體文。」高級中學課程標準國文教學目標第一項：「提高學生……寫作語體文之能力。」第二項：「培養……寫作明易文言文之能力。」等均見明確規定。

文章係人類表達思想情意之工具，亦爲人應付實際生活所必需，如書信往還，互遞消息；爲文自薦，欲謀一職；書寫報告，以記所見；用文載道，鼓勵風潮；立言垂世，啓迪後學，皆見文章之力。曹丕典論論文云：「文章經國之大業，不朽之盛事。年壽有時而盡，榮樂止乎其身。二者必至之常期，未若文章之無窮。」尤言盡文章之功。是以範文教學，恆多側重於文字寫作之訓練，如作法審辨、應用練習等均爲由讀至寫之津梁。至於字詞教學、句子剖析、義旨探究等莫不關係寫作之訓練。其重要亦可知矣。

文章寫作（作文），係一技能，必經練習方能臻於熟練。範文教學之活動，但爲寫作之準備、完整之指導與充分之練習，尚待作文教學之實施。

作文教學，重於練習，練習方式並不止於一格，凡㈠翻譯：文言語體互譯，或譯詩詞爲散文。㈡重寫：示以原文，令學生重寫，或演簡爲繁，或節繁爲簡。㈢寫生：指示事物，令學生觀察描寫。㈣聽寫：由教師講述一事，令學生聽後寫成文字。㈤筆記：課外閱讀筆記、讀書報告等。㈥論述：專題研究之心得感想以及意見述評。㈦整理：由某些材料整理一系統之篇章。㈧日記：每日所見所聞所感、予以條理敘述。㈨書信：寄與朋友、父母、師長等之信函。㈩講稿：演說、辯論之底稿等。均可爲寫作練習之用。（註一）

本章所論，僅止於命題作文之探討。蓋命題作文爲寫作能力訓練之基礎，玆事能成，餘者必無困難。（註二）故略去其餘，而專此陳述。

作文教學之過程，可分三步驟進行：一爲命題，一爲指導，一爲批改，玆分述於下：

第一節　命　題

文章之作，乃作者情思之抒發，詩序曰：「詩者，志之所之也，在心爲志，發言爲詩。情動於中，而形於言。」因此，作者多自立題目，以之爲文，或文成而題見，以醒所言。然學生寫作練習，乃欲訓練其文字發表之能力，爲令其熟諳各類文體之作法，爲訓練其文思之敏捷，須由教師命題，責其寫作，方能見效。而且，學生生活經驗不足，發表能力較弱，發表慾望不强，教師若不爲之命題，責其練習，則學生多猶疑不決，難以抉擇。是以國民中學以及高級中學課程標準，實施方法規定，作文練習指導、以教師命題爲主，間或指導學生自行擬題，自由習作。其意卽在此。爲彌教師命題、易令學生文思枯窘之失，故偶予自由命題。此外，或令學生共同討論，擬定題目，以啓其寫作之動機與興趣，亦間可行。

命題係學生寫作之目標與範圍，亦爲啓引學生寫作動機之關鍵，命題妥當則能觸其蘊蓄，發其所欲發，引其所欲言。若命題空疏，不合學生所需或興趣，不能叩其衷心，學生必然情思枯竭，興會全無，視寫作爲畏途苦事。是以教師之命題，影響學生寫作至鉅，欲作文教學成功，首步命題工作，須精心撰構、審慎而爲，玆就命題要點略述於下：

一、命題計畫

計畫宜依據教學目的，配合作文教學進度，預作一全學期之習作計畫。分配各類文體之多寡，擬定題目，安排實施。計畫之中，應考慮與範文教學聯絡，與各科教學連繫，配合時令節日，事先安排，若遇突發事件，可隨機取材命題。

二、命題原則

㈠顧及學生之生活經驗

宜從學生所處之社會家庭之環境着想，以尋何題目，若學生多長於優裕之環境，而出一「如何安貧樂道」之命題則不妥矣。

(二)注意學生之學力，需要與興趣

如是不致令學生文思艱澀，苦尋難出，而可使其不令而行，暢所欲言。

(三)文題內容宜具體，不宜空洞

具體則學生可以想像爲之，空洞則義理難明，不易發揮。

(四)文題範圍，宜寬狹得宜

如此學生思緒，不致繁雜。低年級學生，寧寬勿狹，或多寬少狹，蓋範圍寬，可入手之處較多，學生寫作較易把握，不致無言可述。

(五)文體安排先易後難

所命文題，宜視學生程度，先其易者後其難者，如記敘文偏於人事物之記敘較易；抒情文重於人內心感情之抒發，感受深切故爲之不難；論說文意在理論之探討，較爲空洞抽象，故最難立言。

(六)文題宜親切有趣

平板之題目，無法誘導學生之興味與精神，如一題「衣服」，另一題「我的衣服」。則後題較爲親切。又如一題「乞丐」，一題「一個爛脚的乞丐」，後題較有趣味。

(七)題目宜有變化

題目須根據學生生活之不同需要，由多方面命題，可令學生作多方面之寫作練習，並且使學生思想不限一隅，意象新奇，樂意爲之。

(八)題目措辭

題意必須明確，不宜籠統，欲學生知其意，而不生歧義。其次題義內容須豐富，可令學生充分發揮，不可一言斷定，閼塞學生思緒。如題目一：「牛能耕田否？」，題目二「牛能耕田說」，二者比較，前題較可發揮，後題題目肯定，不易闡發。(註二)再次題目須生動有力，使學生感受深切，如寫「思鄉」，則改爲「客從故鄉來」較爲生動。此外題目宜能見文體，否則須予說明或標示文體，若體裁不能確定，則內容、遣詞造句亦受其影響。總之題文宜求精確、明顯、生動，使學生易解，不生疑惑爲是。(註三)

三、命題範圍

命題之原則，上已見述，此處係依上述原則，就學生生活經驗所及，顧及其學力、需要與興趣，劃定若干題材，以爲命題之參考：

㈠以「人」爲題者

由「我」起始，及於所熟知習見之人，取爲題材，如父母親、兄弟姊妹、朋友、同學、老師、校長、以至於學生所崇拜、尊敬、難忘之人，甚至一位微不足道之人物，以其行奇特，足資記述，亦可取材。如一乞丐、一羣工人、賣報童子、鄰居、老人等皆是。凡以「人」爲題者恆就其像貌特徵，或其言行事蹟，或其特殊表現着眼，故雖寫人，實亦寫事。

㈡以「物」爲題者

就學生所常見，有感於心者取爲題材，或爲人造物，或爲自然物，或爲動物，或爲植物。如國旗、一張獎狀、一件紀念品、一隻鋼筆、一件毛線衣、書包、扇子、風箏等等爲人造物。如空氣、水、火、風、雨、霜、露、雪等爲自然物。如蒼蠅、蚊子、老鼠、蜜蜂、蝴蝶、螞蟻、猫、牛、狗、鳥、蟬，皆爲動物類，如竹、梅、松、菊、草、楊柳、香蕉、橄欖均爲植物，對於之描寫或記敍，除述其性質、作用、特徵外，常涉及人事與人情；或借物以寓情，或託物敍事，或因物以見事，或以物擬人。故物之記敍、或描寫，亦兼及於情事，教師可就此命題。

㈢人「事」爲題者

事之範圍至廣，如讀書、修養、學術、時事、史事、宗教、政治、法律、社會、經歷等，凡述其想法、見解、心得、感想、評論或經歷者皆屬之。讀書如讀書方法、心得感想者；修養；如自尊與自愛、自助與人助、禮讓待人、過則勿憚改、事貴有恆、公德與私心、節約與儲蓄等皆是。學術，如性善、性惡、說義、仁之眞諦等皆是。時事凡國內外之大事皆屬之。宗教，如信仰，理性，迷信均是；政治，如選擧、貪汚、勤政等皆是；又法律，如守法、放縱等屬之；社會，如社會現象、社會風氣皆屬之。以「事」爲題之內容至廣，可取材之項目亦至多，教師可就學生所熟知者取爲題材，使抒其意見，發其道理，敍其感想或說其經過。

㈣以時爲題者

凡四季、氣候、時間(包括現在、過去、未來)佳節、良辰，學生所熟悉者，均可取材。四季，如春天、中秋；氣候，如寒夜、納涼；時間，如光陰、早晨、黄昏、兒時、昨天、明天；佳節，如元旦、國慶、重九；良辰，如除夕、生日、紀念日等均可爲時之題材，可令學生抒其見解感想。

⑸以「地」爲題者

凡家庭、學校、故鄉、名勝古蹟、郊外野景、學生所熟悉之環境，皆可取爲題材；家庭，如生活狀況，人事情形。學校，如師長、同學、上課、設備、課外活動等；故鄉，如風物，特產；名勝古蹟，如遠足、旅行、記景、抒情等均可爲命題之材料。（註五）

綜上所述，題材之範圍，分爲人、物、事、時、地五類。五項之中，以「事」爲題材者，較適用於論說文，而記敍文則五項均適用之，抒情文則適於人物時地之題材。然有時亦不盡然，如在「事」類中，可就讀書，抒其心中之感情。在「物」類中，「火」之命題，可以爲記敍文，或抒情文，然亦可以爲論說文，如命題「談火」是也。蓋體裁與題文材料，並無必然之關係，爲防範學生之誤解，命題之時，教師宜在題目上標示文題，則學生自能確定其文場，不至於立意難定。（註六）

綜合上述，命題宜預先計畫，注意命題原則。選擇題材，應就適合於學生者取用之，並作精確、明顯、生動、具體之題文，以爲學生寫作之依據。至於習作時，命題不宜過多。過多則學生思緒難於集中，造成紛亂，而且有失訓練學生習作之意義，學生之程度亦不易比較。若僅出一題，則恐不合其程度興趣與需要，阻遏文思，故以二題爲宜，任其擇一習作。命題時間，於作文練習之前爲之，間或一、二篇，可提前命題，便其搜索材料，參考其它書籍。習作時間宜在課內行之，可以訓練學生思想敏捷，把握時間，避免抄襲延宕。作文練習之次數，依課程標準規定，國民中學「第一學年每學期十二次，每次二小時。二、三學年每學期定爲二小時者十次，一小時者四次。」（註七）。高級中學規定：「作文練習，每學期八至九篇。」（註八）依此篇數之規定，教師命題計畫，當知如何擬定，以爲學生習作之準備。

第二節　指導㈠——一般指導

習作指導，尤其習作前之指導，關係學生作文之成敗至鉅。若一位教師於命題之後，以爲作文課之責已盡，令學生漫天玄想，自由發揮，不作任何指示，其遠遜於命題之後，卽予討論及指示，引起其動機，誘發其情思，補充其想像，啓示其途徑，指導其重點，然後責其爲之，實極明顯，無庸贅言。固然，習作方法之指導，於範文教學活動中，已予以審辨探究，確實施行。不必於習作之前逕費口舌，煩擾構思。唯範文教學之指導，零星片斷，類式繁雜，難窺全貌，而且命題之性質，寫作之方式，亦與範文所見，不盡類同。故習作前之重點指導，實爲必要，章微穎先生中學國文教學法講義云：「命題習作的指引，一面固然是啓導當前所命題目的寫作方法，一面却也是拿所命的題目作中心，來整理學生所曾從精讀教學逐次零星片斷獲得的寫作方法和知識，藉使其能積久熟而生巧，左右逢源。指引的作用既然如此，那麼我們可知『喚起舊經驗』『開示新路徑』便是它的原則了。」(註九)。所言已道習作指導之功用與任務。

教師指導學生習作之前，宜令學生認識作文應達之標準暨如何儲材以爲寫作之準備。前者可令學生有標準可據，有方向可循，使自知其寫作之得失，而能逐步改進。後者，使學生曉知平日宜如何讀書，如何儲材，以應寫作之需，充實寫作之內容。玆就此分述於下：

△作文之標準

文章之標準，古人立論甚多，如淸方苞以爲「成體之文」必具義法，云：「春秋之制義法，自太史公法之，而後之深於文者亦具焉。義卽易之所謂言有物，法卽易之所謂言有序也。必義以爲經，而法諱之，然後爲成體之文。」（書史記貨殖傳後）所謂「言有物」，卽文章須有內容；所謂「言有序」，卽文章須有層次條理。姚鼐亦以爲文章須求「理充」、「聲振」，易言之，卽求內容充實，篇章有法，辭氣鏗鏘。其與陳碩士書云：「夫文章之事，所以爲美之道非一端；命意立格，行氣遣辭，理充於中，聲振於外，數者一有不足，則文病矣。」既重內容，復兼重文辭。今人所見，亦大同小異，夏丏尊文章作法云：「文章有內容和形式兩方面，前已經講過。所謂好文章就是達意表情，使讀者讀了以後能明瞭作者底本意，感到作者底心情的文章。應當怎樣作法才能達到這種地步，這個問題包含很廣，實不容易的；但綜合起來，最要緊的基本條件，却有兩個：(1)眞實。(2)明確。」所謂眞實，卽應有眞實之情，而非無病呻吟，出於己見，而非勦襲。所謂明確，卽文辭易解而不艱深晦澀。循上可知，文章之標準，各家所見，並無懸殊，多言文章之內容與形式，須予兼顧而已。以此移之中學，則吾人可擬定中學學生之作文標準：(1)思想清晰。(2)句法通順。(3)段落分明。(4)標點正確。(5)文意切題。(6)詞語確當。(7)論理正確。(8)見解切合。(9)結構謹嚴。(10)修詞雅潔。（見阮眞中學國文教學方法，第三篇論作文教學。）此十項適於高中學生，前六項則適於國中學生，教師可以此指示學生，使知有所遵循，並以爲改進作文之依據。

△如何儲材

俗諺曰：「長袖善舞，多財善賈。」胸中無識，則難成文。故儲材係作文之基本條件。儲材當著於平日，而不能取之於臨時，吳曾祺涵芬樓文談儲才：「嘗見浮薄子弟，懶不讀書，枵然無有，一旦振翰操紙，旁皇四顧，神志蕭索，及至成文之後，非枯寂無聊，即罅漏百出。」所論至是。因此，教師宜指導學生平日儲材之法，以備作文之需。玆就儲材之法，略述於下：

㈠積學

文章爲作者學識之表現，若平日疏於覽讀，則無以藉事達意，取證陳辭，欲期其文思泉湧，左右逢源，實不可得，劉勰文心雕龍事類云：「夫經典沉深，載籍浩瀚，實羣言之奧區，而才思之神皐也。揚班以下，莫不取資。任力耕耨，縱意漁獵，操刀能割，必裂膏腴；是以將贍才力，務在博見。」是爲精論。韓愈文辭所以能包育萬象，雄奇驁駭，令人有不可捉摸之妙，蓋亦得於取資經典之功。其在進學解自敍其文章來源云：「上規姚姒，渾渾無涯，周誥殷盤，佶屈聱牙，春秋謹嚴；左氏浮誇；易奇而法；詩正而葩；下逮莊騷；太史所錄；子雲相如，同工異曲。」其文起八代之衰（蘇軾語），豈是偶然。故儲材首步，宜多識前言往行，以蓄其學，方能於言語行文之際得心應手，汩然而出。

㈡體驗觀察

古人讀萬卷書，行萬里路，意在觀察與體驗，蓋得於親眼所見，身體經歷之知識，較諸文字所得者爲深切而著明。司馬遷文章疏蕩有奇氣，以其行遍天下，周覽四海名山大川（蘇轍上樞密韓太尉書），乃能致此。學問得觀察體驗以相資，研究因實驗而相發，所學所論，方足取信，其文章方能眞實明確而感人，否則空談學問，猶如捫燭扣槃，謂日之形如籥，日之聲如鐘，此臆測之見，如何成文？劉勰文心雕龍神鬼篇云：「積學以儲寶，酷理以富才，研閱以窮照。」卽言體驗與觀察，乃作文儲材所必需。欲體驗觀察外在事物，除身歷其境而外，仍須培養精細之觀察能力，並且用心研析，方能致之。培養其體驗與觀察能力，宜從細微之處着眼，以發現不同事物之特徵；常比較事物之異同，以見其關係；時時用心，領略觀察周遭之動靜，以察人所未察，見人所未見，然後爲文，方能言之有物。

㈢捕捉靈感

靈感恆得於積學與苦思索求之後。以其來去飄忽幽渺，稍縱卽逝，故吾人宜備一筆記本，靈感萌現之時，卽刻記下，以備不需；新唐書謂李賀搜集材料，捕捉靈感之法云：「賀每旦日出，騎弱馬，從小奚奴，背古錦囊，遇所得投囊中。」其可謂善於捕捉靈感之人。

㈣摘錄佳句

閱讀之時，固宜識其新知，探其義理，若値精句麗辭，當隨時摘取，韓愈進學解：「口不絕吟於六藝之文，手不停披於百家之編，記事者必提其要，纂言者必鉤其玄，貪多務得，細大不捐。」鉤玄提要係韓愈爲學之法，亦所以成就其「一言而爲天下法」之道，故平時摘錄佳句，有助於作文，至爲明顯。

以上爲儲材常見之法，除此而外，多朗讀名文或演說詞，以順其口吻，多習修辭之法，以知措辭技巧，時時設身處地以培養想像力，亦爲儲材之道（註十）。總之，作文準備須蓄之平日，不宜取之臨時，然後顧題爲文，材料方能隨手可得，取之不盡，而無臨渴掘井，旁皇四顧之弊。

上所述者，可於每次寫作之前或平日上課之際，扼要提示，令其識之於心，其次乃正式作習作指導，茲可分爲：審題、立意、構思、剪裁、布局，措辭六項。教師宜作簡要之指導此活動影響學生審作之得失甚鉅。教師應以何種方式，令學生把握題旨；如何確立主見，如何構思取材；如何裁剪無關之材料；如何布局；如何措辭；此悉爲指導之工作，茲就此六項，敍述於後：

一、審　題

題目係文章之綱領，亦爲寫作之依據。文意欲求切題，內容期其吻合，須由審題入手。古人於文章之審題甚爲重視，清唐彪讀書作文譜云：「凡一題到手，必不可輕易落筆，將通章之書，緩緩背過，細想神理，看其總意何在，分意何在，界限節次何在，此最要訣也。」（註十一）。題目爲寫作之關鍵，審愼辨析其意及界限，係爲文首要步驟。茲分審題爲：認清題目，審辨題義，把握重心，辨明範圍，察其文體，決定立場，確立目的等六項。

㈠認清題目

題目上之字，均爲寫作之對象，宜逐字認清，不可疏忽，稍見疏忽，則文非離題，則亦不知所云。徐師芹庭修辭學發微云：「如五十八年大專聯考國文作文題目是『自由與守分』有部分緊張急躁之士，未看清題目，即下筆作文，因而誤寫成『自由與守法』，『自由與法治』。因而喪失一半以上之分數。此皆緊張急躁而未認清題目之害也。」是爲確言，故爲文首在認清題目。

㈡審辨題義

題義分字面意義與內含意義二層，先察字面意義，然後細思其內容。吳因之云：「作文先以看題透徹爲主，題有皮膚，有筋骨，吾捨其皮膚而操其筋骨，自有一般精深議論。」（註十二）所言是也。若就其皮膚（即字面意義）發揮，則其言易竭。就其筋骨（即內含意義）發揮，則其說無窮，議論乃深。是以教師宜指示學生深思，不可止於題面。

㈢把握重心

指示學生或指導學生討論，題目之關鍵所在，如「溫故知新說」，其重點在「溫故」與「知新」二者間之關係，若全文逕伸述「溫故」之重要，而忽略溫故之結果以及與「知新」之關係，則失其重心，不能切題。又如「我的母親」一題，其重心由自己母親之言行表現，不同於其它母親處，以及自己母親所加於己身之愛處着眼，若泛說母親之重要，則將文不對題，失其旨趣。

㈣辨明範圍

文章宜有界線範圍，如朱自清之「背影」，其範圍僅限於父親之背影，而見「背影」之場合，均與別離有關。故作者乃把握此範圍極力描寫，其它場合則數言帶過。又如「溫故知新說」一題，世上之故與新之事物甚多，然其範圍僅限於溫故知新之關係，二者若不能有相互依存之關係則非其界限。並且此文出自論語，以其下文有「可以爲師矣」之句，故此「溫故與知新」宜與學有關。另外，以其有一「說」字，則此文應爲論說文，而非記敘文或抒情文。如此，確立範圍，方能免於文不切題之議。

㈤**辨識文體**

題目屬於何種文體，宜令學生辨認，然後乃能決定以議論方式，或以記敍方式或以抒情方式寫作。一般題目，大致可辨認其體裁，然亦常見一題適用於多種文體者，教師應予指導，以確定何種文體較爲適宜。

㈥**決定立場**

作者之立場，必須確立，行文語氣，乃能適切合宜，如是以在校學生之立場？或以國民之立場？或以人子之立場？朱自清之背影係以人子之立場懷其父親而寫者，以其語氣吻合，故倍覺眞摯感人。

㈦**確立目的**

作文確立目的至爲緊要，教師應指導確立寫作之目的，目的確立，論述則不至於難題，如本文係用以自勉？或係藉以勸服他人？或係說明立場，令人理解？目的愈積極，影響習作效率至爲深切。美國哥倫比亞大學教授莫賽爾（mursell）在其成功的教學中云：「好的寫作，是有目的底，它是由人的慾望中發出來的，那就是他覺得重要的事情，要告訴其他的人。一個人寫作的最好學習，是激起這種目的。這個例子，可由新聞外勤記者來證明，他們說，一個月的工夫所獲得的內心應用的英文，比學了若干作文的功課，所獲得的大的多。」（註十三）所言至爲肯綮。教師應鼓勵學生確立目的，尤其發自內心之眞正目的。

以上七項，爲審題當有之活動，教師可指示學生審辨，以認淸題目，明瞭題義，把握重心，辨明範圍，辨識文體，決定立場，確立目的，然後循目的以立文意。

二、立　意

審題之後，則須立意，意爲文章之枝幹，辭爲文章之花葉，無意則辭不立，無枝幹則花葉難生。意有主意與分意，主意或謂之主旨，卽文章之中心思想。所謂立意，卽指立此中心思想而言，一篇文章，頭緒不宜繁雜，中心思想僅能有一，不能分歧爲二，曾國藩復陳右銘書云：「一篇之內，端緒不宜繁多，譬之萬山旁薄，必有主峯；龍袞九章，但挈一領。否則，首尾衡決，陳意蕪雜，茲足戒也。」所言至爲明確。中心思想爲全文之重心，係構思取材之依據，亦布置局勢，劃分段落之基礎。無中心思想，則羣龍無首，萬塗分派，其意不分。讀和寫花朵和蚯蚓篇云：「要明白一篇文章的中心思想是怎樣重要，最好用花來做譬喻，花是有花心的，雄蕊和雌蕊都生在花心裏，所以花的生命完全寄託在花心上面。但是一朵花當然不只是一顆花心，在花心外面，還有密密層層的花瓣。這些花瓣的功用，一半是保護花心；一半是烘托這朵花，使牠能顯出美麗姿態。文章也是如此，中心思想是花心，沒有中心思想也就失却了文章的生命。」又云：「但單是一個中心思想，是不能算一篇文章的，還是許多花瓣似的文句把中心思想烘托出來，纔能算一篇文章。」又云：「而且我們更要知道，因爲文章的每一節，包含一個小中心思想，所以每節也都是有生命的。」（開明少年叢書），以花心比中心思想，甚能道出其地位之重要性。

分意乃各段各節之要旨，係用以闡明表述，或襯托主旨以成一篇完整體系者。主旨是否明顯有力，在乎各段各節之要旨是否周密扼要。是以教師宜指導學生在審辨題義，揣摩內含之後，分析研索，擇其重心，確立其中心思想。復由題目之前面、後面、正面、反面、側面等四面八方索求不同意思，以襯托表述主旨，至此活動已進入構思之階段，茲待下節，再予討論。

立意係審題而得，擇其重心而立之，淸吳文祺涵芬樓文談命意云；「命意之法，凡一題到手，必先明其注重之處，譬之連山千里必有主峯，滙水百川，必有正派。」所論是也。然意有寬狹，每一題目之意，亦不能盡同，茲就其異處，略予分述；

㈠意義寬廣

作此題目須此窄處立說。梁啓超作文教學法云；「凡遇一廓大的題目，應該敍述的有許多部分，最好專擇一部份爲自己興味所注者，以之爲主。」卽爲此意。題目寬廣，許多意思，均已爲人所取用，欲立一巧意，則須同中求異。如柳宗元「始得西山宴遊記」一文，其取意亦從窄處立說，並且同中取異，蓋登高賞景之文，古人已經說盡，而柳宗元却從「始」字立意，於是全文生新，不覺其俗。又如以「語爲學」命題範圍甚寬，內容可着手之處甚多，若其態度，若其重要，若其目的，若其方法，均可發揮。以內容龐大，故可就「爲學之目的與方法」爲主旨，取其精要，以爲立說亦無不可。

㈡意義狹窄

題目僅含某層意思，無議論可發揮者。如「國文之重要」，其主旨已在題面，故逕從題義伸述卽可。然爲求立意之精，宜從寬處立說，如本題可從本國無文字或本國文字滅亡以後，所發生之事想像，則其意較爲新穎可喜。

㈢意義兩面

一題可以從正立意，亦可從反立意。如題目：「高中應否文理分科」從任何一面立意皆可。立意之法甚多，以上僅為常見之方法，餘者可以舉一反三。主旨係為文之樞機，亦為文章之生命所在。因此，立意之時，宜注意以下若干原則：

1. 表示題意

主旨係依題義而確立，故須能表示題意，且能闡發題義，如是所作，方能切題。

2. 全文重心

立意須從題旨中最注重之處着手，可以領導全文，可以挈其綱領、分派百川，令讀者知全文精義所在。此即劉勰文心雕龍附會篇所謂：「總文理，統首尾，定與奪，合涯際，彌綸一篇，使雜而不越也。」之意。

3. 立意宜正

須合情合理，令人覺其立論正大，無懈可擊；然須避免落於俗套，若抄襲他說，亦非重要。

4. 欲新尚巧

能立人所不能立，言人所不能言者，其意必奇，陸機文賦云：「其會意也尚巧」，不可以譁衆取寵，流於詭誕。

5. 出自內心

意必己出，悉自肺腑，而非人云亦云，套用現成，所立之論，雖為陳舊，而意則常新，如此其文方能眞切美善。吳曾祺涵芬樓文談命意篇云；「命意之法，以吾所見，無舊也，無新也，惟視吾心之所寄焉已。夫風雲月霧之形，草木蟲魚之狀，雖以李杜之能詩，不能不賦及此，而人無有從而厭之者，正以吾心之所寄不同，則景可隨時而變。」所言極是。故立意宜出於內心乃可。

三、構　思

構思，係在立意，亦卽在確立主旨之後，循題所作之思考取材之活動。不同之材料，表現不同之意思，以不同之意思闡明、表述、襯托主旨，加强主旨力量，明示主旨地位，而構成一完整之篇幅體系，此爲構思之工夫。

構思乃想像力之活動，首步宜寧靜專心，集中思想，就主旨所在，予以涵泳體會，陸機文賦云；「其始也，皆收視反聽，耽思傍訊。」劉勰文心雕龍神思；「是以陶鈞文思，貴在虛靜，疏瀹五藏，澡雪精神。」均指此而言。此後展開文思，就題目之正面、反面、前後、上下等四面八方而思之，淸潘永固宋稗類鈔；「夏竦，字子喬，幼學於姚鉉。鉉使爲水賦，限於萬字；竦作三千字示鉉，鉉怒不視，曰；『汝何不於水之前後左右廣言之？』竦益之得六千字，鉉喜曰；『可教矣！』」卽爲此意。甚至可一層一層、逐入逐深，以至於玄想奔馳，思趨幽明，無所不盡其極之地。陸機文賦云；「精騖八極，心游萬仞，其致也，情曈曨而彌鮮，物昭晰而互進。傾羣言之瀝液，漱六藝之芳潤。浮天淵以安流，濯下泉而潛浸。」劉勰文心雕龍神思亦云；「夫神思方運，萬塗競萌；規矩虛位，刻鏤無形；登山則情滿於山，觀海則意溢於海。我才之多少，將與風雲而並驅矣！」均可謂極想像之能事，至窮思枯神而後已。

構思方法，陶希聖在其作文的方法第二章取材與構思中，亦作類似之說；「這取材與構思的第一步，又包含著兩個方法，第一是集中思想，第二是敞開思路。在這中間，自然要把我所得的材料都記錄下來。就我的命題，專心致志，加以思索。我專心構思的時候，不去看別的東西，也不去聽別的音響。這思索的過程，在我頭腦裏進行的時候，我看見任何東西，也好像沒有看見；聽見什麼音響，也好像沒有聽見。我以『概念』爲中心，對於題材的思索，和搜輯材料的工作，廣泛而周密的展開。這初步的工作，就其窮搜極研的範圍來說，只有長度與寬度。我必須放開思想，甚至馳騁幻想，儘量向長度與寬度發展下去，我要把命題所包括的事項與問題，形式與內容，從歷史上探求其原委，同時要從其各個方面各種見地來集合其資源。」已將構思之過程與方法，全盤說盡。

一般人作文構思，常見有兩種方式；一爲信筆塗鴉，不假思索，提筆卽寫。寫畢上句，再想下句，寫畢上段，再寫下段，寫至不能寫爲止。一爲「成竹在胸」，先擬腹稿，定於心中，然後鋪紙濡毫，依次而下。（註十四）第一種方法，直線進行，方法簡便，然則東鱗西爪，前後不貫，而且篇幅簡陋，設意不密，實不足爲式。第二種方法，成稿於就筆之先，文意完整，面面俱到，而且循序寫來，毫不費力，至爲理想，但人之思緒，不易把持，前段方成，後段已忘，若非嫻習此道，甚難及此。對於初學，並不適宜。故此二種構思方式，均見缺失，並不完善；較爲妥善，而爲專家學者所稱者，乃「自由聯想」之方式。所謂「自由聯想」，卽如前述之構思方法，在確立題旨主意之後，循題之四面八方，由事物表面推及於內容，由正方、由前後、由因果、由上下、由大小（如方孝孺之指喻）之聯思涉想，均一一隨手記下，並且將有關主旨之歷史事實、賢哲名言、不朽詩句，或己之所見聞知悉，所體驗觀察而得者，三言兩語，一句一句，隨想隨寫，悉記於紙上，直至文意完全，意思表達之時爲止。然後就所記於紙上之不同意思、不同材料，衡量輕重，加以整理，並析出重點，列出綱要，以成文章之輪廓，此即「自由聯想」之構思方式。此方式較諸上述二者爲優，其好處：㈠重點綱要先定，文意可以周密而不疏陋。㈡文章有層次，條理與輕重，較爲生動有力。㈢每段不預爲決定，任憑臨時觸機，寫時可以有意到筆隨之樂，文章亦不至於板滯。

至於綱要之排列，可以如下模式爲之：

一、…………。
1.……………。
2.……………。
3.……………。
二、…………。
1.……………。
2.……………。
3.……………。
三、…………。
1.……………。

2.……………。

3.……………。

分列綱要，號碼可以不拘形式，唯求前後有序，層次分明。着筆爲文之時，就其綱要，予以充實聯貫，或發揮。綱要愈詳細，則文章愈完整，主旨愈有力。

構思係作文之必要步驟，然其並非樂事，亦非易事，元遺山與張仲傑論文詩云：「文章出苦心，誰以苦心爲？」賈島作出：「獨行潭底影，數息樹邊身。」（送無可上人）兩句得意之作後，感概云：「二句三年得，一吟雙淚流。知音如不賞，歸臥故山秋。」（註十五）其悲苦可知。文選李善註引臧榮緒晉書云：「左思，字太沖，齊國人，少博覽文史，欲作三都賦，乃詣著作郎張載訪岷邛之事，遂構思十稔，門庭藩溷，皆著紙筆，遇得一句卽疏之。賦成，張華見而咨嗟，都邑豪貴，競相傳寫。」玆事之匪易可以想見。雖然，學生之習作，不必若是；唯於態度上，宜養成窮思竭慮而後已之敬業精神，不急於下筆，不敷衍應事，如是寫作方有進步可言。苦思乃突破障礙，進入順境之有效途徑，教師平日應指導學生運用想像能力，多積學體驗與觀察，培養其苦思精神，則臨文構思，必然文思泉湧，得心應手矣！

四、翦裁

文旨確立。循題目之四面八方尋思索求，期在充足主意，闡述或襯托主旨。當思路敞開，想像飛馳，不同意思、不同材料，將源源而來。然其中必有不適於主旨，或不能表明主旨，不合於寫作目的之材料，甚至有幼稚、浮淺、虛妄、陳腐、猥褻、刻薄、俗陋之材料，均須予以裁剪，愼爲取捨。否則，雜意蕪辭，但見贅疣，而難尋其精神。遍照金鋼文鏡秘府論四曰：「文思之來，苦多紛雜，應機立斷，須定一途，若空勤品量，不能取捨，必非其決，功必難成。」（註十六）所言正屬此意。

關於材料之取捨，由範文之中，即可以領略作者精鏡之剪裁工夫，如戰國策，馮諼客孟嘗君一文，全篇主旨在記述馮諼之高才遠見。然首段記載馮諼之言語，悉表現其平庸無能、貪得無饜。馮諼客於孟嘗君門下，所言當不止此數句，所表現亦不至於如此貪多而無能。作者但取此材料，以爲全文之開端，若不明其用意，則難見作者構思之妙、剪裁之精。岳飛良馬對云：「臣有二馬，日啗芻豆數斗，飲泉一斛，然非精潔卽不受；介而馳，初不甚疾，比行百里，始奮迅，自午至酉，猶可二百里，褫鞍甲而不息不汗，若無事然。此其受大而不苟取，力裕而不求逞，致遠之材也。不幸相繼以死。今所乘者，日不過數升，而秣不擇泉，攬轡未安，踴躍疾驅，甫百里，力竭汗喘，殆欲斃然。此其寡取易盈，好逞易窮，駑鈍之材也。」由此章可悟，馮諼乃致遠之才，受大而不苟取，力裕而不求逞，正主旨之所在，首段之記述，豈是無心？作者剪裁之精，實令人激賞。其後，以自薦收債市義始，其能乃益顯，其才則愈出。至末段；「孟常君相數十年，無纖介之禍者，馮諼之計也。」馮諼之面貌才智，方豁然而明。中間，除表現馮氏之深謀遠慮、施計獻策而外，其他之材料，如其家中、其老母、其朋友、或其子女，以及其他之言語，均不見取。此爲作者剪裁之工夫，蓋取之不足以明馮諼之高才遠見，不合其主旨，徒增其贅疣而已。

吾人亦可由實例之中，以見剪裁之法。如以「如何準備考大學」爲題，就構思所得，或能擇及有關下列項目之材料；

1.讀書之環境。

2.同學準備之狀況。

3.準備之心境。

4.計畫之擬定。

5.三餐情形。

6.睡眠情況。

7.所應準備之科目，以及準備進度。

8.看電影以消遣身心。

9.健康狀況。

10.上課用心聽講。

就題目觀之，此一文體爲論說文，主旨爲「準備考大學之法」，故4、7兩項最爲切題，1、3、5、6、9項，亦與主旨有關。2、8項別與主旨不切合，宜予捨去。第10項不能呈現主旨力量，亦可棄之。

以上實例，係以論說文爲說，其餘文體，可舉一反三，知其梗概。剪裁之目的，在刪棄不適切之材料，留取合宜之內容，以襯托、表述主旨，令主旨有力清晰而生動。茲係構思活動之後，所不可省略之工作。運用之際，宜注意若干原則，如此權衡輕重，乃能確當；

㈠**立意統一**

材料選取，須與主旨相合，語意前後一致，方能闡明主意，表述思想，否則將會文意不明，困惑讀者。宋洪邁容齋隨筆卷四云：「韓文公送孟東野序云：『物不得其平則鳴。』然其文云『在唐虞時咎陶、禹，其善鳴者而假以鳴，夔假於韶以鳴。伊尹鳴殷，周公鳴周。』又云『天將和其聲而使鳴國家之盛。』然則非所謂不得其平也。」洪氏之意以爲，旣以「物不平則鳴」爲主旨，則不宜取材「得其平亦鳴」之例，有損文意之統一，所見甚是。

㈡**符合目的**

作文須有目的，所作方備意義。文章目的，譬如傳記文章之目的，在授人知識，主在教訓、引人興趣。目的不同，剪裁則亦有所重。如上述之馮諼客孟嘗君，其目的以引人興趣爲主，授人知識次之，故材料選取，皆呈其「無能」與「能」之兩端，以造成衝突生動之感。

㈢**意必己出**

所用材料，宜取於親身之體驗與觀察，出於讀書心得。若有引述，當標明出處，不可抄襲竊取，以免文意生硬而不自然。

㈣**繁簡得宜**

材料之繁簡，並無必然標準，有以文簡爲貴、劉大櫆論文偶記云：「文貴簡，凡文筆老則簡，意眞則簡，辭切則簡，理當則簡，味淡則簡，氣蘊則簡，品貴則簡，神遠而含蓄不盡則簡；故簡；故簡爲文章盡境。」亦有以繁言爲高，王充論衡自紀篇：「寡言無多，而華文無寡。……蓋文多勝寡，財寡愈貧。」是也。事實上，文章之足貴，不在乎文之繁簡、材料之多寡而定，而實以需要與否爲依據。清魏際瑞云：「文章繁簡、非因字句多寡，篇幅長短；若庸絮懈蔓，一句亦謂之煩；切到精詳，連篇亦謂之簡。」（魏伯子文集卷四與子弟論文）李曰剛先生作文技巧與範文剖例亦云：「總之，文章的豐約，要根據實際需要。有需要，則千言萬語亦嫌少；無需要，則三言兩語亦覺多。例如蜀忘記劉備三訪諸葛亮，只說：「凡三往，乃見。」而在三國誌通俗演義則占第三十七回之後半及第三十八回之前半。一則需要急速的寫法，專敍最要緊的事，所以極簡；一則需要用緩慢的寫法，把許多關係事件，綿密的描繪，所以極詳；可說是各盡其妙。明乎此，便知材料的剪裁了。」所謂均是。蓋不論材料多寡，若能「辭達」，則繁簡悉合其宜，所作皆是珍貴，無所謂得失。

剪裁係寫作之重要步驟，教師應予指導，使知如何權衡輕重、取捨可否，以增進寫作之能力。

五、布　局

剪裁所得之材料，加以安排，寫成文章，可以表述主旨，充足文意。然爲求首尾一貫，前後呼應，層次井然，重心顯著，令文章生動有力，則所得材料，宜予適當布置，此爲布局之工夫，亦爲文章組織或結構之問題。

關於布局，有所謂「四法」之說。范椁詩法：「詩有四法，起要平直，承要舂容，轉要變化，合要淵永。」後人卽以「起、承、轉、合」四法用之於行文，以爲文章之結構。「起」，卽文章之起始；「承」，卽承接起始之文句；「轉」，轉換另一說法，予以闡發；「合」爲文章之總結。如清薛福成用機器殖財養民說一文即以「起承轉合」之法而爲之。然文章之格局，古來論者至多，如王葆心古文辭通義卷十識塗篇：「嘗考以定格論文者宋人最盛，至明而極，由科擧興盛所生發也，故一經義與論也，而有破題、接題、冒題、大講、小講、入題、原題、大結諸式；一史論也而有論頭、論項、論心、論腹、論腰、論尾諸式，又有雙關、兩扇諸式。」可見文章有法，而無一定之法。有其常法，亦有其變法。然不論其常或其變，一篇文章加以分析，不外開端、正文、結尾三部分。

開端，係通篇之綱領，引人入勝之所在。若起筆合宜，則通篇順勢，易得佳構，唐彪讀書作文譜文章諸要：「以古文言之，通篇之綱領，在首一段，首段得勢，則通篇皆佳。每段之筋節在首一句，首句得勢，則一段皆佳，文之重在得勢，而勢之理莫要於是矣。」即明開端之重要。

文章開端，並無固定法式，隨文而異，因人而別，最常見者有：

㈠破題法

起筆即點破題旨，開門見山，直截了當，然後擧事鋪述。如王粲登樓賦：「登玆樓以四望兮，聊暇日以消憂。」司馬遷荆軻傳：「荆軻者，衞人也。」王守仁教條示龍場諸生、立志：「志不立，天下無可成之事。」皆是。

㈡重心法

一起筆，即揭示文章之重心，如韓愈師說：「古之學者必有師，師者所以傳道、授業、解惑也。」是也。

㈢譬喩法

學他相似之事例作譬以爲起始，然後引出正意，如魏徵諫太宗十思疏：「臣聞求木之長者，必固其根本。」是也。

㈣引用法

引用他人之語，以爲篇章之首，如方苞左忠毅公軼事：「先君子嘗言：『鄉先輩左忠毅視學京畿。……」顧炎武廉恥：「五代史馮道傳論曰」是也。

㈤結論法

以一問一答方式起筆，如彭端淑爲學一首示子姪：「天下事有難易乎？爲之，則難者亦易矣。」是也。

㈥冒題法

先從題之周圍著筆，不直接進入本題，待時機成熟，再點出主題，此又謂之「埋兵伏將」，如夏丏尊生活的藝術（國民中學第五册）、吳敬梓范進中學（高中國文第三册）。

㈦陪襯法

以相似或相反之比較陪襯，以見主題，如蔡元培我的新生活觀，係相反之比。蔣夢麟故都的回憶：「正像巴黎繼承了古羅馬帝國的精神，北平也繼承了中華帝國黃金時代的精神。」（高中國文第二册），係相似之比。

㈧敍時法

以記時間起筆本文，如范仲淹岳陽樓記：「慶曆四年春……」韓愈祭十二郎文：「年月日……」

均屬之。

(九)**感嘆法**

以感嘆起筆，如袁枚祭妹文：「嗚呼！……」。

(十)**說明法**

解說題文，以爲起句，如韓愈原道：「博愛之謂仁……」是也。

(十一)**反駁法**

提出相反意見，然後予以反駁，以揭主題，如韓愈諍臣論：「或問諫議大夫陽城於愈，可以爲有道之士乎哉？」

(十二)**議論法**

開端卽表述自己之意見，以見知於人，如鼂錯論貴粟疏：「聖王在上，而民不凍饑者，非能耕而食之……」。

(十三)**綱領法**

於篇首卽提出全篇綱領，然後分別敍述，如王守仁教條示龍場諸生，胡適之讀書等皆是。

(十四)**原因法**

敍述本題之導因，然後逐入本題，如夏丏尊鋼鐵假山，朱自清荷塘月色、陳之藩失根的蘭花均是。

以上爲一般文章常見之開端格式，文章之開端千變萬化，不勝枚舉，其中或有偏用於論說文者，如詰問法、反駁法、議論法，亦有偏用於記敍文者，如引用法、敍時法、原因法。然事實上，應用之間，悉依題目與作者用心而定，並非必然，如劉蓉習慣說，卽以原因法爲開端。總之，文章之開端，宜平易自然，或精警簡明，期引讀者興趣與注意力，避免空疏浮泛、與題無關之辭，方爲理想。

正文，係一文之主幹，全篇結構是否緊湊有力，則視乎正文之安排是否得當，安排之法，宜配合開端，以自然順勢爲主，並無一成不變之法，常見者有：

㈠**演繹法**

開始卽揭題旨大意，然順此主旨，予以推闡發揮，以致結束爲止，如先總統蔣公之力行要旨一文，卽以此法爲之，此又稱爲「先總後分」之法。

㈡**歸納法**

先分說各項要點，然後作結論，以見總綱主旨，如朱自清之說話（國中國文第三册）、陳醉雲之蟬與螢（國中國文第二册），卽以歸納方式爲之，又稱爲「先分後總」之法。

㈢**雙括法**

開始卽見題旨大綱，結束亦作統括之結論，中間呼應首段，如彭端淑爲學一首示子姪，先總統蔣公爲學做人與復興民族，皆用此法，此又稱爲「總提總收」。

㈣**遞進法**

先由小處說起，然後及於重心，層層遞進，以見主旨，如戰國策觸讋說趙太后，以及戰國策莊辛論幸臣，皆以此法爲之。

㈤正反法

一段正說，一段反說，後段再總結以見主意，甘績瑞之從今天起是也。

㈥虛實法

王葆心古文辭通義引曾文正日記云：「古人之道，謀篇布勢是一段最大功夫，書經左傳每一篇空處較多，實處較少，旁面較多，正面較少，精神注於眉宇目光，不可周身皆眉，到處皆目也。」（卷十一識塗七）如左傳曹劌論戰，首段即虛寫，二段亦爲虛寫，末段方見寫實。

㈦主賓法

表述主旨，可以引述其他事例說明，不必直寫重心，如聯合報平易中見偉大一文，以山胞陳義山之表現，襯托總統之平易偉大。又如方苞左忠毅公，以史可法襯托左忠毅公之忠烈愛國以及其知人之明。

㈧順敍法

隨時間、空間之先後，分成段落，順序而寫，方苞左忠毅公軼事、戰國策馮諼客孟嘗君，均屬之。

㈨追敍法

先敍目前之事，然後及於過去之事，逐一敍寫，如曾協譯愛因斯坦的學校生活（國中國文第三册），陳源之哀思，均爲追敍法。

㈩正敍法

先述明事物之原因，而後言結果者，如國語勾踐復國、列子愚公移山均屬之。

(十一)**倒敘法**

先言結果，後述其原委者，如包公毅亞美利加之幼童，歐陽修之瀧岡阡表皆屬之。

(十二)**插敘法**

敘述一事時，中間夾敘一段別事，如林良父親的信是也。

(十三)**問答法**

文字不直發揮，而以問答方式爲之，如韓愈之對禹問、岳飛之良馬對皆是。

(十四)**移進法**

不立於定點，沿途抒寫，如郁達夫之遊西天目日記，即用此法。

(十五)**雜敘法**

不同事物，分見於各段，不予統括，各自獨立，然隱然有一主意以連繫之，如馬致遠之天淨沙是也。

以上爲正文常見之布局方式，前五項多見於論說文，六項以後，多見於記敘文與抒情文。總之，正文之發展，蓋非上述各項所能盡括。方法之應用，仍無定式，教師指導學生習作，宜從基本方法着手，記敘文、（抒情文）以時空安排爲順序（如六、七、八、九項），論說文以理則之發展爲原則（如一、二、三、四、五項），逮乎純熟，方能言及變化。

結尾，文章之結尾與開端，同屬重要，合宜之開端，可以引人入勝，造成注意，適當之結尾，能加深讀者印象，增強表達效果，使之回味無窮。結尾常見之方法有：

㈠**總結法**

以議論總結上文，括出重心主旨，玆在論說文中最爲常用，如　蔣中正先生之革命哲學（高中國文第五册）、賈誼之過秦論均屬之。

㈡**照應法**

廻應首段，使前後一貫，相互照應，劉勰文心雕龍鎔裁篇所謂：「能首尾圓合，條貫統序。」即指此而言，此多見於論說文之中，如彭端淑爲學一首示子姪，蔣經國先生之這一代青年的新希望皆是。

㈢**引用法**

引用賢者名言，略爲發揮，以作結論，如錢穆中華民族的克難精神一文：「『天下興亡、匹夫有責。』我們要提倡克難精神，只有發揮民族正氣。」蔣中正先生力行的要旨：「就是『天行健，君子以自強不息。』的眞意。」均是。

㈣**自贊法**

左傳於敍事之後，往往以「君子曰：」之法，評論事理。後人於篇末作評，多源於此，如陶淵明五柳先生傳：「贊曰：黔婁之妻有言……」，范仲淹嚴先生祠堂記：「又從而歌曰：『雲山蒼蒼，江水泱泱，先生之風，山高水長。』」均是。

㈤**補敍法**

文意已竟，而爲文動機不明，於是於文末鋪敘，如韓愈師說，方苞左忠毅公皆是。

(六)敍述法

以敍述事實作結，而不予論說評斷，令讀者自去想像體會，如張可久之清江引：「疏籬外，玉梅三、四朵。」又如最後一課：「他回過頭來，擺一擺手，好像說：『散學了，你們去罷！』」皆是。

(七)抒情法

以抒寫主觀之情思作爲結束，如朱自清之背影：「唉！我不知何時再能與他相見。」又如袁枚祭妹文：「紙灰飛揚，朔風野大，阿兄歸矣，猶屢屢回頭望汝也。嗚呼哀哉！嗚呼哀哉！」均屬之。

(八)感慨法

以抒感慨作爲結束，如顧炎武廉恥：「彼閹然媚於世者，能無愧哉！」蘇軾留侯論：「嗚呼！此其所以爲子房歟！」均是也。

(九)疑問法

以疑問作結，造成懸宕，令人深省，如朱自清匆匆：「你，聰明的，告訴我，我們的日子爲什麼一去不復返呢？」陶淵明五柳先生傳：「無懷氏之民歟？葛天氏之民歟？」是也。

(十)提示法

提示意見，令對方了解或遵循，多見於應用文中，如林良父親的信：「我寫這封信，只是想讓你知道，我很喜歡你這樣做。」又如鄭玄戒子書：「……非飲食，薄衣服，節夫二者，尚令吾寡恨，若忽忘不識，亦已焉哉！」是也。

上爲常見文章之結尾方式。唯文章之結束亦無定式可言，概括而論，論說文宜能簡括全文，或廻應首段，以期醒目有力。記敍文或抒情文，求自然順勢，適時而止，不必說盡，所謂「以不結爲結」（王葆心古文辭通義卷十一）然後能意深情長，令人回味，是以有所謂：「言情不盡，其情乃長。」卽指此言。

綜觀上言，文章之布局，有固定之法，亦有無定之法。固定之法，係就其常而言；不定之法，係就其變而言，姚惜抱與張阮林書云：「古人文有一定之法，有無定之法。有定者，所以爲嚴整也；無定者，所以爲縱橫變化也。」卽爲此意。然不論其常或變，爲文總須循一定之理，乃能綱領昭暢，而不紊亂，意旨明確，而不晦塞，如劉勰文心雕龍附會篇所謂：「衆理雖繁，而無倒置之乖，羣言雖多，而無棼絲之亂。」斯皆須把握布局之原則，方能如是。布局之原則，歸納衆說可得四項：

㈠統一原則

全篇思想統一，首尾文意一貫，前後情調亦皆相同，無紛歧矛盾者。

㈡秩序原則

意念發展循一定之序，材料配置，亦妥貼穩當，無凌亂失次之弊。

㈢聯貫原則

全篇連貫，句與句、段與段之間，相承相接，彼此呼應，無首尾衡決，前後支離，上下難接之病。

㈣語勢原則

或謂之重點原則。安排重點，形成語勢，文章乃見力量，主旨方能明顯，否則主意分散，無法引起注意。（註十七）

教師指導學生布局，宜令燕悉玆四項原則，然後審題，辨其文體，提示學生，如何開端，如何鋪成正文，如何結尾。欲學生以自然通順之方法練習寫作，待其熟練之後，自能縱橫變化矣。

六、分　段

分段、與標點之作用相同，可以醒豁眉目，分清條理，使文章易於閱讀，而且可形成語勢，增強文章之力量。學生習作，多能分段陳述，各自闡發，然常忽略文章乃一篇完整之有機體，不知每句每段皆氣息相通，旨意相連，而非岸然分立，支離乖隔。故教師宜指導學生如何分段。

常見分段之法，有：㈠以時空爲序者：以時間或以方位、地勢、遠近之順序劃分。㈡以論理爲序者：先起論、引喻證明，後結論。或列舉事例，然後歸納論斷。㈢以事物綱目爲序者：依已擬定之綱目，逐事逐物分段。㈣以事理之發展爲序者：原因、經過、結果等順序分段。以上爲常見分段之方法，然其應遵循下列原則，方能完善：

1.配合全文主旨　段落爲一獨立組織，復爲支撐全篇文意之基點。每段之主意，必須依源循幹，配合主旨，不可殊途百慮，意向不一，如此方能表述或襯托全文中心思想，而不致成爲浮辭懸肬，徒增累贅。

2.每段應有主意　每段爲各自獨立之單位，宜有各自獨立之中心思想。而每段之中心，當置之一二句之中，以形成語勢，表現重點，不宜分見全段，使段旨模糊，毫無力量。每句之意思，亦不相同，然其意向，皆在表述全段大意，襯托全段思想。句在段中之地位，正如段在篇中之地位，均用以强化，表述主意，令主意昭顯而有力。

3.全段宜能聯貫，層次應求清楚　每句之意念雖不相同，然前後上下之間，須密切銜接，以求起落得勢，順通聯貫。避免散漫支離，凌亂失次。

4.各段宜互相聯絡　文章恒以轉折或虛實、或反正、或照應、或問答，劃分段落。如是全篇嶺斷雲連，血脈流通。然此爲藝術之聯絡，初學者宜以自然順勢爲主，待熟練之後，再求變化。如記敍文則以時空安排，論說文則以論理順序，抒情文則以情緒意念之自然發展爲本，以爲段與段間之聯絡。避免務新求奇，而亂章法。

5.段之大小隨篇轉移　段之於篇猶如四肢之於身軀，身軀大則四肢亦相形增大，篇長段亦宜長，篇短，段亦短，如此長短重輕才能得體。概括而言，段落避免過長，過長則段旨易於淆亂。然段短之時，句意宜含多層意思，才不至於平板單調。如朱自淸之春，第二段寫大自然甦醒之景象，五句當中，四句之意思，皆不相同。又如杜甫旅夜書懷：「星垂平野濶，月湧大江流。」一聯十字之中，即呈四種具體之形象。字少意密，頗爲生動。

以上五項原則。教師指導學生，宜使之深識，以期能熟悉應用。

七、措　辭

構思之後，不同之意念與材料，須藉文辭方能表現。文章之基礎，在於字句，劉勰文心雕龍章句篇：「夫人之立言，因字而生句，積句而成章，積章而成篇。篇之彪炳，章無疵也；章之明靡，句無玷也；句之清英，字不妄也；振本而末從，知一而萬畢矣。」所論至是。作文之時，如何使語詞適當，句意明確，以至於生動感人，是爲遣詞造句之事。寫作過程之中，遣詞造句係與構思取材，並時進行。此處另列一項，目的固在便於說明，另一方面亦可以爲成篇後之整理與潤飾，蓋取材構思之際，意到筆隨，無暇斟酌遣詞造句之得失，欲詞句明確適當，以致華美生動，仍須揣摩推敲，方能竟功。

遣詞造句之基本要求，在期能「達」，論語衞靈公篇：「子曰：辭，達而已矣！」所謂達，即意義明確，文辭通順，可以充分表達內在之情思，使讀者易於了解，不生歧義。意義明確，係指句意明白，詞語妥當而言；文辭通順，係指文句組織完整，銜接流暢而言。遣詞造句之進一步要求，則求其生動、有力、緊湊、華美，期能感動讀者，引起共鳴。玆與首步但求意義明確表現使人「理會」者不同。其除意義明確，文辭通順而外，尤求表現之意念，傳現字句之性情，並用字形句式之設計，金聲玉振之音響，以增强感人之力量，而成爲美巧動人之作品。故前者之要求較爲消極，或稱爲消極修辭。後者之要求較爲積極，或稱爲積極修辭。玆就遣詞造句之方法，略述於下：

㈠遣　詞

作文之時，欲求詞語妥當，意義明確，宜注意若干事項：

1.宜多識記詞彙　吳曾祺：「作文宜先識字」（涵芬樓文談研許第五）。字句爲文章之基礎，若平日積蓄之詞彙不多，雖有滿腔情思，亦難以托諸文辭。詞語多取自於閱讀，欲使詞彙豐富，則宜於平日多閱讀，多收取，多記憶，多比較作者與自己之遣詞方式，多注意其義同而形異之詞之應用，然後臨文構思，乃能左右逢源，取之不盡。如陳之藩：「因爲背景變了，花的顏色也褪了，人的情感也落了。」（失根的蘭花）句中之「變」「褪」「落」所表達之意念可謂一致，作者予以變化應用，避免重複，非有豐富詞彙則不能如此。

2.宜多體會詞意　詞語除字面意義而外，仍然含有甚多暗示象徵之成份，用於不同場合，有不同之感覺與不同之意義，如「流水」，在馬致遠天淨沙中之「小橋流水」，與孔子之「逝者如斯乎」（論語子罕），以及李後主之憶江南「車如流水馬如龍」所予人之感受，完全不同。又如「太陽」，除字面意義外，仍有光明、熱情、陽剛、莊偉、白晝……等等不同之含義。是以識記詞彙，一方面宜知其字面意義，一方面宜體會其所蘊含之意義。

3.注意配合情境　爲求詞語妥當，用詞須配合情境，情境包括作者之心境、讀者之關係、文章之上下文，時代與地域之不同，以及習慣用法之差異等等。在寫作中，往往有若干詞語意義相通，可以表現同一意念，然因情境不同，遣詞之際，須予審愼選擇。如林良父親的信一文：「我寫這封信，只是想讓你知道。」表現「信」之意念，不只此一詞，如書柬、簡、函、箋牘、尺牘、鴻雁、雙鯉、玉……等，而作者用「信」表達，此已考慮讀者關係，上下文之一貫。又如胡適差不多傳：「不上一點鐘，差不多先生就一命嗚呼了。」「死」之意念，有極多詞彙可以表現，作者但用「一命嗚呼」，此無非配合作者之心境與全文之用意，以諧謔之方式表出。又如：「足」與「腳」其義同，然其用法不同，「兩脚着地」可通，「兩足着地」則頗爲不順。又如：「足下不遭母憂乎？」（後漢朱穆與劉伯宗絕交書）若寫爲「脚下不遭母憂乎？」則大謬。蓋足下與脚下用法絕然不類。此爲配合上下文之故，而取捨有所不同。又如「房子」「屋子」二者所表現之意念相同，然習慣之用法則略有差異：「我買了那一幢屋子。」則不合習慣。循上可知，欲詞語妥當，則宜配合情意。

總之，詞語欲求妥當，意義明確，上述之外，宜注意用詞不可過於省略簡陋，而宜求詳明。不可過於古奧，或曲折費解，而力求平易。

其次遣詞之積極要求，爲生動、有力。求詞語生動應注意以下事項：

1 詞性活用　一詞之詞性並非固定不變，恒可靈活運用，如梁實秋雅舍小品：「我道歉一番，聳聳肩作鷺鷥笑。」又如史記魏公子列傳：「其後秦稍蠶食魏。」玆以名詞作限制詞用。又如：孟子離婁：「有不虞之譽，有求全之毀。」以動詞作名詞，循此，恒令詞語表現生動。

2 擬人表現　以人之感情托於事物之上。如岳飛滿江紅：「怒髮衝冠。」如「遠山含笑」，如「只有綠色的小河還醒着」（楊喚—夜）均擬人法之表現，語詞甚爲動人。

3 詞求創新　用詞宜求創新，不可人云亦云，老調重彈。所謂創新，卽洗刷流俗之藻飾，創造清新之美感。如李商隱：「夕陽無限好，只是近黃昏。」（登樂遊原）平常語寫平常事，却道人所不能道，所謂「出人意外，而入人意中。」此爲創新，表現生動。

4 詞求語勢　將句中較爲重要之詞，置於重要位置—句首或句末，可以加强文勢與力量。如朱自清春一文：「雨是最尋常的。」「雨」置之句首頗有力量。又如歐陽修醉翁亭記：「環滁皆山也。」

「山」置之句末，亦能顯出詞語之力量。

5 虛字運用　虛字運用得當，可以表現作者神情，使文氣流暢，令文句生動活潑。如孟子梁惠王篇：「無傷也，是乃仁術也，見牛未見羊也。」三「也」字，將孟子長者之地位以及徐徐安慰齊宣王之口吻充分表現。

除外，或以疊字表現神態，或以實字（名詞字）加强句力，或以誇張字動人觀感，或以倒張，取其勁勢，或以雙關字，得其韻味（註十八）。在字形方面，避免怪異字，或同字重複使用，或同偏旁字聯用過多，並且單字與複字須叁伍錯綜，奇偶相稱。字音方面，宜能平仄間用，抑揚合節，上平則下仄，下仄則上平，求其自然和協、朗爽、響亮，以至於摹情擬境，聲情合一之境。能如是，則遣詞可以生動有力，可以感人於無端。

(二)造　句

造句之基本要求與遣詞相同，在意義明確，文句通順，造句與遣詞不能劃分，遣詞明確，則造句自必易知；詞義晦澀，句義亦自費解。唯語句在表現一完整之意念，與僅表示一意義之詞不同，故運用之間，仍須注意若干問題：

1.句法通順　句中每一成份之安排，不違文法（或謂句法），組織完整，結構嚴密。此最常見之句式爲：「句子的主語在動詞前，賓語在動詞後，形容詞必先於被修飾的名詞，副詞必先於被修飾的動詞，形容詞或其他副詞，複句中的偏句在前，正句在後。」（漢文文言語法第三章）依此原則，可以不違文法，句意亦淸楚明白。

2.配合主旨　句意須吻合主旨，則內容不至於有文不切題之病。語氣語態須配合寫作用意，若用以勸說則語氣宜委婉；若在辨明是非，則宜義正詞嚴；若在記敍事實，則以敍述形態出之；若在表示主見，則語氣肯定，辭不游疑；若在抒發情思，則委曲達意，極其情致。或詳或簡，或重或輕，或縱或收，均須配合寫作用意，吻合主旨。

3.句宜銜接　句與句之間，意應相互銜接，使文意通順，不可前後矛盾，或是不相關聯，宋陳騤文則謂：「文有上下相接，若繼踵然」「文有交錯之體，若纏糾然，主在析理，理盡後已。」皆說明句意宜相銜接，意向宜趨於一致，如此，前後乃能一意相貫，而不散漫析離。

4.句宜簡明　句以簡明爲主，不宜冗長。長句易流於堆砌，而使句意複雜。若一句之中，含有兩種意念，寧可以標點剖分，避免堆積一處，形成累贅。

除外，標點符號之明確應用，造句自然平易，合乎語言習慣，去其倒置、含糊、重複、脫節、繁雜、矛盾、無理、失實等一般文章弊病，均爲達成造句基本要求之必要事項。

造句之進一步要求，在求生動、有力、華美、緊湊、變化，欲至此標準，宜注意以下幾項：

1.長短兼用　長句短句兼用，唐彪讀書作文譜文章諸法引沈虹野云：「文章之詞句，貴長短間行，體材宜散整互用。」蓋短句過多，則文氣短促而不舒暢；長句過多，則文氣緩長而無力量，故長短常宜相濟，以補其失。

2.平仄間用　一篇文章，文氣順暢，其原因在內容上爲文理通順，文意相貫，形式上常見者爲：以一詞句統率若干詞句，或反覆使用語調相同之詞句或關係詞，語氣詞、配詞疊字之應用得當，或音節之協調得宜。其中以音節之和諧最須注意。唐彪云：「文章有修詞琢句反覆求工，而不能盡善，其故何也？以平仄不相協也，蓋平仄乃天然之音節，苟一違之，雖至美之詞亦不佳矣。」（讀書作文譜卷之六）所言是也。蓋文氣不可見，而常從聲音節奏之中察覺。章句若音韻鏗鏘，抑揚有致，則文氣必然順暢，無所阻礙，此爲音節之作用。是以欲求音節抑揚有致，文句須平仄間用。間用之法，梁素冶云：「文中二句對者，或上平、宜下仄。或上仄、宜下平，必須參差用之。四句一聯者，句末押字，必用仄（首句）平（次句）平（三句）仄（四句）；或平（首句）仄（次句）仄（三句）平（四句）乃爲合法。蓋非特句有餘音，亦能使文有餘情也。起頭煞尾兩處，必用一仄一平，或一平一仄，聲韻方諧。他處單句，亦須平仄間用，方覺音韻鏗鏘」。（見唐彪讀文作文譜）清李漁閒情偶寄論賓白云：「世人但知四六之句，平間仄，仄間平，非可混施疊用，不知散體之文亦復如是。平仄仄平平仄仄，仄平平仄仄平平二語，乃千古作文之通訣，無一語一字，可廢聲音者也。」所見甚是。蓋惟有平仄相間乃能令文章音韻鏗鏘，琅琅可誦，乃能令文章生動有力，產生美感。教師指導學生寫作，不可忽略音響節奏。

3.仿用辭格　吾人平日所用之詞彙語句，多從閱讀中得之。是初學作文，開架布局必須模仿，遣詞造句亦須模仿。模仿係學習之捷徑，亦增進學習效果之良法。近人陳曾則古文比凡例：「初學者必從摹擬入手；雖出於有意，無礙也。其學既進，其境既熟，其術日深，而後能去其形貌，而得其神理。」姚鼐惜抱軒集劉海峯先生八十壽序：「爲文章者有所法而後能，有所變而後大。」皆謂模仿之重要。模仿與抄襲不同；抄襲係用詞不出於己意，原句照抄，直取形貌，結果全篇東拼西湊，不成文章。而模仿，則擬其形式方法—亦卽曾國藩所謂之仿其間架，云：「而不特寫字宜摹仿古人間架，卽作文亦宜摹仿古人間架。」（曾文正公家訓）是也。形式方法雖然相同，而意則己出，不悖乎「修辭立其誠」之原則（周易乾文言）。如此造句自能切合題旨，出語亦能美巧生動。關於修辭格，黃師慶萱在其修辭學一書中析分爲三十種方式，甚値吾人參考，玆就其作用，予以類分，以見其用。

(1)可以使文句生動者有：感歎、設問、摹寫、仿擬、引用、飛白、轉品、婉曲、譬喻、轉化、雙關、象徵、示現，凡十三種方式。

(2)可以使文句華美者有：映襯、鑲嵌、對偶、回文等四種方式。

(3)可以令文句有力者有：藏詞、誇飾、借代、倒反、呼告、類疊、排比、層遞、倒裝等九種方式。

(4)可以令文句緊湊者有：頂眞、跳脫二種方式。

(5)可以令文句變化者有：錯綜、析字二種方式。

以上爲達成句進一步要求之常見方式，教師可指導學生模仿練習，積學日久，形成習慣，下筆成文，自然不俗。

總之，遣詞造句係作文最基層之工夫，亦爲最艱難之工作，古人爲文欲求彪炳明靡，多從字句上用力。盧延遜詩云：「爲安一個字，撚斷數根髭。」淸袁枚曾作遣興詩亦云：「愛好由來落筆難，一詩千改始心安，阿婆還是初笄女，頭未梳成不許看。」均說明措辭之不易。平日指導學生廣泛閱讀，多摘錄佳句，多記取詞彙，多體會用法，注意修辭方式，注意文句構造，並且時時練習應用（如日記或寫信）， 如此可以爲作文遣詞造句之準備。初學作文以平易自然、通順、簡明爲主，避免刻意雕琢，務求新奇，待基礎打定，再及於雅潔生動有力美巧之境。作文完成之後，須令學生反覆默讀，檢查文句是否合於文法，句意是否合乎主旨，文句是否前後相承，文氣是否順暢，語氣是否得體，詞句是否晦澀，文意是否充分表現，不當者予以修改訂正。玆活動，若確實實施，較之下一步驟教師之批改更爲有效，不可以等閑視之。

綜結上文，上述之七大項目：審題、立意、構思、剪裁、布局、分段、措辭，實爲作文教學、教師所必須指導者。指導之時間，可以於寫作之前，作扼要說明，平日範文教學，亦宜隨機指示，或另闢時間作有系統之指導。

第三節　指導㈡——各種文體寫作要點

上節學生習作之指點，已將作文應注意之事項予以泛述。此處係從文章體裁方面分別補充說明，以爲學生作文之助。

文章體裁，一般分爲記敍文、抒情文、論說文、應用文四類。（註十九）記敍文係記敍人事物之情狀者，所重在「象」；抒情文係抒發人內在之情感者，所重在「情」；論說文係解說事理或發揮自己之主張者，所重在「理」；應用文係個人或機關團體相互間，在公私往來上必須應用之文字，（註二十）而以上述之體裁爲之者，所重在「用」。是四類，但爲方便指導初學作文，作概略之分法而已。事實上，人思想情感之表達，多不能以一種方式盡功，如林覺民與妻訣別書，其所重在用，係應用文；而其內容以抒情爲主，則可爲抒情文；其中述說其先死之理由，則有論說文之成分；「回憶六七年前……卽欲乘便以此行之事語汝」，則又爲記敍文。可知文章原無一定類型，若有，則僅在其有所偏重耳。玆就記敍文、抒情文、論說文三種體裁之寫作方法略舉其要。

一、記敍文寫作之要點

㈠意　義

記敍文係「記事文」與「敍事文」合併總稱。記事文時將人與物之狀態、性質與效用等，依作者所目見、耳聞、或想像之情形，予以記述之文字。（註二一）此狀態、性質與效用，均爲靜態空間之描述。而記述人與物之動作變化，或事實推移現象之文字則爲敍事文，係動態之時間描述。例如：

「牽牛花有紅的、紫的，顏色雖很美觀，但少實用。」

此但述說牽牛花之形狀，性質係記事文。

「院裏的牽牛花，紅的、紫的，都很鮮艷地開了。」

此述說牽牛花之變化，係敍事文。（註二二）

此分法亦就方便而爲之，實際上每一篇記敍文中，亦多動靜相雜、曲折變化，不能強分爲記或敍，故仍名之記敍文爲妥。

㈡取　材

構思取材係作文之重要步驟，取材之時宜注意若干原則：

1.決定目的　記敘文係作者將自己所知、所見、所聞而得之事物印象，亦令他人獲得。因此其目的不外：表現思想、傳達知識、激發感情，提供趣味。因目的不同，故材料之取捨亦有輕重，如方苞左忠毅公軼事旨在激發感情，是棄身事、生卒年月日與事功不寫，而專着重其愛國之言行表現。固然，文章之目的，有時並不限於一種，然總應有重心，方能令主旨明確。

2.須有依據　記敘文之材料，多為作者所知悉見聞事物而得之印象，非取之子虛，憑空杜撰。故取材之時，應顧及人（物）、事、時、地等要素，以為作記敘文之基礎，若小說寓言之類虛構之文字，亦須合情合理，不能無人（物）、事、時、地等實在之材料。否則，記敘文亦無物可記矣。

3.注意特色　記敘文須使所描述之人（物）事活現突出，如此方能生動感人。欲如是，則須觀察深刻，着筆細微具體。不宜浮光掠影、籠統涵蓋，如以「鳥語花香」「花紅柳綠」敘述春天某處之景物，實無法呈其特色。世上並無完全相同之事物，而人物之個性、容貌及言行亦罕見近似者。故唯有把握要點、觀察精微，描述方能入木三分。

4.確定立場　作文取材，應確立寫作立場，係立於主動或被動，或旁觀之一固定地位，如此文章之意念乃能統一，而不旁歧。如胡適譯之最後一課，係用主動第一人稱着筆；劉鶚之明湖居聽書（高中國文第一冊）則為旁觀（第三者）之記敘；詹天佑一文，多見被動之記敘，如：「他被選中了。」又如：「被政府派到福州的船政學堂。」皆是。以旁觀之立場記敘應固定一地位，若不能如是，則在改變立場之時，須用詞語過渡，以免混淆不清。如三國志演義孔明借箭（註二三）均用「却說」一語轉變，故前後頭緒仍甚清晰，易於了解。

5.**繁簡得宜**　或輕描淡寫、或盡力描述，悉依主旨與目的而決定。若能配合主旨與目的，千句不爲少，若與主旨無關，則一句嫌其多。清魏際瑞所謂：「文章煩簡，非因字句多寡、篇幅長短；若庸絮懈蔓，一句亦謂之煩；切到精詳，連篇亦謂之簡。」（註二四）正屬此意。此外，由記敘之範圍而言，有着重全面，作概括性之記敘者，用鳥瞰式；有着重於菁華片段之記敘者，用剪影式。有隨時空之移動而記敘者，用步移式，均須依主旨而確定。

㈢安　排

記敘文安排之方式，常見者，多以時空之順序，如順敘法、正敘法、插敘法、移進法、與雜敘法等均是。（見前布局）此外亦可用虛實法、主賓法、問答法等，皆可引爲記敘文之安排，此前已論之，不再贅述，讀者可比照而觀。

㈣措　辭

記敘文之措辭，當以深刻之觀察，體驗與認識爲基礎。注意細微之處，比較事物異同，應用想像能力。然後善用修辭技巧，如用「轉化」：擬物爲人、擬人爲物、擬虛爲實。用「譬喻」：明喻、隱喻、略喻、借喻以取其生動。用「夸飾」：時空夸飾、物象夸飾、人情夸飾；「映襯」：反襯、對襯、雙襯，以取其有力。（註二五）以「婉曲」：曲折、微辭、呑吐、含蓄取其情趣。循是，記敘文方不致枯淡乏味，毫無生氣可言。

二、抒情文寫作之要點

㈠意　義

吾人或遭變故，以致一往情深，或觸景生情，不能自已，以此情懷託諸文字，稱為抒情之文。質言之，凡藉文辭以表現心靈之感觸，顯著者如喜、怒、哀、樂、愛、惡、欲等情緒；微妙者如興奮、頹唐、憂鬱、寧靜，以及種種不易名狀、來去飄忽之心境者，均為抒情文。人之抒情必須託之事理或物象，其情乃能具體表現，方能深切感人。若捨事理與物象單純抒情，則作者之情感無從把握，而讀者亦無由感受理會矣。抒情文中，或多見其論說者，如蘇軾之赤壁賦。或多見其記敍者，如袁枚之祭妹文，均據事理與事（象）而發其情，斯體仍屬抒情文。

㈡範　圍

抒情文之範圍至廣，在西洋文學之中，分為宗教性、愛情性、自然性、愛國性、回憶性、哀悼性、祭祀性等種（註二六）我國常見者，有觸景、懷念、憑弔、感時、抒志、征戰、悼亡、離情、閒愁、閨怨、情愛，以及雜感等等。概括此範圍，其題材來源，不外為：

1.觸景　自然界之景象，時空之變化足以感人者，鍾嶸詩品序：「氣之動物，物之感人，故搖蕩性情，形諸舞詠。」又云：「若乃春風春鳥，秋月秋蟬，夏雲暑雨，冬月祁寒，斯四候之感諸詩者也。」均指此而言。

2.感事　所見所聞或親身遭遇之喜悲哀感之事，皆可發抒己懷、託諸文辭，如杜甫之春望，係感於時事，白居易之燕詩示劉叟，則感於人子之不孝，皆是。

3.懷人　生離、死別、恩愛、親情，所謂：「楚臣去境、漢妾辭宮、或骨橫朔野、或魂逐飛蓬。或負戈外戍、殺氣雄邊。塞客衣單、孀閨淚盡。又士有解佩出朝一去忘返。……凡斯種種感蕩心靈，非陳詩何以展其義，非長歌何以騁其情。」（鍾嶸詩品序）均令人感懷不已。如朱自清之背影，胡適之我的母親（國中一冊）等均是。

4.弔古　偶而追思古人、感慨前朝，如蘇軾念奴嬌，以及杜甫之八陣圖，均屬之。

然不論其題材之範圍如何，所抒寫之情感，仍不外兩方面：⑴抒發作者自己之情感。⑵抒發他人之情感。（註二七）抒寫自己之情感，須出於自己之經驗感受，不能無病呻吟。抒寫他人之情感，須依想像與體驗，置身設想，不能憑空杜撰，文辭乃能深刻眞切。

㈢抒寫方法

梁啓超在其中國韻文裏頭所表現的情感一書中，將抒情之方式，分爲三類：

1.「奔迸的表情法」　梁氏云：「向來寫情感的，多半是以含蓄蘊藉爲原則，像那彈琴的弦外之音，像喫橄欖的那點回甘味兒，是我們中國文學家的最樂道，但是，有一類是要忽然奔迸一瀉無餘的，我們可以給這類文學起一個名，叫做奔迸的表情法。」（註二八）

2.「迴盪的表情法」　梁氏云：「是一種極濃厚的情感蟠結在胸中，像春蠶抽絲一般把他抽出來。這種表情法，看他專從熱烈方面盡量發揮，和前一類正相同。所異者，前一類是直線式的表現，後一類是曲線式或多角式的表現。這一類所表的情感是有相當的時間經過，數種情感交錯糾結起來，成爲網形的性質。」

3.「蘊藉的表情法」梁氏云：「這種表情法，和前兩種不同，前兩種是熱的，這種是溫的；前兩種是有光芒的火燄，這種是拿灰蓋着的爐炭。」

此三類，予以簡括，實可分爲二類；一爲直接抒情法，一爲間接抒情法。直接抒情包括奔迸與迴盪之表情，間接抒情則指蘊藉之表情。

1.直接抒情法　直抒心中情感，不隱瞞、亦不呑吐、明白表現，如岳飛滿江紅：「怒髮衝冠，憑欄處，瀟瀟雨歇。抬望眼，仰天長嘯，壯懷激烈。」又如蘇軾念奴嬌：「羽扇綸巾，談笑間，強虜灰飛煙滅。……」（高中國文第五册）皆將情感感率表露，爲直接之抒情。

2.間接抒情法　將抽象之情感，化爲意象予以具體表現。吐辭蘊藉含蓄、不露機鋒、不作正寫，呑呑吐吐，言語不盡，餘情不予表明，欲令讀者自去尋繹。如歸有光先妣事略：「正德八年五月二十三日，孺人卒。諸兒見家人泣，則隨之泣，然猶以爲母寢也。」不寫其悲，而其悲自現。又如杜甫江南逢李龜年：「岐王宅裏尋常見，崔九堂前幾度聞。正是江南好風景，落花時節又逢君。」心中深懷昔盛今衰、淒涼流落之傷感，不於字面流露，令人讀之，亦不可悲，待加回味，乃知其感之深，其悲之極。此爲間接之抒情。

抒情文，直接與間接之抒情方法，亦常配合應用，或先用直接抒情後用間接抒情，如：韓愈祭十二郎文：「嗚呼，吾少孤，及長，不省所怙，惟兄嫂是依。」先抒其悲，而後敍事。或先間接抒情，後直接抒情，如馬致遠天淨沙、秋思：「枯藤、老樹、昏鴉。小橋、流水、人家。古道、西風、瘦馬。夕陽西下，斷腸人在天涯。」先以具體意象出之，至末句乃將悲愁斷腸表露。

情感之抒情，欲其眞切感人，對事物之觀察必須深刻，並且對事理之體驗，必須精微，如朱自清描寫其父之背影：「可是他穿過鐵道，要爬上那邊月臺，就不容易了。他兩手攀着上面，兩脚向上縮，他肥胖的身子向左微傾，顯出努力的樣子。這時我看見他的背影，我的淚很快地流下來了。」從細微之處着眼，描述細膩，確將慈父愛子之情，深切表現。又如孤雁（國中國文第一册）：「孤雁於是急急地鼓着翅膀，破着喉嚨，只是叫喚。」此體驗細微，將情景具體呈現，故亦感人甚深。

其次，抒寫宜冷靜客觀，不加思索，直率表露之情感，恒不如曾經深思醞釀之情感深沉有力。並且，事過反觀，細加回味之文字，方能將豐富之情感化於具體之意象或事理中，令讀者產生共鳴，如袁枚祭妹文：「紙灰飛揚，朔風野大，阿兄歸矣，猶屢屢回頭望汝也。」若袁枚猶悲痛不已，則當無法利用周遭之景象，以表現其悲淒之情。而其感人亦無法如此之深。以上爲教師指導學生抒寫，所應注意之原則。

其次，關於安排，抒情文之安排，並無定式。有時以記敍文之安排方式爲之。抒發自己眞摯情感，有時以議論文字之安排方式，抒發自己之情感。不論其如何安排，總須順乎情理之自然發展，方不至於語無倫次，令人莫名。

㈣措　辭

抒情文之措辭，固以情感眞摯爲依據，然爲求生動感人，方法仍須講求。抒情之措辭以「婉曲」爲主，亦可以「夸飾」强調其感之深，以「呼告」表現其情之切，以連用「設問」顯現其心中之恍惚，以「驚嘆」加重其感觸之強烈。以「類疊」表露其情之濃厚，以「跳脫」表現其意之急。除此之外，以聲音摹境表情，亦爲一重要方法。朱自清語文通論云：「昔人稱李淸照聲聲慢詞連用許多疊字，以爲創意出奇，實則她也不過注意到字音與字義的關係，能運用適合的語詞以從聲音中表現出神思而已。卽如她所用的『尋尋覓覓，冷冷淸淸，淒淒慘慘戚戚』十四疊字中，以齒上音佔大多數，就可知此詞運用之妙，全在這些聲母相近的字聯在一起，於是讀來也覺聲情中所表現的兼有悽淸慘戚之感而已。」實爲卓見。齒音之字，有淸厲之義，令人有淒慘怨慕之感，（註二九）故聲情配合，亦爲抒情所不可忽略者。

總之，抒情文措辭，可以情盡乎辭，以求盡情表現；亦可以情溢乎辭，以期婉約含蓄，然不宜辭溢乎情，以免繁采寡情，味之生厭。

三、論說文寫作之要點

㈠意　義

論說文係合議論文與說明文而成。議論文係發揮自己之主張，批評別人之意見，以令人信服爲目的。說明文，係解釋事物、說明意義，使人獲得事理或物象知識之文章。（註三十）前者意在剖解事理，欲令人信服；後者意在令人理解而已。前者重在討論，批評或誘導，並提出理由與證據，令讀者確信某一事理；後者但說明內容，而不予論斷。前者論述，偏於主觀；後者說明，偏於客觀。前者內容多見之理論、學說、證據、辯駁與勸說；後者內容多寫種類、性質、功用、意義、方法與價値等，

（註三一）二者略有區別。唯事實上，議論文在表示自己之主見，說服別人之時，須借助說明；說明文，欲使人獲得事理或物象知識時，已帶說服之性質，故二者宜併爲一體，較爲合理。

㈡立意（命題）

在論說文中必須先確立一扼要之主張，以建立此篇文章之中心思想。此主張係在肯定自己之見解、判斷事理之是非。故立一主意，以爲全文之中心時，句之形式，宜爲肯定判斷之語句，此卽論說文中所謂之「命題」。如題目：「談讀書」，立意可以寫爲「讀書有益」。若題目爲：「論有恆」，則立意可以爲「有恆爲成功之本」，均爲肯定之語氣。王鼎鈞講理：「用是非法的句子組成骨幹」，其意卽指此而言。命題確定，則宜把握重心構思取材，搜求各種證據與理由，以支持充實自己之見解與主張，不能改變主旨、游移立場，自失其本。

㈢構思取材

論說文之材料多從觀察、搜集經驗與學問而來。構思取材之時宜從主旨所含之各層意思、分立綱要、提出論點，然後擇取證據材料。如例舉事實，或歷史證據，引用權威言論或諺語成語，某些詩句，或以自己所見所聞之故事以作證明。此外，亦可用假設、比較、推論、演繹或歸納、譬喩之法以支持所論。

㈣安　排

論說文之安排，分爲引論（開端）、正論（正文）、結論（結尾）三部份。引論部份，可以用破題法、重心法、譬喩法、引用法、詰問法、陪襯法、說明法、反駁法、議論法、綱領法等。正論部份，可用演繹法、歸納法、雙括法、遞進法、正反法等。結論部份，可用總結法、照應法、引用法、補敘法、感慨法、疑問法等。以上方法均取本章布局部份，可自參觀比照，此處不爲蛇足。

㈤措　辭

論說文之措辭，期其適當、明白、生動、有力、緊湊，並無異於其他文體之要求。唯論說文所重在理，其目的在解說事理或知識，提出己之見解或主張。故語氣宜肯定，切忌模稜，尤其在判斷事理提出己見之時，更宜如是，王鼎鈞講理所謂：「寫論文是下判斷，下判斷的語氣是『是非法』的語氣。」其意卽在於此。其次，避免堆積辭藻，論說文以理、以意爲主。意之所在，辭文附之，如此辭能達意，而不至於繁采寡意。劉熙載文槩云：「文賦云論精微而朗暢。精微以意言，朗暢以辭言。精微者，不惟其難，惟其是；朗暢者，不惟其易，惟其達。」正說明論文「辭不可勝於理」（文槩）之原則。以上爲論說文措辭所應注意之處。

㈥總　論

論說文係發表己之主張，闡明某種事理與知識，欲令人信服或明白，所重在「理」，與記敘文所重在「象」，抒情文所重在「情」之寫作方式略有不同，因此，論說之時，應注意若干事項：

1. 界說明確　所謂界說，係指確定文字之含義與所討論之範圍。作文題目，時含多種含義，與不同範圍，寫作時須予確立，如是自己方能把握主旨與立場，讀者亦不至於混淆誤解。如韓愈之「師說」，「師」之含義極多，「傳道、授業、解惑」之師，僅爲其中一義而已。並且教師可說之處，亦不限於教師之重要，可論之點至廣，然此篇文章，已將其意義與範圍確定，故讀之並無令人不能把握主旨之病。

2.材料真實 材料須眞實可靠，順乎情理，若所取之證據不實，或毫無依據，爲己所憑空杜撰者，則玆證據難撐論點，勢減文章之說服力。

3.證據充分 材料眞實之外，證據亦求其充分，證據有「直接證據」與「間接證據」。直接證據係取於眼前材料，非自己思慮所得，如顧炎武之廉恥，取五代史、孔子、孟子以及顏氏家訓之言皆爲直接證據。間接證據，則爲自己推理而得者。無論證據直接或間接，總須使人釋疑，並且堅定他人信念爲止。

4.論點圓融 推理之時，宜注意論點之圓融，合乎「能立」，和「能破」之原則。(註三二) 能立係建立自己之主張，能破係駁倒對方之理論。彼之理論無法駁倒，己之主張，亦難堅固。己之論點，若有缺陋，亦難令人信服。是以，論說欲達此標準，宜以歸納或演繹之邏輯方法推論，然後由正反兩面查勘自己與對方之謬誤。自己謬誤必須修正，對方錯誤，則予分層駁詰，如此乃可及於圓融之境。

四、結　論

綜合上述論說文、記敘文、抒情文在性質上雖各有所重，取材上不盡相似，布局上略見不同，措辭方式亦稍有差異，然所依據之四項原則：統一、秩序、聯貫、語勢，實完全相同。文章千變萬化，以上所述，可爲教學之參考，不可以爲不變之模式。方法之研討，固爲學生寫作之捷徑，然並非提高學生寫作能力之靈丹。作文教學目標之達成，無法僅由方法指導中促其實現。有效之法，應先培養學生寫作之興趣，激發其寫作之衝動，然後指導其寫作方法，指示其作文原則，令其多看、多讀、多思、多作、多改。如是方法與實際配合，讀與寫並重，寫作能力之增進方有可能。

第四節　批　改

習作批改，係作文教學之重要工作。爲教師所應確實行之者。或以爲學生於發還之習作，但注意教師之評分多寡，而無視於教師之增刪改易，故與其費時費力批改，不爲學生所重，寧可不必批改而令其多作，以增進其寫作能力。此說似乎言之成理。蓋批改作文，確爲繁難費神之事，劉勰文心雕龍附會篇云：「改章難於造篇，易字難於代句。」古人已領略其中甘苦。然如果令學生逕作而不加以批改，則所疵病百出，疣贅互見，時日既久，形成習慣，欲再爲力，恐艱難百倍而不止。淸李沂秋星閣詩話：「學詩有八字訣，曰：多讀、多講、多作、多改而已。……若作而不改，尤爲不可。作詩安能落筆便好，能改則瑕可爲瑜，瓦礫可爲珠玉。」白居易與元九書：「凡人爲文，私於自是，不忍割截，或失於繁多；其間姸媸，益又自惑，必待交友有公鑒，無姑息者，討論而削奪之，然後繁簡當否得其中矣。」是以但令其作而不批改，則瑕自爲瑕，瓦礫自爲瓦礫，其弊不除，終生爲病。學生寫作能力尙爲薄弱，其能自改者，令其改之，不能自改，則教師應予指示改正，不可令其遺誤長久而不知。

習作批改之功用，除上述改正學生寫作之疵病，防其再現之外，尙可指示學生改進之道與努力之方向；可以了解學生之得失，以爲改善國文教學之用；知其弊病，可以設法作補救之教學；了解學生個別差異，以爲因材施教之基礎；可以爲學生學習勤惰之評分依據。是以，習作批改雖爲繁難費時，然其影響學習，關係教學目標之達成，至深且鉅，教師實不宜等閒視之。批改僅爲教學之手段，改之意義，乃在於教，寓改於教，乃習作批改之精神所在。學生忽略批改，適爲教師檢討得失，診斷原因、改進教學之時。故不宜因噎廢食、避重就輕。

批改，包括批示與修改。批示係批評指示文章之優劣得失。修改係修飾改正文章之不善不妥，二者雖各有所重，然須相輔相行，不能偏廢。玆就批改有關問題分述於後：

一、修改問題

修改分爲修與改，改係改正其錯誤或不當之處，使其正確。修是修飾文辭庸拙不善者，使其精美。一般學生習作所須修改之項目包括：字形錯誤、詞彙誤用、章句無方、修辭欠究、態度失宜、內容缺點等六項問題（註三三）。玆分述於後：

㈠字形錯誤

字形之錯誤，係指錯字與別字而言。錯字是指不成字形之字；或多一筆，或少一筆，或部位錯亂，如「步」錯爲「歩」，「挖」錯爲「[illegible]」，「斟酌」誤爲「酙酌」等皆是。別字是誤用另一成形之字，以至於意義不倫不類。其中有音同而形異者，如「去世」誤爲「去逝」，「抱負」誤爲「報負」，「固執」誤爲「故執」；有音同而形似者，如：「屹」立不動，誤爲「迄」；「象」徵和平，誤爲「像」；「黯」然銷魂，誤爲「暗」；有音異而形似者，如上「鈎」，誤爲「鈞」；「徒」喚奈何，誤爲「徙」；幼「稚」時期，誤爲「雅」；有音近而誤者，如「生」命，誤爲「身」命；「揚」眉吐氣，誤爲「昂」眉吐氣等皆是。錯別字發生之原因，多與學生不注意字形，不注意讀音，不明構字原則，平日少用之原因有關。教師平常宜就學生易於誤寫之字，多予指點，多加比較，提示學生注意。發現錯別字之時，應標示錯別字之符號，令學生自己訂正，並且令其整理彙集一處，以作參考。至於簡體字，如觀作观、體作体；俗體字，如回作囬、奇作竒、膽作胆應當避免，責令學生以寫正體字爲是。

(二)詞彙誤用

學生於詞義不甚瞭解之時，其詞語運用，多見失當。最常見者有(1)誤解詞義：如「電燈是愛迪生發現（發明）的。」；「傍晚的時候，到公園裏去遊戲（遊玩）的人很多。」（註三四）等皆是。(2)有不諳習慣用法：如「眞糟糕！老天爺（天）又下雨了。」、「我們的科學太落伍（落後）了。」等皆屬之。(3)有因誤用成語：如稱「志同道合」者爲「一丘之貉」，稱遠離人羣者爲「鶴立雞羣」，均屬之。(4)有誤用虛詞者：如「矣」、「也」誤用、「哉」、「乎」、「姑且」、「尚且」誤用等均是。凡此皆宜加以訂正修改。

(三)章句無方

章句無方常見之弊有：(1)重複：語詞重出，形成累贅：如王若虛滹南遺老集文辨云：「歐公贊唐太宗……云：『自古功德兼隆，由漢以來，未之有也。』既曰『由漢以來』，則『自古』字亦重複。」是也。⑵文法不通：缺少主語或述語，或出現兩種主要動詞，如：「我有打架」、「宣言中曾有說什麼什麼。」⑶語法錯誤：有主賓語不一致者，如：「三月二十九日是我們國家的主要事情。」有謂語賓語不一致者，如：「只見紅花綠葉，鳥語花香。」有連詞不當者，如：「他家有汽車和洋房、花園。」等均爲語法之誤。⑷語氣不合：所言與其事，與其人關係不稱。⑸語意含糊：文字籠統，令人費解。如：「勤學好問與助人都是爲學之道。」⑹條理凌亂：語句次序倒置，條理不能一貫。⑺言語嚕囌：雖不重複，但却多餘：「我很快樂，因爲今天放假可以不必上學，所以快樂無比。」⑻前後不貫：句與句、段與段之承接，至爲突然，必待補充若干詞語，文氣方能一貫。⑼語式不一：或文言、或白話，錯亂雜出。⑽標點錯誤：或分號與冒號難辨；或長句與短句無法劃分，以致誤用而使文氣不順。以上爲章句上常見之病，教師應指出其癥結，予以訂正。此外，另有⑾剪裁不當：當繁而簡，宜簡而繁，輕重取捨之間，不能勻稱。⑿結構欠密：各段各節之材料欠缺，文意不全，間架空疏乏力。此二者較難修改，教師可眉批或符號指出其病，令其自改。

㈣**修辭欠究**

句法不誤，文理亦順，全文無弊病可言。然文字生硬呆板，陳腔濫調，鋪敍平直，情趣索然，玆爲修辭欠究之弊。教師宜斟酌其失，略予潤飾；或以倒裝改變其句式；或易以語詞改變其詞性；或棄其陳腔，擇最精確適當之詞以替代；或調協其平仄；或以譬喻；或以婉曲；或以夸飾；或以鑲嵌；或以類疊；或以錯綜；或以對偶；或增字或減字藻飾其文，然後文章方能簡潔生動有力、華美。學生亦能因此由教師之潤飾中領略遣詞造句之法。有關是項，此部份教師修改不宜過多，每段之中擇其最顯著之處加以潤飾卽可，以免學生置之不理，造成反效果。

㈤**態度失宜**

國文教學目標之一，必須培養學生對自己所發表之語言文字，有負責之態度，是以，凡過份偏激而不平允之論，應予指正。而刻薄、輕佻、狂妄、猥褻、粗俗等不當之文字，尤須個別指導。且宜詢查其課外讀物，指導其正當之書籍。態度方面，修改較爲困難，原則上以批示或當面指導爲首。若僅細微處，則可直接修改，並指示學生注意。

㈥**內容缺點**

學生作文，內容上常見之病爲⑴思想不清，無明確之重心，亦無眞實之見解，通篇不知所云。⑵論理不正：取證欠當，或引據失實，或比喩不妥，推理不合邏輯，盲目論斷。⑶不切題旨：未能把握題意，但於題外多見發揮，而於題旨未見着言。故所述如隔靴搔癢，全不中肯。⑷敍事失實：杜撰事實，不合情理，不合時代，不切時節；但見表面，不察實情；遺漏要事，而取其餘事等皆是。⑸寫景失眞：或觀察疏略；或常識有限；或表達能力不足，以致寫來與實景全不相似。⑹情不由衷：無病呻吟，矯揉造作，不出自內心；或人云亦云，毫無主見；或抄襲模仿，陳腔濫調等均屬之。內容上之缺點，修改不易，教師應擇其可改者而改之，餘者以批示爲主，避免整節、整段廢除，另易己作。⑺內容貧乏：其原因係讀書不多，想像力不夠（註三五），以至於言之無物，內容空洞。

以上幾項爲學生習作常見之弊病，教師應予設法修改。修改之時，宜因人而異：程度較差者，但求其文章通順無誤；程度較高者，則進一步求其文辭生動美妙。文章不可多改，但亦不可因其善而不改。多改，將減其習作興趣，不改，則學生易掉以輕心，養成驕氣，而阻其發展，故修改之時，教師亦宜深思。

二、批示問題

批示係修改並行兼用，互爲補足。因求方便，故乃分說。所謂批示，即包括批評與指示兩方面：批評是褒貶學生文章之優劣得失；指示是指明學生文章之得失所在，指導如何加强改進，而不予好壞之論斷。前者爲消極之批示方法，後者爲積極之批示方法。批示有兩種，一爲眉批，一爲總批：

㈠眉　批

批示之文字寫於作文紙之上端者，謂爲眉批。大體而言，每段中個別之毛病或優點，宜用眉批以批評指示其得失所在。若優劣得失過多，眉批無法盡功，則可留待總批，綜合指出。

㈡總　批

批示之文字寫於卷末者，謂之總批。凡關係全篇之得失，而欲作概括之批示者，宜用總批，或有至要問題欲提示學生注意，亦宜置之卷末。

一般而言，眉批宜重於總批，積極之指示應重於消極之批評。批評之目的，非在指責學生，而係在教導學生，鼓勵學生，並且刺激學生。故無意義之批評應當避免，而代以可鼓舞學生，指導學生之批示。如是，批示乃有功效可言。

三、批改方式

批改之方法，常用者有：

㈠教師批改

即教師在學生作文簿上直接批改。此爲目前中學作文批改最常用之方法。教師批改又可分爲三種：一爲精批精改：既詳予修改，且緐加批示，凡一語一句之瑕疵，皆不敷衍，務批改至精當完美爲止。二爲精批略改：改正其錯誤，略作文辭上之修飾，保留學生之原文原意，不作徹底之修改，然於批示，則詳盡細心，一絲不苟。務盡提出文章之缺失而後已。三爲因人批改：學生作文能力不一，文章之得失亦不能相同，故批改之際，或詳或簡，均視學生之程度與能力而決定。能力較差者，但著重於文字之通順無誤，故批改以簡明扼要爲主，能力較高者文章已無大病，故批改宜着重於文章之生動美巧方面，予以精批細改，以求再進。此三種方式，以「因人批改」一法，能適應學生差異，最爲可行。其次「精批略改」，以其合乎批改多批改少之原則，學生仍可受益，故亦能行之。至於「精批精改」，雖批改詳盡，令學生能明己之優劣得失，而知改進。惟因塗抹過甚，令其眼花撩亂，而煩於檢討。甚至因見其一無是處，而喪失自信心，造成畏懼習作之後果，此實有違批改之用心。其次，教師時間精力有限，精批精改，亦難持久，故此法較不宜施行。以上三種方式各有得失，然不論得失爲何？教師批改之際，以能改出學生胸中所欲言而未能言之思想感情，或改出學生筆端所欲用而未能用之語言文字，方爲可貴，如是批改方能啓發學生之思路，令學生心悅誠服，而有助學生之寫作。

㈡發還自改

發還自改有多式：

1.發還學生自改或重作　當學生作品思想不清，不知所云，或其爲文態度惡劣，教師無從下筆批改，故發還學生自改，或令其重作。

2.符號訂正，學生自改　每篇文章，由教師就其錯誤失當，或不妥不善之處，作一符號，然後發還，令學生自己修改，待學生改正完畢，教師再收回略爲批改。此法效果頗佳，然較爲繁複費時。關於作文批改之符號，江應龍在其作文的命題與批改一文中，列一詳表，可資參考：（註三六）

作文批改符號

號數	符號	名稱	用途	附註
1	⋮⋮⋮	密點	思想正確見解超越	
2	○○	雙圈	詞句優美	
3	～～～	曲線	思想錯誤	
4	?	問號	意義不明	
5	|	槓子	文法不通論理背謬	句旁粗線
6	C	破鑼	文句空泛不切題旨	起迄各用一個
7	∠	斜角	理解幼稚或誤解題意	同右

8	〃	斜撇	句法拙劣修辭不妥	
9	×	斜叉	錯字別字標點錯誤	
10	↑	箭頭	文意不相銜接	
11	‖	雙線	文字重複	
12	S	倒鈎	文字顛倒	
13	／	斜線	脫字增添	
14	｜	單線	刪除	句中細線
15	△△△	掛角	已刪復用	

3. 學生自改　學生完成一篇文章逾數日，再予發回，令其細心檢討所作，學生必將發現其作品之中另外之錯誤，教師宜責其修改，然後收回批改。學生自改之時，教師應指示如何查其錯誤，如字形是否錯誤，文法用詞是否不通，詞句是否重複，見解是否正確，意見發揮是否透徹，引證舉例比喻是否適當，語句前後安排是否有序，句與句，段與段是否聯貫，文意是否明確統一，事實是否具體，景象是否逼眞，感情是否純眞，文字是否繁簡得宜、生動有力，文氣是否通暢等等，令學生自我檢討修改。

㈢共同批改

在學生作品之中選取一篇具有代表性錯誤之文章，抄上黑板，或油印分發，令學生共同修改、批評、教師從旁作綜合之修改與批示。是法使一人文章之得失，成爲共有之經驗與認識，效果甚高，可酌情施行。

以上三式乃常用之批改方法，三者之中以教師批改，較爲方便省時，故運用之時，當以是爲主，間或用學生自改，符號訂正，或用共同批改，以取其變化，並且補充教師批改之不足。

教師批改之後，不可以爲批改工作至此結束，學生習作之得失，教師仍須提出檢討，共同之錯誤，應當衆指出，誡使勿再犯錯，個別而特殊之問題，宜指別指示改進，忌當衆貶責取笑某習作之缺失。如是可以鼓勵學生，而不傷害學生。優良作品，應詳爲眉批與總批，指示其優點，然後選取一、二篇公佈於教室後面之布告欄上，用資鼓勵。令全班揣摩參考，藉以模仿學習。公布優良作品，若非特殊優良之作品，同一人之文章，出現次數，不宜過多。每一次公布優良作品，有不同之名字，最能刺激，鼓勵學生認眞習作。

四、批改原則

批改之意義，在寓批改於教導，而非以揭其疵病爲樂事，故批改之時，宜注意若干原則：

㈠客觀批改

教師批改學生習作，不可憑一己之主觀與好惡，任意批改，宜據客觀之標準，兼顧學生立場，以決定其得失。所謂客觀標準，卽所批改者合乎衆人共同認可之尺度，批改之處，易之他人，亦作同樣之批改，而無見仁見智，因人而異之是非。

㈡存學生原意，忌諱全改

未成熟之作，應如培植幼苗，順其天性，予以養之，批改之時當存文章之原意，就原詞原句，予以化龍點睛，不宜大量增刪，悉以更改。如是方不致於抑制學生之發表興趣。其原則爲：多改不如少改，增字不如減字。（註三七）

㈢批示重於修改

批示可示以得失之所在，明以改進之道。而修改則改其不當不妥之處，但使知如何避免而已，故批宜重於改。

㈣批改字跡忌其草率，文字欲其淺明

若學生無法認明或理解教師所批改之文字，則玆批改實徒費筆墨，而無助於學生。

㈤批改符號應簡明統一

使學生一目了然易於理會，不致於爲符號費心，而致興味索然。

㈥批示明確

批語必須具體切實，令學生明其得失所在，不宜籠統。如「通順」、「尚可」、「有進步」、「欠通順」之類空話，應予避免。梁宜生在其談談「批」文中云：「改文在改正這些錯誤，批語在批出這些錯誤。如果說其意見不對，不對在那一點？如果說其理論發揮不透徹，不透徹的地方何在？情景不眞，要怎樣才眞？思想脫節，要怎樣才不脫節？批示得愈具體，愈能使學生受益，這種批語就是最好的批語。」（註三八）所論是也。

㈦批示宜多鼓勵，少貶責

就文論文，固應優劣實說，然因顧及學生之學習心理，褒貶優劣，必須斟酌。優者不可盡評其優，以防其驕心；劣者不可悉說其劣，以免損其信心，減其興趣；佳作宜尋其缺點，令其自知不足而精益求精，劣文宜尋其好處，予以表揚鼓勵，以提高其信心，增其興趣。概括而言，批語須優劣兼言，「先批優點，後批缺點」(註三九)，然後學生當不視作文爲畏途。

(八)指示重於批評

指示係指導學生得失所在，以及改進之道，批評則論斷其優劣得失。前者爲積極之批示，後者爲消極之批示。積極方法與消極方法須同時並行，然在運用之間，指示宜重於批評。

(九)多令學生自動訂正

教師批改，乃就學生所不能改者而改之。學生若能自動訂正，餘者由教師批改，則收效遠逾教師之單面批改。自動之原則不僅限於範文之學習而已，實可用於任何之學習。

(十)因人批改

批改作文「細心看耐心改」，「面面注意」(註四十)爲教師應有之教學態度，亦爲教師批改學生作文之原則。然爲適應學生個別差異，配合其能力程度與需要，鼓勵其習作之興致，批改之際，輕重應有取捨，不可每一學生皆予精批精改，或所改不符所需。是以應用之方，以因人而改最爲可行。

(十一)按時批改發還，不宜積壓

教師以身作則，如此，可激勵學生認眞習作而不敢稍怠。

(十二)批改之後，須再提示

批改之後，將共同之弊病，當衆提示，令學生注意，防其再犯；個別之得失，則應個別指導。如是，可以加深學生印象，提高習作之效果。

此外，批改作業宜用紅色墨水，並記載批改年月日，習作之成績予以記錄，亦爲批改之時所須注意之事項。

總之，批改，勿忘寓教於改之目的，由批改之中，以指導刺激、鼓勵學生習作，培養其興趣，提高寫作之能力。

五、評記作文分數

批改學生作品之後，爲適應學生心理之需要，並且鼓勵學生積極學習，學生作文之成績，必須評記分數。一面記錄於成績簿上，以爲學習成績之參考，一面記載於作業簿中，令學生於己之得失有所了然。一般評分多以等第或數字表示成績之高低。其中，數字評分爲當前登記成績最爲通行之法，此法具體而且方便，可以配合考試之成績之綜合登記，頗爲可行。關於作文分數之評定，教師常依直覺與主觀而決定，無客觀之評分標準，所評定之成績多不準確，故爲社會所詬病。同一篇文章，此時評分一種分數，彼時評分，則成另一種分數；此人評分，一種分數，易人評定，分數亦隨之而改。有時同一分數，而實際作品却有優劣之分；有時不同分數，却甚難分辨其得失，爲了解主觀評分之不準確，中華測驗技術協進會趙賡颺先生曾作一「作文評閱研究」，所得結果適證無客觀標準評分之弊病；趙先生以兩篇小學六年級作文，（題目㈠升旗，㈡我的母親）郵寄包括謝冰瑩先生在內之各大學教授，以及高級中學之國文教師等凡二十六位，分別評閱記分。由所得資料顯示如下之結果：第一篇作文「升旗」，二十六位先生評分得十一種不同之分數，最高九十分，最低五十分，每一種分數上下比較其差距皆在五分左右。評語亦不相同，佳評如「立意用詞俱佳」；「詞句順適，有的還頗優美」；「一、文字流暢，氣勢雄偉，是一篇很好的文章，二、有錯字，有些地方用詞也不甚妥當。」劣評如：「1.全文不統一。」「2.說的不是自己的話。」；「造句能力尙可，次第嫌亂。」；「本篇記敍文不應夾雜二、三段的說明文。有些用詞欠妥或不當。標點符號不會應用。記事本末顚倒。」至於，第二篇作文「我的母親」，二十六位先生得十二種不同分數，最高七十八分，最低四十分，評語亦優劣互見。由此結果可知，評分多出於主觀而無標準，以致分數不能代表學生實際之作文成績，亦不能顯示其作文之得失。若是，實失評分之意義與目的。

欲改進此評分之不準確，教育學者多主張將評分之項目加以細分，訂成量表，作爲評分之依據，孫邦正教材及教學方法云：「評定作文的好壞，是把兒童的作品和『作文量表』相對照，來決定成績的等第。」是也。如是，一方面可增加教師評記分數之客觀性，一方面令學生明其作文之優劣得失，而知所改進。循是，吾人擬定一作文評分表，作爲教師評分之參考：（註四一）

內容40%	組織30%	修辭20%	書寫10%	總分

茲依此表格略予說明：

㈠內　容

內容包括立意與取材。依趙賡颺先生所列優劣之標準依次爲：新穎↓豐富↓正確↓充實↓切題↓平常↓空泛↓貧乏↓偏頗↓不知所云。

㈡組　織

指章句之結構安排而言：優劣標準依次爲：精巧↓謹嚴↓清晰↓條理井然↓適宜↓不亂↓欠勻稱↓不分明↓少條理↓零亂。

㈢修　辭

指遣詞造句而言，優劣標準依次爲：精美↓富麗↓恰當↓清順↓簡明↓平常↓句欠完整↓有語病↓錯別字多↓欠通順。

㈣書　寫

包括標點符號、行格款式、書法。優劣標準依次爲：秀美↓正確、合體式↓清楚↓齊全、無誤↓欠清正↓偶誤↓不易辨識↓諸多舛誤↓甚劣↓全無規律。

（以上優劣標準，係取自趙賡颺先生作文評閱標準）

得分之高低，依優劣之標準，配合各項分數比率爲增減進退，如首項分數比率爲百分之四十，學生作文內容若達及「新穎」之標準，則評分在三十七分與四十分之間，若達及「豐富」之標準，則評分在三十六分與三十三分之間，餘者依此類推。

準此方式評分，較之教師主觀籠統予以一種分數更爲積極而有價值。學生可由教師之批改知其優劣得失外，亦可從其各項得分，知其各項之弊病，然後能積極改進，補足其缺失。教師亦能由學生各項之得失以爲改進教學之用，一舉數得，頗值取用。

上述之評分方式係依量表給分，另有一種常用之評分方式種爲常態分配。此方式，乃依據本班人數作相對之優劣比較，而分等第。此等第並非眞正之成績，而係全班比較之結果。故其優點爲公平，且可觀察學生在班上之地位。其缺點則不能確知其眞正成績，不能觀察學生之勤惰，不能與其他班級比較高低，不能與自已之前後文章比較得失，故頗爲不便，教師評分仍以量表評分爲主，平日習作或可考慮學生之個別差異，酌情增給分，以收鼓勵與刺激學生學習之功效。

本章結語

作文教學，以學生之習作爲主，練習愈多，所作愈能純熟精巧。惟文字之發表，乃學生語文學習及其生活經驗之綜合表現，欲提高其寫作能力，不能全賴學生充分練習，仍須多充實其經驗知識，多指導其寫作方法；並多予增刪改潤，如是其文乃能進乎言之有物，精練美巧之境，清李沂云：「學詩有八字訣曰：多讀、多講、多作、多改而已。」（秋星閣詩話）學詩如是，文亦不殊：

多讀儲材，臨文構思，可以應手得心，取用不竭，所作自能神現意出，而不枯寂無聊。此可在範文教學、課外閱讀、各科學習，以及日常生活之體驗觀察中，獲致績效。

多講，係指多提示其寫作方法而言，熟識文章作法，入手較易，取徑便捷，而且熟能生巧，事半功倍，由一般作法：審題、立意、構思、剪裁、布局、措辭等之指導，以及寫作各類文體：記敍文、抒情文、論說文、與應用文等要點提示，均有助於寫作興趣之培養，以及寫作能力之增進。依省立高雄師範學院問卷調查顯示，中學優良國文教師在九十九項基本能力之中：「能說明記敍文、抒情文、論說文等的作法。」之能力，評定位序列置第七，(註四二) 其受廣泛重視，實不言而喻，而其重要性，亦可了然。

文章多作，可以生巧。欲求學生作文熟練，悉賴課內習作，仍嫌不足，是以，予以機會，指導練習，實爲必需。課外寫作練習，最重要者爲日記，其餘如：讀書心得、摘錄佳句、寫信，以及投稿等，均爲練習有效之法，教師宜予指導，並令其持之有恒，久之自能見效。

多改，可以去瑕存瑜，臻於精鍊，明謝榛云：「詩不厭改，貴乎精也。」(四溟詩話卷二) 所論是也。教師應示以方法，指導學生自改文章，改文不可以一爲是，宜再三更改，宋張炎云：「詞既成，試思前後之意，不相應或有重疊句意，又恐字面麤疏，即爲修改；改畢，淨寫一本，展之几案間，或貼之壁；少頃再觀，必有未穩處，又須修改，至來日再觀，恐又有未盡善者，如此改之又改，方成無瑕之玉。」(詞源卷下製曲) 其修改之態度，實値吾人借鑑，學生無能再改，教師宜予適切批改，針其得失優劣所在，具體批示，使知有所遵循改造。

總之，欲提高學生寫作能力，課內習作之外，課餘之練習，尤須指導，準諸多讀、多講、多作、多改之原則，然後習作目的，乃能冀其達成。

【附註】

註一 參見孫邦正教材及教學法第二册第一章。商務。

註二 見章微穎中學國文教學法講義第五章。

註三 參見呂雲彪、楊文苑編作文題目五千個，作文教授法，上海廣益書局。

註四 參見註三。

註五 以上命題範圍參見朱翊新作文大綱千題，香港上海書館。

註六 見談文學、體裁與風格一二三頁，臺灣開明書店出版，民國六十三年十二月臺十一版。

註七 六十一年教育部公布之課程標準。

註八 六十年教育部公布之課程標準。

註九 見中學國文教學法講義，臺灣省立師範大學印，五十四年版。

註十 以上參見徐芹庭修辭學發微二八六頁，中華書局。

註十一 唐彪讀書作文譜，見國文教師手册，中華書局印。

註十二 見同註十一。

註十三 見所著成功的教學，八十五頁，王圻譯。教育部出版，民國四十九年十二月初版。

註十四 見國民中學國文第三册語文知識八十一頁，六十一年八月四日出版。

註十五 見中國文學發達史四七九頁，中華書局印。

註十六 見文心雕龍注卷七鎔裁註五，開明書店。

註十七　參見蔣建文從作文原則談作文方法，商務。

註十八　參見黃師永武字句鍛鍊法，商務。

註十九　見國民中學國文第四冊，六十四年一月初版，一〇四頁。

註二十　應用文講話，王偉俠，第六頁，華岡出版社。

註廿一　夏丏尊文章作法第十二頁，綠州書店。

註廿二　同註二十一，第三十四頁。

註廿三　高中國文第一冊，六十四年八月修訂。

註廿四　見張文治古書修辭例引二〇六頁。

註廿五　以上參見黃師永武之字句鍛鍊法，黃師慶萱之修辭學。

註廿六　見方祖燊作文作法三十三頁中南書局。

註廿七　同註二十六。

註廿八　中國韻文裏的表現的情感，中華書局出版。

註廿九　見黃師永武詩學研究筆記。

註三十　見姚平編著論說作法舉隅第一頁，東山出版社。

註卅一　見李曰剛先生作文技巧六十八頁，白雲書屋。

註卅二　見學文示例四一七頁引曹晃修辭學，開明書店。

註卅三　參見蔣伯潛中學國文教學法，泰順書局。

註卅四　見凌琴如著中國語文散論易於用錯的字。

註卅五 見教育與文化，二四六期二十五頁黃錦鋐先生之從評閱大專聯考作文試卷談改進中學國文教學一文。
註卅六 見中國語文二十一卷第三期二十四頁。
註卅七 見中國語文十八卷一期正修改作文之原則。
註卅八 見梁氏所著國文教學叢談一二四頁，學生書局。
註卅九 見曾忠華編著國文科教材教法一二一頁。
註四十 見中國語文二十一卷第三期二十四頁江應龍作文的命題與批改。
註四一 參見教學研究方炳林作業的評鑑一文及趙賡颺先生之作文評分表。
註四二 見本篇論文第一章結語。

第六章　書法指導

書法，係指文字書寫之方法而言。書寫之工具爲毛筆。此與一般以硬筆寫字之方法，並不盡同。一般寫字之方法，但求正確無誤、清楚易識；而書法則於正確無誤，清楚易識之外，猶求見其形體神氣之美，以期爲人欣賞感應。故王壯爲書法研究云：「通常我們所謂書法，主要的是指文字之由於書寫而表現出藝術性質來的東西。」其意卽指此而言。

書法不能離文字而獨存，有文字卽有書法。書法之產生幾與文字始造同時。是以，書法不僅係一門藝術，且爲吾民族文化之精粹。在國民中學課程標準規定：「指導學生以正確之姿勢執筆及運筆之方法，使用毛筆書寫正楷。」高級中學課程標準，實施方法，第柒項書法練習及指導亦規定：「學生練習書法、用毛筆書寫、臨摹法帖、古碑，以正楷爲主，間用行草。」是規定之目的，固在培養學生書寫之技能，以適應生活，而實亦承接小學之基礎，以宏揚中華固有文化，並培養其欣賞之興趣與能力。

茲爲指導學生練習書法之主因也。

書法體勢，係因字體形狀而不同，有：甲骨文、金文、大篆、篆書（小篆）、隸書、楷書、草書、行書等體。近人常習之書體概多爲篆書、隸書、楷書、草書、行書。中學階段，學生練習書法以楷書爲主，(註一)待點畫得法，運筆熟練，可於高中時期指導學生有關行書草書之運筆方法。蓋楷書爲各類書體之基礎，楷法不正，其他書體亦難求工，蘇軾云：「書法備於正書，溢而爲行草，未能正書，而能行草，猶未能莊語而輙放言，無足道也。」又云：「眞生行、行生草。眞如立、行如行、草如走、未有未能立而能行、未能行而能走者也。」(註二)意亦在此。故楷書指導，宜爲書法指導之重心。

中學階段之書法練習，無法及於唐張懷權議書所謂：「囊括萬殊，裁成一相。或寄以騁縱橫之志，或託以散鬱之懷，雖至貴不能仰其高，雖妙算不能量其力。」風格獨造，技巧玄妙之境。在此階段，但求正確、整齊、美觀而已。所謂正確：指坐身與執筆姿勢之正確、字體與筆順之無誤而言；所謂整齊，指字體點畫勻稱，間架整齊，以及字與字、行與行間之排列整齊而言。所謂美觀，指運筆得法、結體優美、章法有致而言。此三項爲中學生練習書法，所宜達及之標準。教師指導學生練習，首步當求正確，其次欲其整齊，然後期其美觀。如是循序漸進，以培養其書寫之技能。

書法學習，固以學生之練習爲主，然仍須教師指導，度與金針，學習方能事半功倍。指導之範圍，包括工具、姿勢、運筆、結構、章法、臨摹等項，玆就其要，分述於後：

第一節　工具指導

書寫工具：筆、墨、紙、硯，昔稱爲「文房四寶」，缺一不可。王羲之嘗以之喻戰：「夫紙者陣也，筆者刀矟也，墨者鍪甲也，水硯者城池也。」（王右軍題衛夫人筆陣圖後）實道盡此四者之重要。

一、筆

㈠種　類

毛筆之種類甚多，以筆毛而論，有紫毫（紫兎之背毫）、羊毫、鷄毫（取自山鷄）（註三）、狼毫（黃鼠狼尾毫）、以及兼毫（由二種毫合成，如七紫三羊、即七成兎毫、三成羊毫；鷄狼毫、即鷄毫、狼毫合用。）等數種，以筆性而論，分爲柔性、剛性與中性。屬於柔性者，有羊毫、鷄毫（註四）；屬於剛性者有紫毫、狼毫；屬於中性者爲兼毫。以毛筆之大小而論，有聯筆、屏筆、大楷筆、中楷筆、小楷筆。以筆毛之長短而論，有長鋒與短鋒之分。皆因取用有異，而種類不同。

㈡選　擇

選擇毛筆，首須注意用途；臨大楷用羊毫筆，取其筆性柔軟、易於揮筆。寫小字用狼毫、紫毫或兼毫，取其筆性勁健、易於着力。寫行草宜用長鋒羊毫，便於揮筆，篆書亦用長鋒羊毫，而以禿筆爲宜。大字用大楷筆，小字取小筆。此爲選筆之原則。其次擇筆應擇「尖齊圓健」；「尖」，筆鋒尖銳；「齊」，發開筆鋒、捺扁能內外齊一、無參差之毫；「圓」，筆身圓渾飽滿；「健」，筆鋒勁健，具有彈性，如以筆鋒畫圈則圓轉自如，毫不阻滯，圈罷收筆，筆鋒自然收束，回復原狀。（註五）合此四者方爲良筆。

㈢使　用

新筆使用，宜用清水發開筆鋒。小楷筆發筆三分之一，中楷筆發筆二分之一，大楷則須全發。用後，以清水洗淨，不存餘墨，順筆毛之勢以紙吸乾存水，回復筆毛未發前之形狀，然後細心套入筆帽，力避鋒穎受損；或者懸掛陰涼之處、不着筆帽，令其陰乾皆可。

二、墨

書寫常用之墨有松煙墨與膠墨兩種。松煙墨、烏黑無膠、毫無光澤、着水易於滲化，雖可寫字，但落紙不能姿媚，不爲書家所喜。膠墨係以煙煤合膠，另加防腐香料等劑而成。一般書寫，多用此墨。

墨之選擇，以質地細潔、色澤光潤、膠水不重，上硯無聲者爲佳。陳繹曾翰林要訣引書學指南云：「夫論墨之佳，曰輕堅黝黑，入硯無聲。」所論是也。膠質過重之墨，往往滯筆，書寫頗爲不便。街坊出售之墨汁，以其濃則太膠，易損筆鋒，和水則淡而浸，易於滲化，故多爲書家所詬。然學生習字爲惜省時間，取之使用，亦不失爲便捷之法。

研墨宜濃淡適中；墨濃則筆滯不便，墨淡則色淺而滲。濃淡之間，則寧濃勿淡。康有爲廣藝舟雙楫綴法云：「乾研墨，則濕點筆；濕研墨，則乾點筆。太濃則肉滯，太淡則肉薄；然與其淡也寧濃，有力運之，不能滯也。」所言是也。用墨以新研者爲佳，張廷相玉燕樓書法云：「新磨之墨膠氣不浮、既不滯筆、亦不漬紙。」所見至是。蓋宿墨生膠，且無光彩，不合使用，故研墨之前，須清洗硯中之存墨。磨墨時宜重按輕移，動作緩慢；重按則下墨，輕推則細勻。如此，一面可鍛鍊腕力，一面可研讀碑帖，一學數得，雖爲費時，實見其功。

三、紙

紙之種類繁多，總括而分，可得二類：

㈠宣紙類

亦名滲墨紙類，如毛邊紙、棉紙、宣紙均屬之。此紙易於滲墨，易得筆力。

㈡牋紙類

亦名托墨紙類，如素牋、牋紙、蠟箋等屬之，是類紙、紙面光滑、難得筆力。

習字用紙，自以滲墨紙爲佳。初學宜在劣紙上練習，以其便於着力、而白滑之紙則不宜取用。硬紙，宜用柔性之筆，軟紙、宜用剛性之筆，如此可剛柔相濟，陳繹曾翰林要訣引王右軍之言云：「紙剛用軟筆、紙柔用硬筆，純剛如錐畫石、純柔如泥印泥，既不圓暢，神格亡矣。」亦說明此原則。摹帖宜用油光紙，取其紙薄透明，易於鈎摹，且不致汚損。臨帖、書楷宜用九宮格、或米字格、取其易於布置結構。

四、硯

作硯，有以石、以陶、以磁、以瓦、以磚、以玉爲之，近亦有以水泥或塑膠爲之。其中以石硯最爲實用可取。石硯之中，以廣東高要縣端溪兩岸所出之端硯最爲有名。端硯色呈紫褐、聲鏗如磬、易於發墨、爲硯之至品。其次江西婺源縣歙溪出產之歙硯，亦與並稱而略遜。此二者得之不易，但作參考而已。一般石硯、但選其易於發墨、石理細膩者使用，非必有端硯，始能學書。

硯之形式、不論方圓，總以有硯蓋、能下墨、硯心凹進，可以多貯墨汁者爲佳。用時着水，不用時宜洗滌乾淨、勿存墨垢以損筆鋒。

以上筆墨紙硯，四種書寫工具之選用，教師應就學生能力所及者，指示較合適而可得之工具，令其自去選擇購買，以爲練習之用。

第二節　姿勢指導

姿勢包括坐身姿勢與執筆姿勢，玆分述於下：

一、坐身姿勢

學書，坐身之姿勢至爲重要，姿勢不正，不但用力難成，且妨健康、如彎腰曲背、近視等，皆與坐姿不正有關。故教師宜隨時糾正學生書寫時坐身之姿勢，避免滋此弊端。姿勢之正確應爲：

㈠頭　端

頭端頸正、向前微俯、目光自然接觸紙面。

㈡身　正

肩平胸張、脊直腰挺、肌肉放鬆、胸膛距桌約二三寸。

㈢肱 開

雙肱展開，左手輕按紙上，右手握緊毛筆。

㈣足 平

雙足自然下垂、平放地上，不可懸空，或左右交叉。（註六）

㈤心 靜

心馳體住，無法成字，必須神怡務閒，下筆方能順暢。

㈥意 專

習字須精神貫注，意在筆先，乃能心領神會，得其妙訣。王右軍題衞夫人筆陣圖後：「夫欲書先乾研墨，凝神靜思，預想字形大小偃仰，平直振動，令筋脈相連，意在筆前，然後作字。」已道出爲書之訣。

此外，桌椅高低，須配合身軀大小，使坐之順適。並且天明氣淸、窗明几淨、筆研精良，胸次先有活潑景趣。然後伸紙作書，自然機神流逸、怡然忘我矣。（註七）

二、執筆姿勢

執筆姿勢，爲學書之關鍵，書法之得失、功進之遲速，多繫乎執筆之良窳，晉衞夫人筆陣圖：「凡學書字，先學執筆。」康有爲廣藝舟雙楫執筆篇云：「向不能書，皆由不解執筆。」均言執筆之重要。執筆之原則在於堅緊，姜夔續書譜云：「大抵作字在筆，要執之欲緊、運之欲活。」蔣仲和書法正宗：「執筆須堅、運筆須疾。」所論是也。

執筆之方法，分爲指、手、腕三種。

㈠指　法

指法之中，以五字訣最爲書家所用，此五字爲：擫、押、鉤、格、抵。馮武書法正傳纂言上錄陸希聲傳筆法云：「鄧州錢若水，嘗言古善之書者，鮮有得筆法，陸希聲得之凡五字，曰：擫押鉤格抵。」是也。茲分述於下：

1. **擫**　以大指上節端用力擫住筆管之左方，名之曰擫。
2. **押**　以食指上節端壓定筆管之右方，使與大指齊力執住，其名曰押。
3. **鉤**　以中指尖鉤住筆管之前方，不使傾側或搖動，其名曰鉤。
4. **格**　以無名指爪肉之際，用力托住筆管內方，其名曰格。
5. **抵**　以小食指緊傍無名指之後，輔助無名指拒使力，而不靠攏筆管。

其形式如圖：

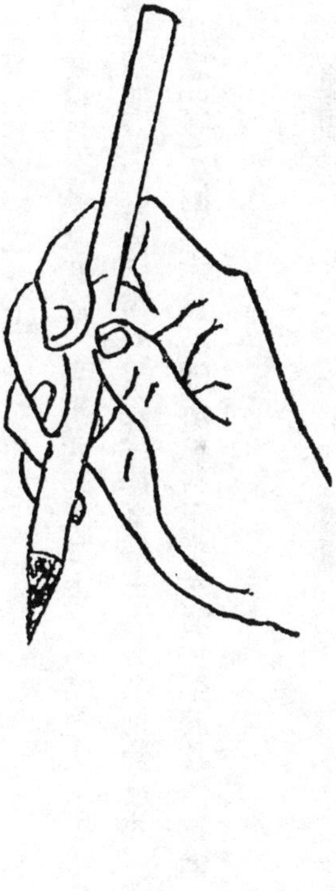

㈡手　法

即右手執時筆之姿勢：指必握實，掌中空虛、腕平可置杯水、筆管直豎。康有爲廣藝舟雙楫執筆云：「朱九江執筆法曰：虛掌、實指、平腕、豎鋒。吾從之學，苦於腕平則筆不能正，筆正則腕不能平；因日窺先生執筆法，見食指、中指、名指層累而下，指背圓密。如法爲之，腕平而筆正矣。」所論正指手法而言。所以如此蓋管豎腕平則鋒正，鋒正則四面勢全；指實則筋力均平；掌虛則運用便易也。(註八)

㈢腕　法

腕法有三，一爲枕腕，適於小楷；二爲提腕，適宜中楷；三爲懸腕，適宜大楷、或行草。元陳繹曾翰林要訣於腕法有簡要之詮釋，可爲參考：

「枕腕：以左手枕右腕而書之。

提腕：肘着案而虛提手腕而書之。

懸腕：懸着空中而書之，最有力。」

其中枕腕法，亦可以手腕直接枕於桌面，不必以左手枕於右腕之下，以取其便捷。執筆之時，手法、腕法與指法必須配合運用，練習方易有成。

此外，執筆之位置，亦爲執筆姿勢所不可忽略者。執筆宜高宜低，歷來有不同主張。然平心而論，執筆之高低端視字體之大小而定，非能憑空可以論斷。概略言之，執筆高低：

1. 小楷　執筆宜近，距筆頭約一寸上下。

2. 大楷　執筆欲遠，去筆頭約二寸上下。

3. 行書、草書　爲便轉折、執筆宜遠，去筆頭約三寸上，若字愈大，則距愈遠。

總之，執筆不論其高低，一以自然順勢，便於揮筆爲主。若必拘論尺寸，亦非悉其訣者也。以上爲中學學生書法練習所應知之姿勢，亦爲教師所應糾正指示者。至於其他執筆「變法」之指導，則在基礎學習範圍之外矣。

第三節　運筆指導

書法之妙，全在運筆（註九），前述之姿勢指導，目的亦在求運筆之得法與得力而已。故書法指導宜以此為重。

靈活乃運筆之原則。唯有運筆靈活，書體方能見其神氣，姜夔續書譜云：「大抵作字在筆，要執之欲緊，運之欲活。」所論然也。靈活之外，亦須筆筆着力，書體乃能得其精神，不至於軟弱乏力，蔣仲和書法正宗云：「字無一筆可以不用力，無一法可以不用力，卽牽絲使轉亦皆有力。」實言盡筆力之重要。

寫字欲見筆力，或主張以指運筆，如唐李陽冰翰林密論云：「作點向左，以中指斜頓，向右以大指齊頓；作橫畫皆以大指遣之；作策法仰指抬筆；作勒法用中指鈎筆溢進，覆畫以中指頓筆然後以大指遣送至盡處。」此卽以指為說。或主以腕運筆，姜夔續書譜：「大抵作字在筆，要執之欲緊、運之欲活，不可以指運筆，當以腕運筆。執之在手，手不主運；運之在腕，腕不知執。」是二說皆有所偏。蓋使力宜各處配合，不止使指或使腕而已。國民中學課文第一冊書法須知(民國五十八年版)云：「力氣要由臂運到腕，由腕運到指，由指運到筆尖。如此字寫出來纔能有力，也纔能揮灑得開。寫小楷可以把肘擺在桌上，但腕力還是要運用的。」實乃肯綮之論也。

運筆指導，除注意其靈活運用，筆筆着力之外，另有三方面宜隨機指示：一為筆法名稱、一為筆畫方法、一為筆鋒運用。玆依此分述於后：

㈠筆法名稱

運筆宜知筆法，如是乃能靈活運用、筆筆得法，不至於扞格難通，欲知筆法，宜先悉筆法名稱。

茲就古人常用各類筆法名稱，擇要略述：

1. 提 提者，頓後提筆也；蹲與駐後亦須提。換言之，先有落筆，後有提筆也。
2. 轉 圜法也，有圓轉廻旋之意。
3. 折 筆鋒欲左先右，往右回左也。直書上下亦然。
4. 頓 力注毫端，透入紙背，筆重按下。
5. 挫 頓後以筆略提，使筆鋒轉動，離於頓處。凡轉角及趯用之。
6. 蹲 用筆如頓，特不重按。
7. 駐 不可頓、不可蹲，而行筆又疾，不得住、不得遲澁審顧則爲駐。換言之，力透紙背者爲頓、力減於頓者爲蹲、力到紙即行提筆爲駐。
8. 尖 用於承接處。
9. 搶 意與折同。筆燥則折，筆濕則搶；筆燥實搶，筆濕空搶。空搶者，取折之空勢也。圓蹲直搶，偏蹲側搶，出鋒空搶。
10. 搭 筆鋒搭下也。上筆帶起下筆、上字帶起下字。
11. 側 指法運用、側勢居半、直畫尤宜以側取勢。楷之點亦曰側。
12. 衂 筆既下行又往上也。與回鋒不同，回鋒用轉，衂鋒用逆。
13. 過 運筆疾過也。
14. 縱 筆勢放開，所謂大膽落筆也。

15. 勁　善用縱筆，必以勁取勢。蓋縱而能勁則堅實。

16. 打　空中落筆。

17. 渡　一畫方定，從空際飛渡，以成二畫之筆勢，乃緊乃勁。所謂「形見於未畫之先，神留於既畫之後」也。

18. 留　筆既往矣，要必有以收之；筆鋒盡矣，要必有延之；所以展不盡之情，蓄有餘之勢也。(註十)

以上筆法，係書寫之時，所常用者，其中以提筆與頓筆最須注意，康有爲廣藝舟雙楫綴法云：「書法之妙全在運筆，試舉其要，盡於方圓。操縱極熟，自有巧妙。方用頓筆，圓用提筆，提筆中含；頓筆外拓，中含者渾勁，外拓者雄強。」已道出提筆與頓筆之地位。

(二)筆畫方法

筆畫復分爲筆順與點畫：

1. 筆順　筆順指導，不僅有助於書寫速率，且有助於字形結構之美觀，其利於書法，已由實驗獲致證明。(註十一)以其如此，故書寫最忌倒下筆。教師指導學生練習之時，若見筆順不合者，宜即糾正。一般筆順之原則爲：由上而下、由左而右。有外圈者，先寫外面，再寫裏面；右面上點，最後補齊。

2. 點畫　一點一畫，雖然細小，但爲字之本，其關係字體之優劣至鉅，故包慎伯藝舟雙楫云：「點畫細如絲髮，皆須全身力到。」極言點畫之重要，指導點畫，宜令學生知悉永字八法與三折法。

(1)永字八法：具備點畫最全者，莫過於「永」字，世稱「永字八法」。是雖不能盡括國字之全部筆畫，然已概其大要，無名氏書法三昧云：「凡學必有要，若網在綱，有條不紊。永字者，象字之綱領也。識乎此，則千萬字在是矣。」所論至是。

此八法爲：

側法：又名怪石，(註十二)即起點。筆勢若飛鳥側下，分作三折，最忌圓平。寫時側下筆鋒，鋒向右而勢左，作一廻旋之勢，然後筆鋒反提收起。此點宜愼重，非可隨便，王右軍筆勢論：「作點之法，必須磊磊如大石之當衢路。」所見是也。

勒法：又名玉案，即橫畫；筆勢中高兩頭下，收筆迅速有力。寫時筆管豎直，不可偏斜，筆心中鋒，首尾藏鋒。

努法：又名鐵柱，即豎畫。筆鋒作勢用力，緩慢移下，有引弩兩端皆逆之勢，至末停住，預備向上作挑勢。

趯法：又名蟹爪，即挑筆，用筆如跳。故先蹲鋒取勢，再蓄勢出鋒，不宜草率。鋒出復暗收鋒，如是方能鋒齊力厚、媚如銀鉤。

策法：又名虎牙，即向右而上之短挑。寫時筆鋒仰舉向上，輕揭而進；微勁借勢，暗中提轉，若鞭策之勢。

掠法：又名犀角，即向左一撇，若篦掠髮，迅出其鋒，左出而利。至筆鋒盡處，以筆心捲起取勢，最忌遲留，遲留則傷於緩滯。

啄法：又名鳥啄，即向左之短撇；下筆着紙，由右蹲鋒取勢，然後旋左迅速出鋒，若禽之啄，以險勁爲佳。

磔法：又名金刀，即向右而下之捺筆。其法側鋒向右落筆，其勢向左，然後轉筆向右方下行，行至欲出鋒處，將筆一按，提筆向右捺出鋒，勢盡提筆向左廻鋒便成。（亦可出鋒之後，不再廻鋒，由人心之所好爲之。）

永字八法之圖如左：

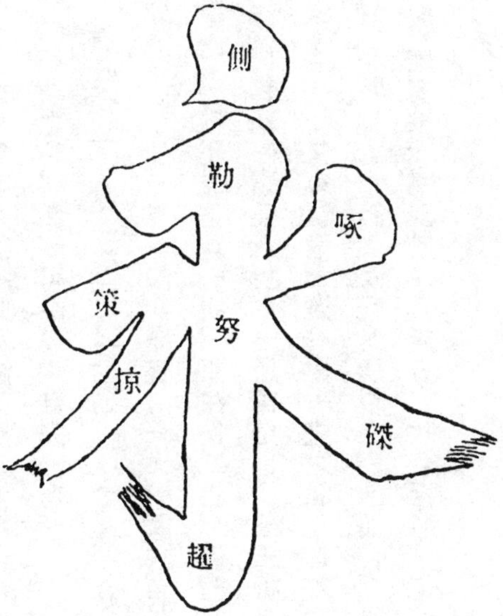

以上爲點畫之基本方式，李雪菴復將此八法演爲二十四法，合成三十二勢，均爲「永」字點畫之分化。在此不盡一一。必要之時，教師可令學生自去參考。

(2)三折：姜夔續書譜云：「一點一畫皆有三轉，一波一拂，又有三折。」玆意指一點一畫皆有三次轉折。所謂三折，高英寫字手册云：「如作橫畫『一』；欲右先左，爲一折，右往爲二折，至盡處收廻爲三折。作豎畫『丨』；欲下先上爲一折，下注爲二折，仍縮回爲三折。作撇『丿』；欲左先右爲一折，左拖爲二折，臨出鋒稍停留爲三折。」所論是也。蓋三折之說，實爲不苟用筆而說。無名氏書法三昧云：「夫作字之要，下筆須沉著，雖一點一畫之間，皆須三過其筆，方爲法書。」意即在此。

3.筆鋒　筆鋒係指下筆爲書，筆尖及筆身所現之姿態而言。學生若能熟悉各類筆鋒運用之法，則書體自能姿態橫生、姸美有致，不至於曲折無方、狀若死形。是以筆鋒之指導，實爲必要。一般筆鋒常用者有：

(1)中鋒：中鋒係握管緊直，筆尖在字畫中行，既不輕佻、亦不懈怠。如此運筆，筆畫沉着有力。故書家皆以中鋒爲筆畫之靈魂，而有所謂寫字欲筆中鋒之說，各類書體均以是爲正宗。

(2)藏鋒：包含逆鋒與廻鋒。逆鋒用於起筆，如橫畫則藏鋒向左逆入取勢，然後向右伸展。若豎畫，則藏鋒向上逆入取勢而後向下。廻鋒用於收筆，其法於筆畫之盡處稍頓，然後筆鋒回向來處收筆。如係用於懸針、或撇捺與勾，亦須作勢提空轉回。張廷相玉燕樓書法云：「然而橫豎與點，利用實廻，撇捺與勾，利用虛廻，此不可不辨也。」所論然也。藏鋒之作用，在求不苟用筆，防患草率，並且亦能令筆力內歛，以致餘味不盡。藏鋒適用於大字。

(3)露鋒：適於藏鋒相左，不用逆鋒或廻鋒，以致鋒芒外露，而意不持重。故一般以爲多露不如多藏。然亦各視其宜而用之。如小字多用露鋒則可縱神取姿，見其生氣。

(4)折鋒：字之轉折處，用折鋒。張廷相玉燕樓書法云：「折鋒宜用於轉策挑趯，使外圓內方。」所言至是。其法爲走筆至欲折處，提高筆鋒，復將筆鋒蹲下然後轉折。

(5)側鋒：筆管斜執，筆尖偏側，以至於筆鋒外露，姜夔續書譜云：「筆正則鋒藏，筆偃則鋒出，一起一倒，一晦一明，而神奇出焉。」筆正，即指中鋒而言；筆偃，係指側鋒而言，所論極稱側鋒之功。斯法多見用於行書草書之中。

總之，鋒法皆所以取其韻致，指導學生練習，此亦不能忽略。

在書法運筆之中，學生最常犯之病係畫不能平，豎而難直，中不能滿，轉而無勁，鋒出不回（註十三）等五項，教師宜就此方面多予着意爲是。

第四節 結構指導

書法之結構，係指一字之間架而言。所謂分間布白，遠近宜均，上下得所，長短廣狹，疏密勻停，悉爲結構之運用。學書欲求書體美觀，除運筆得法之外，結構亦須工巧，趙子昂蘭亭跋云：「書法以用筆爲上，而結字亦須工。」所見亦同。

學書由楷書入手，楷書結構以平正爲本。王右軍筆勢論云：「平穩爲本，分閒布白，上下齊平，均其體勢，大者促之令小，小者縱之令大，自然寬狹得所，不失其宜。」又云：「作字之體，須遵正法，不宜密，密則似痾瘵纏身，不能展舒，不宜踈，踈則似翔禽溺水，諸處皆慢；不宜傷長，傷長則似既死之虺，腰間無力，不宜傷短，傷短則似已踐之蛙，形醜而濶，此爲大忌。」所論甚能道出結構平正之重要。

平正之後方能尋求變化，孫過庭書譜云：「初學分布，但求平正。既知平正，務追險絕。既能險絕，復歸平正。」已明示學習結構之進程矣。

楷書之結構，以平正整齊爲本，與行草之求參差變化者不同；由字形之布置而言，楷書求整齊平正，寬長一律；行草則斜正兼備，大小異形。由姿態之表現而言，楷書係同一方整，一字萬同；行草則扁方長圓，姿多愈妙。（註十四）循是二者之比較，楷書之結構可以會心矣！

教師指導字形結構，首宜令學生默識字形之組合方法（如明李淳大字結構八十四法）或隨時糾正，指示其習字結構之不妥。其次令學生多觀賞歷代名家之碑帖，揣摩其間架布置，然後令其臨摹。先摹後臨，摹可以得其位置，而臨則宜從米字格或九宮格爲之，注意其分間布白，尺寸規矩。易言之，即點畫之間隔距離以及字形之布置體勢。期使字體間架，支配相稱。如是乃學習結構最佳之法。

第五節　章法指導

列字成行，佈行成章，係作書之最後階段。故章法之指導亦屬必要。康有爲廣藝舟雙楫綴法云：

「黃小仲論書，以章法爲主，在牝牡相得，不計點畫工拙。」實道出章法之重要。

章法與結構不可；結構係安排筆畫以成字者；章法係字與字、行與行之排列以成行成篇者，故蔣仰和書法正宗云：「結體在字內，章法在字外。」意卽在此。字與字、行與行之排列，欲其一氣貫注，上下相承，第一字不可移至第二字，第二行不可移至第一行，此爲章法之原則。

楷書以平正爲本，每一筆畫均規矩適度，每一結體悉方整勻稱，故楷書之章法但求整齊，不貴變化。所謂整齊，卽字與字、行與行之大小，間隔與姿態均相同，悉規矩平正，無斜正疏密、肥瘦長短之異。如是楷書每一字雖各自獨立，不相憑依，然其字與行均整齊一致，氣脈視似不通，而意實相貫。至於行草之章法貴參差變化，疏密相間，然求上下照應，一氣相承，實與楷書相同。

章法之指導，宜令學生知其原則，隨時提示糾正，並令學生以米字格、九宮格或大方格習大楷，以小方格習小楷。多觀賞臨摹歷代名家之碑帖，揣摩其字與字、行與行間之布白，多作練習。久之學生自能體會章法之妙。康有爲廣藝舟雙楫學敍云：「字妥貼矣，次講分行布白之章，求之古碑得各家結體章法，通其疎密遠近之故。」已道學章法之訣矣。

第六節　臨摹指導

學書必由摹仿入手，先習古人之運筆、間架與章法，然後方能論及自創一格。若欲自暗中摸索，嚮壁虛構，則其成就恒不足以觀。姜夔續書譜云：「唯初學者不得不摹，亦以節度其手，易於成就。」

康有爲廣藝舟雙楫學敍云：「學書必須摹仿，不得古人形質，無自得性情也。」均謂摹習之重要。

一、臨摹種類

摹仿之法，常見者有二：一爲摹、一爲臨。

㈠摹

或稱爲映寫。其法覆薄紙於範字之上，依其形體，循照筆順，仿其點畫，予以描摹。此適於初學。

㈡臨

臨可以分爲對臨與背臨。對臨係置帖於眼前，倣其形似，取其神情，隨體詰屈。背臨係範字之形似神情，憑記憶書寫，此係進入自由書寫之準備階段。

摹寫與臨寫，各有得失；臨書易失古人位置，而多得古人筆意，摹書易得古人位置，而多失古人筆意。爲避其失，故學書宜摹臨兼取，而先摹後臨，是得其序。

二、如何臨帖

臨帖之時，不徒仿其形似，尤貴能得其神氣。是以臨帖務必詳謹，求觀察入微，毫髮不失。平日置帖於几案，懸之於壁端；晨觀昏省，察其體勢，味其神氣，審其筆法。逮乎臨帖書寫，則須注意如下幾點：

㈠注意外形

字形係扁形（如雨、二），或係方形（如國、固）；係長形（如長、日），或係圓形（如尖、參）均須審察。

㈡注意筆畫

注意筆畫之方向、長短、粗細、以及運筆係方筆或圓筆，（按；楷書多方筆，行草多圓筆），係藏鋒或係露鋒、係中鋒或係側鋒，如何轉折、如何起筆、如何收筆、如何承上、如何起下等均須細觀。

㈢注意結構

中心在何處、上下之關係如何：係上長下短（如其、見），或係上短下長（如貫、章），係上寬下狹（如吾、可），或係上狹下寬（如文、夫）；左右關係如何：係左寬右狹（如引、列），或係右寬左狹（如清、構），係左短右長（如吻、坤）或係右短左長（如和、影）等等均須注意。

㈣注意整齊

重複筆畫之間隔距離相同（如三、言）以及字與字，行與行之間隔距離亦多相近，此均宜注意揣摩。

㈤注意變化

一字之中，筆畫相同，而粗細長短有異，以及字與字、行與行間雖疏密相間，而多錯落有致，此亦爲吾人所不可忽略者。

㈥注意脈絡

蔣仲和書法正宗云：「一字八面流通爲內氣，一篇章法照應爲外氣。」此氣卽接上遞下，承前續後之脈絡，此亦須詳審。

㈦注意神氣

如歐陽詢骨格崚嶒、褚遂良秀逸不羣，李北海豪氣挺拔，均爲神氣之表現，應細予體味。

上述七項爲臨帖之時，宜令學生審察揣摩者。可配合研墨，使學生詳謹觀之，日久自可得其神貌。

三、學書次第

學書，宜從楷書入手。楷書筆畫淸楚，各自獨立，並且間架勻稱深穩、章法整齊。由玆始，結體書寫可以平正，不致流於空滑。楷書之中，先習大字，若先小字，則乏骨力，無助於大字學習。教育心理學家艾偉在所著漢字問題中云：「專習小楷對中大楷之影響，在品質方面其相關極低且有負者。」此實驗結果亦證明不宜先習小楷。關大學書次第，明豐道生在其學書法中，有一精要之程序，可資吾人參考：

「學書須先楷法，作字先字，大字以顏爲法，中楷以歐爲法。中楷既熟，然後斂爲小楷，以鍾王爲法。楷書既成。乃縱爲行書，行書既成，乃縱爲草書，草書者，先學章草。凡行草，必先小而後大，欲其專法二王，不可遽放也。學篆者，亦必由楷書，正鋒既熟，則易爲力。學隸者先學篆，篆既熟，方學隸，乃有古意。」

四、選帖指導

臨摹碑帖，宜取古人之佳作。蓋學書若法不當，則將終身受病，不易更改。玆依學書次第，就其佳而易得者，擇要略示：

㈠大　楷

顏眞卿平穩厚重，初學宜由是入手。柳公權挺拔，唯右肩時作聳突之勢，不適初學。

1. 麻姑仙壇記　點畫疏密勻稱，結構方正，厚重而剛勁，康有爲廣藝舟雙楫餘論云：「麻姑壇握拳透爪，乃是魯公得意之筆，所謂字外出力，中藏稜，魯公諸碑，當以爲第一也。」所論足爲吾人參考。
2. 自書告身　係顏眞卿之墨蹟。
3. 顏氏家廟碑　莊重篤實。
4. 千福寺多寶塔感應碑　筆力遒勁，規矩嚴謹。

㈡中　楷

張廷相玉燕樓書法云：「歐陽詢骨格嶙峋。」然其體勢方正，可爲楷法極則。

1. 化度寺碑　筆意渾厚深藏，不露往來之跡。
2. 九成宮醴泉銘　法方筆圓，間架謹嚴。

另外褚遂良之：

1. 孟法師碑　莊重雅建。

2. 雁塔三藏聖教序　婉媚遒逸，波拂如鐵線。

以及虞世南孔子廟堂碑：姿媚而造筆之勢甚遒。

㈢小　楷

1. 鍾繇宣示表　端莊古雅，結體略寬。

2. 王羲之樂毅論　似柔而剛，神清韻和。（註十五）

3. 王羲之東方朔畫贊　姿儀雅麗，有矜莊嚴肅之象。

4. 王獻之洛神賦　字畫神逸。

5. 文徵明書萬貞素行狀　溫純精絕。

㈣行　書

1. 王羲之集字聖教序　位置天然，章法秩理。（註十六）

2. 褚遂良枯樹賦　秀逸有致。

㈤草　書

1. 王羲之十七帖　妍美自然、王澍論古篇云：「右軍十七帖爲草書之宗……子敬則已縱；至於顚素；則奔逸太過，去右軍風流益以遠矣。」所見甚是。

2. 孫過庭書譜敘　千紙一類，一字萬同，拘謹而少變化，利於初學。（註十七）

碑帖可學者甚多，以上所列，乃取便於初學，擇要而言。臨摹碑帖，不以一家爲限，然其始又不可不取一家以爲基礎，然後旁涉餘家，取長去短，兼容並蓄，方足以自成一體，王澍云：「習古人書，必先專精一家；至於信手觸筆，無所不似，然後可兼收並蓄，淹貫衆有，然非淹貫衆有，亦決不能自成一家，若專此一家，到得似來，只爲此家所蓋，枉費一生氣力。」（註十八）實爲的論。

總上所述，練習書法欲求精進，宜指導學生多臨好帖、多予練習、多觀碑帖、多讀書論。並且練習之時，宜平氣靜心、專心致志、恒心持久，然後書法方能臻於佳境，此爲學書不易之則也。

第七節 指導方法

書法練習，依課程標準教材大綱規定，宜於課外行之，而指導應於課內進行。教師指導時須注意下列幾點：

1. 引起練習興趣 可講述歷代書家之故事，應用幻燈片以評述，欣賞歷代名家碑帖之風格特色，並就其所承，及對後代之影響，配合幻燈片講述。此外，批評訂正一般書體之得失，鼓勵學生書寫，均爲提高練習興趣之法。

2. 確定指導目標 或工具、或姿勢、或運筆、或結構、或章法、或係其中之一部份，均宜事先計劃，配合臨摹，循序指導。

3. 督促學生練習 依課程標準規定，國中學生每日書寫大楷十字以上、小楷五十字以上；高中學生每週限交大字五十字以上、小字四百字以上。教師宜督促學生於課外練習，每週繳閱。

4.批評訂正　就書寫之得失，予以潤改，並提出共同訂正。學生略知書寫方法之後，亦可令其就某篇之得失，表示意見。草率者應予糾正，認眞者應予獎勵。佳作可公佈於室內牆壁，供全班觀摩，以提高練習興趣。

5.習字成績考查　習字成績，忌籠統評分，而宜分項計算予以評定。依書寫之難易及用功之深淺，吾人可訂定一評分標準，格式如下：

運筆40%	結構30%	章法20%	墨色10%	總分

爲求便捷，可將此格式印製於習字簿每頁固定之處，教師依此格式分項評分。如此，分數較爲確實，學生亦知其分項之得失，而作積極之改進。其利遠較籠統評分爲大。

以上爲指導學生書法練習之法。配合是項指導，教師講解範文中之生字難詞時，應將該字形之構造與筆順，一併指示，當學生作文或筆記時，其書寫方法與姿態，亦宜隨時矯正、防患其失。如是，書法之學習，自易見效。

本章結語

書法，係一種技能，必須反覆練習，方能奏功。練習之始，首重正確。正確之中，以正確之執筆運筆最爲重要。晉衞夫人筆陣圖所謂：「凡學書字、先學執筆。」其意卽在此。康有爲廣藝舟雙楫綴法：「書法之妙，全在運筆。」亦有見於此。

依據省立高雄師範學院六十四年九月問卷調查得知，中學優良國文教師基本能力，關於書法及指導學生書法方面之能力中，最受重視之能力爲：「能指導學生正確地執筆運筆。」是項能力，置之於中學國文教師九十九項基本能力中，評定位序，列於第九（註十九）位序甚高，甚受重視。依此，指導學生正確執筆運筆之重要，實至顯然。

其次，正確之寫字姿勢（坐身姿勢）亦爲緊要。蓋寫字如上體育，脊背挺直、四肢着力、氣貫毫端、其助人體血液循環、有益身心，乃至明顯，若姿勢不正，既妨書寫臻於至善，且極損健康。是以同項調查結果：「能示範正確的寫字姿勢」一項能力，在優良國文教師九十九項基本能力之中，評定位序列爲第十四，亦受普遍注意。

書法係一種技能，具有實用之價值，亦係一種藝術，具有欣賞之價值，且於身心修養具有莫大助益。教師教學之時，不但定指導其正確之方法與姿勢，使之研墨臨摹練習，而且予應啓引學生學習書法之興趣，如利用幻燈片鑑賞歷代名家碑帖之特色與技巧，講述書家之故事，品評一般書法之得失等，如是方可增進其練習之效果，達書法教學之目的。

【附 註】

註 一 見六十一年部頒國民中學課程標準。

註 二 見馮武書法正傳錄東坡書說—第一〇八頁。

註 三 見今日中國七期，慕然淺談書法上的二三事。

註 四 見同註三。

註 五 見姜夔著，書法學習必讀（續書譜）八八頁註聯貫出版社。

註 六 見國民中學國文第三册，語文知識（二）書法須知，五十八年八月再版。

註 七 見張廷相玉燕樓書法，美術叢刊錄。

註 八 見元陳繹曾翰林要訣，馮武書法正傳錄。

註 九 見康有爲廣藝舟雙楫綴法。

註 十 以上取自弓英德中國書學集成。

註十一 艾偉、漢字問題、書法研究、中華。

註十二 見元李溥光永字八法，馮武書法正傳錄。

註十三 參見梁啓超、書法指導。

註十四 參見書學二期陳公哲書法矛盾律。

註十五 見王澍論古篇。

註十六　見康有爲廣藝舟雙楫碑評。

註十七　見王壯爲書法研究、商務。

註十八　見中國書學集成引，王澍論書賸語第四十頁。

註十九　依位序表，是項位序置於九點五位，爲便於書寫故以九位稱之。詳情參見「師範生教育標準」專題研究報告一書第一四九頁、臺灣省立高雄師範學院、師範生教育標準研究小組撰印。民國六十四年九月。

第七章 說話指導

以語言表達情意謂之說話；以文字表達情意謂之作文。語言係人倫日用間重要之工具，亦爲表情達意之利器。長於言辭者，多善處人際，行事皆少阻礙，司馬遷史記平原君傳引平原君云：「毛先生以三寸之舌，强于百萬之師。」此言盡言辭之功。不善言辭者，輕者不得人心，恒遭誤解；重則招怨致禍，喪譽敗身，尚書大禹謨云：「惟口，出好興戎。」已一語道盡善不善言辭之得失。

說話練習有助於作文。蓋語辭表現於聲音，文辭形之於文字，所謂口誦爲聲，下筆爲文，說話與作文二者性質實無不同，說話之修辭方法十九爲作文之修辭方法（註一）；整理思緒，組織意念，以表達情思，二者亦無異致，故小學教學作文，多由口述之練習入手，其意亦在於此。

循上可知，語言發表能力之訓練，宜爲國文教學重要目標之一，故民國六十一年國民中學課程標準目標第二項規定：「指導學生繼續學習標準國語，培養聽話及說話之能力與態度。」第九項：「指導學生對自己所發表之語言文字，有負責之態度。」實有鑒於是。

說話指導之範圍，依民國六十一年國民中學課程標準實施方法第五項語言訓練及指導規定：「教師可於授課時間內，酌量抽出若干分鐘，令學生輪流作演講，辯論，對話，重述，報告等練習（舉凡新聞、故事、讀書心得、生活感想等，皆可取材。）」循此項規定。說話指導包含演講、辯論、對話、重述、報告等項。歸納而言，可分作三項：一爲對話；一爲演說（含重述與報告）、一爲辯論。茲就此三項分述於後：

第一節 對話指導

對話係指日常生活之間，人與人之交談而言。在此項指導之中，宜培養學生聽話之能力與態度以及說話之能力與態度，如是，茲項指導方能完成：

一、聽話能力與態度之培養

談話非一人獨語，而係雙方互訴所見，相通聲息，故談話之先，應充分理解對方之言語，乃能知彼意向所趨，而作適切之反應。故訓練學生聽話之能力，乃對話指導之首步。欲培養其聽話能力，一般以爲宜使學生練習下列方法：

㈠**專心致志**

主一無適；力除外界干擾，視線穩定，內神貫注，不受聲色所移，如是聽聞方得明確不遺。

㈡**把握主旨**

把握對方言語重心，思索其含義。

㈢**不存偏見**

不論言者何人，凡與我交談者，均應洗耳恭聽，一視同仁。

㈣**能容異見**

不論對方言語是否合乎情理，是合吻乎己意，仍應耐心傾聽，以至其語竟。

㈤**發問釋疑**

遇有疑難，適時發問，避免誤解，如此，亦可增加交談之情趣。

㈥**暗中置評**

對方言語是否客觀具體，是否合理眞實，言辭是否精鍊扼要，或係繁瑣重複，自始至終，予以評賞。

凡上所述，學生皆能把握規循，反覆練習，則其聽話能力，自可提高。

至於聽話態度之培養，宜令學生聽話之時，保持積極而主動、耐心傾聽，容色懇切，用心思索其語意，不急欲表示己見。如此，既尊重對方，且又易於理解對方所言，於情意之溝通，甚有裨益。

訓練學生聽話之能力與態度，可配合範文教學實施；教師指名學生回答問題之後，可指名另一學生復述前一位學生所言之旨，以察其是否理解，或專心傾聽。辯論練習之時，亦可作如是之訓練；即一方答辯彼方之論點前，宜復述彼方論點，待彼方認可，乃允此方答辯。此法可培養學生聽話之能力與態度。

二、培養說話之能力與態度

如何令學生以語言充分表達自己之情意，而令對方了解、接受，甚而欣然接受，付之行動，此爲說話指導之重心。欲及於此，宜注意：

㈠聲　音

發音正確，語言清晰，每一音節皆不含糊。並且音量之大小，聲調之高低，語氣之緩急，均適度有致，而非平直無波。聲音訓練，除宜配合談話內容作抑揚變化之外，平日宜作腹式呼吸，發聲之時，喉頭與頸部不使力量，避免肌肉緊張，聲音可自然圓潤。(註二)

㈡措　辭

語詞應確當明白，句之長短，難易適度，足令對方了解。並且用語力求具體，如：「樹木光禿禿」。不若「樹上每一片葉子，都落在地上，顯得光禿禿。」鮮明生動。其次，將可描述情境之語詞，置之顯明重要之處。如是可情境氣氛，如：「遍野的花朵突然間都開了。」不若：「突然之間，遍野的花朵都開了。」可感染對方。復次措辭必出乎眞情，不用陳套或華辭。若用語虛僞，非自腑肺，則對方無能眞切感受。大學云：「無情者，不得盡其辭。」意卽在此。另外，亦可修辭語詞，如運用引用，譬喻，委婉，誇張……等方法以增加語詞之趣味。至於尊稱與敬語亦宜妥當應用，以免美中不足。

㈢話　題

話題，即談話之內容。 言談須有話題，話題得失乃決定言談成敗之關鍵。 是以選取話題至爲重要。一般選擇話題，多慮及下列數項原則：

1. 能引對方注意之話題 如具體而不抽象者，與人有切身關係者，新奇引人者，與人之欲求有關者，有戲劇性之故事者，以及笑話或趣事等等。

2. 須自覺有趣者 認識淸楚，自覺有趣之材料，恆可感染聽衆，引致對方共鳴。

3. 避免損人之話題 不注意交談內容，常易於不知不覺之間，傷及對方之感情，而徒失交談以聯絡感情之意義。

4. 難易適於聽衆 內容深淺宜視對方之知識程度。如是，方易爲對方接受理解。

5. 話題長短配合時間 或作寒暄，或作長篇濶論，宜計時間長短。時短而話長，無以達成溝通情意之效果，時長而話少，無言相對，不亦適宜。

(四)方 法

說話之方法與作文相同，求條理、聯貫，前後有序，有始有終，並且開頭引起注意，或促成期待，結尾簡要，以造成反響，均爲表達之原則。若語無倫次重心，有始無終，則多令人不知所云。

(五)態 度

言多必失，禍從口出，乃古之明訓，荀子勸學云：「言有召禍也，行有召辱也。」即就此而言。故古人於言談多主「愼言」「寡言」、「訥於言」、而力斥「巧言」(註三)。蓋巧言令色，亂德不仁，非君子之行爲。不得已而言，則應「實言」、蓋「言無實不祥」(孟子離婁下)言而無信則「不知其可」（論語爲政）。其次，則應「時言」，見其可言而言，適時而後言，人不厭其言。其次，則宜「義言」，蓋言不及義則放辟邪侈，無所不爲。今人於言語多主增强言語表達能力，倡談話之藝術，着重修辭技巧。然於態度方面仍求「脩辭立其誠」（周易乾文言），並期親切有禮，面露微笑，語態自然，不爭先發言，或中途干言。

三、教學方法

範文教學，指名學生回答問題時，教師宜提示學生靜聽，尊重他人發言，不可揷言干擾，替代回答。欲發言則先擧手，以待教師指示。平日要求學生言語委婉，持心寬厚，尊重對方之意見，不獨是己說，態度誠懇。養成「請」、「謝謝」、「對不起」、「讓我來」之語言習慣，如此時積日久，可培養優良之聽話與說話態度。學生發表意見，或報告之時，求其內容完整，前後有序；出語欲緩，期其清晰。此外，可擇時作對話練習，教師從旁指示輔導，循是，學生語言能力當可逐日提高。

第二節　演說指導

演說係對衆陳述意見，其較一般言談正式，內容亦較嚴謹。故教師指導自須詳謹。此項指導，多在報告練習與講述練習之後行之。可分數項說明：

一、演說題材

先以新聞、故事之講述，及讀書心得，生活報告作練習。然後，擇與生活，或讀書有關之材料爲題，令學生練習，作有系統之發表，如交通安全，衞生之重要等屬之，由淺及深，循序指導練習。

二、演說方法

成功之演說，不僅能感動聽衆，引起共鳴，且能改變聽衆之觀念，默化其行爲，使之鼓舞，而付之行動。程湘帆演講學云：「希臘大演講家狄摩西尼，一日，對易琴士說：『你所演講的，只令人說個『好』字，但我能使聽的人一起跳起來，衆口同聲的說：『讓我們趕快前去抵抗菲力。』」循是，可以想見演說之力。欲爲一成功之演說，應注意以下數點：

㈠內　容

演說內容首求言之有物，主旨明確。至若立論圓融，理有實據，識見精闢，鞭辟入裏，能博激賞，鼓舞人心者，乃爲上選。

㈡組　織

組織貴周密嚴整，條理淸晰，層次分明，前後相應。至若開頭能造成注意，引人入勝；本論能淋漓盡致，透徹發揮，並且應前呼後，銜接無端；結尾能餘味深長，造成廻響，均爲組織之美。

㈢詞　令

詞令以動人爲上，欲其動人，語詞應合乎：明確妥當，充分表達，及優美有力之要求。易言之，即合乎信、達、雅之三項標準。欲明確妥當，應以豐富辭藻爲先，然後乃能善用語詞，使之正確。欲充分表達，首求用語確當，次則措辭具體，深入淺出，語意自可充分表達。期生動感人，優美有力，除上述信、達之條件外，宜善用修辭方法，以增加語詞之美巧生動。

㈣語　調

發音求其清晰正確，富於情致。正確，指以標準國語發音，音節聲調不生錯誤而言。清晰，指聲音宏亮清楚，語速緩急適度而言（每分鐘能言一八〇字至二〇〇字之標準。）(註四) 情致，指聲調富有情感韻味而言。聲調或高或低，或輕或重，或緩或急，均隨感情起伏而變化，則可以感人，可以鼓舞聽衆，而富於情致。

㈤儀　態

儀態包括儀容、姿勢與態度三種。

儀容方面，精神欲其振作，衣著整齊潔淨，姿勢方面，兩眼應炯炯有神，遍視聽衆，表情親切，略呈微笑。更進一步，則期能配合講詞內容，以求變化。手勢方面，雙手可隨時擧用，輔助講詞，以模擬事物，或表現情意。不用之時，雙手自然下垂，或輕置桌緣。學生演講，常見之方式，係雙手置之背後。或一手下垂，一手置之背後 (註五)。此亦可行。脚勢應自然平穩，兩足略分，一足微前，必要之時，可略爲移動。上下講臺，從容不迫，注意禮節，面露微笑。

總之姿勢以自然爲主，忌刻板、病反覆，患造作。動作不可過多，以免弄巧成拙。

至於態度方面：貴自然大方，親切誠懇，穩重沉着。

㈥時　間

草擬講稿，應配合時間長短，勿使超出或不足。

以上六項爲演說之時，教師所應指導或糾正者。

㈠擬定講稿

一般而言，講稿之擬定，與文章寫作並無不同；由審題、立意、構思，剪裁，安排、措辭均爲一致。唯講稿用之於口舌，文章但以目視，二者略有所殊，故擬定之時，宜提示幾點：

1.擬稿之時，遣辭造句除求文理通順之外，須能琅琅上口，語之順暢，不至於佶屈聱牙，難以銜接。

2.用詞應擇取，音節鏗鏘，意義明確，爲聽衆所熟知易解者。不宜取用聲響不宏，意義艱澀，令人費解之詞。

3.結構方面，亦須注意，一般以爲可廣受聽衆歡迎之演講結構應：

(1)欲有一良好之「開端」：開門見山，導入主題，引人入勢，誘發動機，並富懸疑之精神。

(2)欲有一得力之「中段」：能旁徵博引，參合實例，具體發揮中心主題，提高並維繫聽衆之興趣。

(3)欲有一意味深長之「結尾」：結束簡要，適時而止，餘響不絕，堪聽衆回味。

循此，可以爲一講稿之佳構矣。

(二)演說練習

演說之前，反覆練習，可增加經驗，熟悉內容，增強信心。練習方式，宜注意下列數點：

1.練習呼吸　首先練習深長而徹底之呼吸。擴充肺之容量，不僅爲演講之本，亦爲健康所需。如此，可宏亮聲音，矯健語勢。其次，平日宜平作腹式呼吸，發音時，喉頭與頸部避免用力，可令聲音圓潤。（註六）

2.放聲練習　可於郊野空曠處，或室內無人時，大聲練習演說，可流暢發言，調勻呼吸，加深記憶，並使正式演說時，場面不至於冷清。（註七）

3.鏡前練習　可調整姿勢，使之自然適當。

除此之外，多聆聽、多仿效，多自思考檢討改進，亦有助於演說。

(三)教學方法

演說以學生練習爲主，然教師宜安排練習，並予指導，並從旁指正，批評其優劣，偶或令同學共同檢討，學生於耳濡目染，及切身體驗之餘，其演說能力自能增進。

先令學生作講述與報告練習，如課文預習考查之中，作口頭報告，或心得報告，或擇時令其作故事講述。其次，命題練習，可自由命題，或由教師指定。一年級作一分鐘演講練習；二年級作三分鐘演講練習；三年級作五分鐘演講練習（註八），務令學生預先擬稿準備。上臺演講之後，使其餘學生共同批評討論，教師作最後訂正補充或示範。

(四)命題範圍

命題範圍，宜與日常生活有關，或能聯絡各科教學，並能符合學生能力程度，引起學生興趣之題目。上臺演說練習，每一學生機會均等。若有多餘時間，可分成數組，每一組各擬題目，各自比賽，各自評分，各自拔取成績最優者，再作比賽，然後由全班共同討論、評分，教師補充說明。

㈤評分標準

評分之標準，常見者分爲六項：一爲內容，佔三十分。二爲組織，佔十五分。三爲詞令，佔十五分。四爲語調，佔十五分，五爲儀態，佔十五分。六爲時間，佔十分。總分一百分。準此評分，較爲具體而可靠，並且可以爲討論批評，指導練習之依據。學生循是練習，亦能面面俱到，演說能力之提高自是可期。

第三節　辯論指導

辯論之起，多由於人各是其所是，而非其所非。常見雙方互執一理，依理以推，或遍尋實據，歸納證明，期能樹立己見，折服對方。歷史上孟子駁許行並耕之說（孟子藤文公篇），莊子與惠施濠梁之辯（秋水），均爲對辯之佳例。

惟欲服人之口，於辯中取勝，多受先賢所詬，孔子云：「焉用佞？禦人以口給，屢憎於人。」（論語公冶長）即力斥疾持才而辯者。蓋辯論固能勝人之口，而多無能服人之心，其結果則取憎於人，於己毫無所獲。然而若周旋衽席之上，折衝樽俎之間，爭法理，護國權，則不得不辯，並且當理有曲解，是非泯滅，眞相難明之時，亦不可不辯，孟子云：「予豈好辯哉，予不得已也。」（孟子藤文公下），在此原則下，自應當仁不讓，奮然而起，是爲辯論之旨。

在教學上，辯論可訓練學生思想敏捷，提高其語言之能力，培養其積極之精神，並能增進學識，闡明事理，故適當之指導，應屬必要。玆就其要，分述於下：

一、辯論題目

題目宜與學生日常生活或與本身有利害關係者，或在其知識程度之內，題目內容有事實之依據，足以引發學生興趣者。在形式上，題目應語氣肯定，含正反兩面性質：「是」或「不是」；「應該」或「不應該」，足以引起爭論者。如「中學學生應該男女合班」之類是也。此外，題目具體，範圍、適度、詞句簡明，亦爲辯題之要求。

二、辯論方式

日常多爲兩人之對辯。學校教學多行分組辯論與正式辯論。（註九）

分組辯論，指全班學生分成正反兩組而言：一組持正面理由，以支持辯題；一組持反面理由，以反對辯題。分組之後，自蒐材料證據，定時辯論，此類辯論，係正式辯論之預習，參預辯論之人數不定，每一人以一正一反之順序輪流發言，以伸述自己之立論，反駁對方之意見。主席一人，以維護秩序，提名舉手者，或鼓勵不舉手者，評判員數名以評定勝負。

正式辯論；分正反兩組，每一組辯論人數確定：常見者爲主辯一人，助辯兩人，以及結辯一人，凡四人。發言順序爲：正主辯→反主辯→正第一助辯→反第一助辯→正第二助辯→反第二助辯→正結辯→反結辯。（註十）

發言時間，主辯結辯各五分鐘，助辯各三分鐘。主席一名，負責主持辯論會；計時員一人；評判員三名或五名。主辯與結辯，其任務但作申論或結論，助辯可作評論或攻擊對方。同組者，彼此應有聯絡，隨時交換意見。

此外，另有一種奧瑞岡式之新式辯論（註十一），行之於大專院校之間。玆式辯論之特色，在雙方可以交互質詢辯論，每一人均有申論，質詢與被質詢之時間，形式較傳統辯論法靈活，唯欲行此法，學生若不諳論理方法，則較難勝任。故低年級學生不適此行。

三、辯論要點

辯論期能駁倒彼方，建立自己之主張，故其要點，重在能立與能破。

㈠能　立

欲立自己之主張，其法有三：

1.**搜取證據**　如知識常理，專家學者之意見及其研究之結果，名人之言論等均可取爲支持己意之佐證。

2.**歸納事實**　就普遍之事實，予以整理，得一結論以支持己見者。如荀子非相篇，歷舉古代聖賢之醜與桀紂之美，以證形相與吉凶貴賤無關，即爲歸納法之應用。

3. 演繹推理　據一可靠之理，以推其他事理，以明己見之確。如

大前提：凡人皆須飲食。（句子須肯定而正確）

小前提：你是人。

結論：故你須飲食。

是爲演繹法之應用。循上三法，則可確立己之論點。

(二)能　破

辯論須攻守兼施，方能克敵致勝。欲駁倒對方，必細審對方論點有無矛盾；所舉事例性質是否相同；譬喻是否妥當，有無漏洞可尋；所歸納之事實是否充分可靠；演繹推理過程是否正確，大前提是否有問題；結論是否合乎情理，須敏銳分辨勘查，以揭其繆誤。並且利用反證，以指其非，如列子說符篇齊田氏以爲天生魚鳥，供人之用，而鮑氏子則以天地爲蚊蚋而生人，駁其非，此爲反證之運用。

此外，臨場隨機應變，措辭生動，語調清晰流暢，姿勢自然。態度方面，應持辯事不論人之原則，保持君子風度，不縱情使性辱譏對方，嚴正誠懇，據理以辯，此亦爲辯論時所不能忽略者。

四、教學方法

辯論，宜指導學生多作練習。教師可提出辯題，令學生於課餘搜集資料，擇人互辯。課堂上，可作分組辯論，令每一學生均有發言爭辯之機會。偶或舉行正式辯論，以爲示範。每次辯論練習之後，

教師宜就立論是否圓融，駁詰是否有力，措辭是否生動，語調是否清晰，姿勢是否自然，態度是否合宜，彼此是否能並肩作戰，聯絡照應，予以指導訂正，使學生於逐次練習之中，增進其辯論能力。

綜合上述，語言之訓練，其要領在多聽、多想、多練而已。多聽，可以學習模仿，多想，可以隨時改進，多練，可以增強信心，熟練技巧。然後，教師時予指導，學生自能觸類旁通，事半功倍。

本章結語

人類語言之目的，主在發抒己見，溝通人我之情思。是以，如何充分聽取對方之語意，作適當而充分之表達，乃語言訓練之重心。

欲充分聽取對方語意，以專心致志，把握其主旨，疑而能問，是爲主要方法。欲作適當而充分之表達，則內容生動，陳述有序，語音清晰，措辭優美，是爲重要原則。然無論係聽話或說話，欲作情思之溝通，最緊要者莫過於態度之誠懇。誠可以感人，可以信於人，持是而往，無不可通，中庸云：「唯天下之至誠，爲能盡其性；能盡其性，則能盡人之性；能盡人之性，則能盡物之性。」又云：「誠者不勉而中，不思而得。」實道盡誠之功。是以，語言訓練之首要，在培養學生語言態度之誠懇，易乾文言云：「脩辭立其誠。」是爲至論。

其次，語言訓練固宜側重方法之指導，以及與學生以語言之機會，令其反覆練習，然切要者，仍在於言語內容之充實，如是說者能言之有物，聽者亦能趣味盎然，劉義慶世說新語言語篇：「黃太史云：士大夫三日不讀書，則理義不交於胸中，便覺面貌可憎，語言無味。」[一] 即明充實言語內容之重要。循此，教師宜配合平日教學，充實其生活經驗，鼓勵其廣泛閱讀，積學儲實，臨用之際，自能取之不盡，用之不竭。

上述二項，乃訓練學生說話之時，所應緊記勿忘者。

【附註】

註一 見黃師慶萱修辭學第五頁，三民書局。

註二 參見邱素臻譯說話科學第四八頁，大衆書局。

註三 以上具見論語。

註四 見鹿宏勛，語言訓練教材教學指引十三頁，正中。

註五 見孫邦正教材及教學法第二册，第九八頁商務。

註六 見同註二。

註七 見空軍訓練司令部編印，教官訓練教本，民國五十四年五月版。

註八 見民國六十一年部頒國民中學課程標準，各學年教材綱要。

註九 見吳鼎語文科學研究與實習五一頁，復興書局。

註十 參見孫邦正教材與教學法第二册，九九頁，商務書局。

註十一 見鄧中堅等譯穆斯格拉佛著，優勢辯論學，巨人出版社。

第八章　課外閱讀

國中與高中之國文教學目標，均在培養且增進學生之閱讀能力，寫作能力，以及欣賞文學作品之能力與興趣。以精讀爲主，着重精思熟讀之範文教學，一期二十篇，一年四十篇短文之精讀，由此欲達目標，實屬難能。蓋書讀少，識淺見寡，難以提高閱讀能力，張橫渠理窟云：「讀書少則無由考校得義精。」（宋元學案）實指此而言。蓋唯有博覽旁搜，乃能互相發明，融會貫通，運筆之間，亦能文思如湧，左右逢源。杜甫贈韋左丞詩云：「讀書破萬卷，下筆如有神。」實確切之言，並且，書讀愈博，知識愈多，則興趣愈濃，欣賞文學作品之能力與興趣，乃相形增進。故輔導學生閱讀課外讀物，宜爲國文教學中不可或缺之要項。

就另一方面而言，範文教學爲學生課外閱讀之預備，課外閱讀爲學生範文研讀經驗之擴大與應用。由精選之範文爲學習基礎，及於涉獵百家，遍覽墳索，以達增進知識，陶冶情性，培養閱讀興趣與習慣之目的。而且，每一中學學生無不深具求知慾與好奇心，若任其隨手取讀，氾濫無歸，無益於身心，不如略示門徑，因勢利導，以補足學習。是以指導學生閱讀課外讀物，誠爲必要。玆就有關事項，略述於後。

第一節　課外讀物之選擇

一、選擇之原則

課外讀物，一般選擇或有不同，其原則實無二致，玆略述要點於下：

㈠可以輔助國文教學，增强學習，提高效率，以達教學目標者。

㈡有益身心，足以增進學生之思考能力，陶冶其性情，砥礪其品德，崇高其理想，樹立一健全人格者。

㈢作者思想純正，態度積極而樂觀，足以引人奮發向上者。

㈣足以擴張知識領域，充實生活經驗者。

㈤內容深入淺出，適於學生程度者。

㈥主旨明確，文辭生動優美，情節動人，能培養其欣賞文學作品之興趣能力者。

㈦符合學生心理需要者。

㈧宜多擇古典之書，蓋古典之書，係經歷史汰存，價值確定者（註一）。

㈨顧及學生之經濟能力，便於借閱，或購買者。

凡此九項，可為選擇之參考，教師並以此指導學生，令學生於耳濡目染之中，亦知如何選擇。

二、選擇之範圍

課外讀物之範圍至廣，依其性質而分，有二類：一為常識性之讀物，一為文範性之讀物（註二），常識性之讀物，配合教學閱讀，可增益語文知識，使學習經濟而有效。文範性之讀物，可以為寫作之楷模，可以令人欣賞，可以引人興趣，可充實生活經驗，亦可以啓發思想；既用以補範文教材之不足。且可增進讀寫之能力。課外讀物之範圍，實多偏重於此。玆就二者略述於後，以資參考：

(一)常識性讀物

此類讀物係語文知識，當配合範文教學進行，分量不必過多，一類以一種為宜。

1. 文字學類　凡論及文字基本構造，如六書淺說及字辨者均屬之。（適國中一年級下讀之）
2. 文法類　凡論及詞性，如字與詞（世界），如詞和句（開明），章與句（世界），語法，標點符號運用，文言虛字使用法者均是。（可於國中一年級讀之）
3. 文章作法類　凡指導各類文體之作法，如論說文、抒情文、記敘文等均是。（可於國中二、三年級讀之）
4. 書法類　凡指導毛筆書寫之技巧者均是。（國中一年級讀之）
5. 應用文類　凡有關書信、通知、集會紀錄，交際柬帖與公文等作法之指導均屬之。（國中三年級、高中階段）

6. 說話類　凡演說技巧（國中二年級），辯論術者屬之。（高中二年級讀之）

7. 修辭學類　凡論及修辭方法者屬之。（高中一年級讀之）

8. 國學概要類　凡有關經學、史學、子學之概述，以及文學體類與源流之略說，均屬之，宜於高中分別讀之。

上列讀物，在國民中學國文課本之語文知識及高中國文課本與國學概要之中均予介紹，可資學生學習參考。不足之處，則另擇一內容深入淺出，精簡扼要之相關讀物，作爲課外閱讀之用，以輔助學習。

㈡文範性之讀物

此類讀物，係課外讀物之重心。不論文言或語體，均可指導學生廣泛閱讀，於語文之學習，頗有裨益。其種類：

1. 知識類　自然科學，社會科學，歷史或地理，凡可擴大知識領域，增進見聞者，如「新知識叢書」，「中學生文庫」，細說錦繡中華（郭嗣芬等編著），古代或現代之作品，均屬此類。

2. 傳記類　記述古今中外之偉人，一生奮鬥向上之事蹟，及胸襟與抱負，值吾人借鏡學習者。如孫逸仙先生（吳相湘），愛廸生傳（西門斯），我的父親（蔣經國）。

3. 寓言故事類　含有積極教訓意義之故事者，如中國民間傳說（趙元任等著），伊索寓言（徐如南編譯）等是。

4. 小說類　有教育性、趣味性，文字生動優美者，如儒林外史（吳敬梓），愛的教育（亞米契斯），等是。

5.戲劇類　故事可取，措辭美巧者：如莎士比亞全集（梁實秋譯）。此類讀物可參考，不必規定。

6.散文類　即短篇文藝名著，有文言文，如古文觀止；有語體文，如陳之藩散文集，雅舍小品（梁實秋）。

7.詩歌類　詞句避免艱澀難解者。有舊體詩，如新譯唐詩三百首（邱燮友），有新體詩，如楊喚詩集。教師應視其喜好，個別指導，無須規定必讀。

8.書信類　古今名人之書簡，可資模仿者，如曾文正公家書。

9.專書　擇古今膾炙人口之作，酌令學生閱讀，如史記精華，或戰國策，離騷等。

10.報章雜誌　內容純正之報紙，其社論、專欄、副刊、國內外要聞，均可閱讀。肆意渲染之社會新聞，並無閱讀必要。雜誌方面，凡介紹新知，或純屬文學、音樂、藝術之優良刊物均值覽閱。

上述讀物，每類之中，內容深淺，頗見參差，作用性質亦復不同。選擇之時，宜衡之學生能力，需要與興趣，以之為難易去取之準。閱讀務求經濟有效，不欲量多，以免學生繁忙無暇，敷衍應事；亦不欲量少，以免用功不深，積效難見。每日費一、二十分鐘時間；可讀一千五百字左右，日積月累，持久不懈，一年可竟數十萬字，則語文能力之增進，自可預期，而讀書之習慣與興趣，亦於不知不覺中養成。

第二節 課外閱讀之指導

課外閱讀，係採行自學輔導教學最合宜之部分。故教師詳訂計畫，明確指導，令學生知所遵循，養成良好之閱讀習慣，實至重要。一般課外閱讀，教師指導，恆有下列四項：

一、讀書合作指導

讀書貴相互切磋，彼此研討，如是方能增益見聞，互補闕陋，禮記學記：「獨學而無友，則孤陋而寡聞。」即言讀書合作之重要。爲研討之便，及作有效之指導，教師宜指定全班購備同一書籍，各自閱讀，然後提出所見，相互討論。惟此法不如全班分成若干組（十組左右），分組採購不同之書，每一組各自閱讀，各自討論，每一册限期閱畢，復與他組交換閱讀。循此，可省學生之費，而數人一組之討論，亦較具體有效。

分組閱讀討論之辦法，首須分組，推選組長，然後每組各自預定每日閱讀之頁數，決定讀畢該書之期限。（宜能配合他組，以便交換閱讀）分組討論之日期，宜在同一時間；討論之處，亦須同一地點：或室內，或室外，各據一隅，分別研討，教師在場巡視督促，隨時指導或加入討論。討論之次數，不宜多，多則內容貧乏；亦不宜少，少則難蔚爲風氣。以兩星期一次討論較爲妥當。討論內容，凡本書之主題、思想、寫作動機，內容要點，寫作技巧（如想像，題材剪裁，故事情節，組織結構，聯絡照應，措辭），以及心得感想等，均可提出。組長主持討論並作紀錄，務求每一學生，均能發言，表示意見。

分組討論之外，宜舉行綜合討論，宜在每一組閱畢一書之後舉行。每一組推舉一名代表，將全組閱讀該書所討論之綜合結果，予以整理報告。別有所見之同學，亦可提出補充。令全班皆能熟悉該書作者、版本、內容、綱要、價值、特點，以及每一組之讀後感想。

綜合討論，各組報告及有關意見，每一同學均應筆記，以備來日閱讀該書之參考。至於各組之報告，應由一名同學負責收集記錄，以備參照。若此，讀書可以謂之充分合作矣。

二、介紹讀物內容

閱讀一書，若能識其大要，知其價值，且能熟習作者，則易啓閱讀之興趣，增進閱讀之效果。清修四庫全書總目，撰有提要「將一書原委，撮舉大凡，幷詳著書人、世次、爵里，可以一覽了然。」(註三)其用意亦在於此。是以指導學生課外閱讀，適度介紹讀物內容，實屬必要。

介紹讀物之方法，視讀物性質而異，玆就常識性讀物與文範性讀物二者，予以分述。

(一)常識性讀物之介紹

常識性讀物，其內容多係語文知識，及其應用方法之敍述，條理綱要較爲明晰，故介紹之時，無須詳析深言，但略示其重點卽可。介紹項目應包括：

1.作者生平　姓名、籍貫、時代、學歷、經歷、著作、學術上之地位等，一如範文教學作者之講述。

2.本書性質　係論文章寫作之技巧，或論修辭之方法，係多人合編，或一人之作，應予說明。

3.內容要點　概說本書內容要點何在，參酌目錄、序文，或凡例，予以提綱挈領，扼要說明。

4.本書作用　讀後何補於學習語文？如修辭學可助措辭生動有力、緊湊、美巧、感人，學例陳述，可引發學生學習動機。

5.本書得失　指出本書之優劣，何處最爲詳細說明，何處較爲疏陋，是否綱要分明，條理清晰，所述是否具體明確，深入淺出。予以置評，可免學生「盡信書」之弊。

㈡文範性讀物之介紹

介紹此類讀物，宜能令學生多方認識，啓導閱讀之興趣，把握本書之優點，使之模仿學習，以增進其語文能力。介紹之項目，應包含：

1.作者　介紹經歷、時代背景、思想、學術（或文壇）地位。

2.本書性質　係小說散文，係長篇一書，或係短篇合輯。若屬小說，係諷刺，或係愛情；係寫實或係想像，均宜指明。

3.提示要旨　作者恒藉事物之描敍，以寄託其思想、感情，故一書或全文之中心思想，應予提示。如劉向列女傳，劉氏以王政必自內始，故列古女美惡所以致興亡者，以戒天子，此乃本書之中心思想，亦爲寫作之動機所在。凡此，宜指示學生，不可徒以故事增取見聞。

4.內容要點　陳述內容，或故事綱要後，可舉數段精彩處予以介紹。若係短篇合輯，則可述全書大概內容，然後略舉數篇說明。

5.本書優點　如作者如何取材以表現其情思，用何措辭方式（係含蓄，或委婉，或象徵，或直敘，或映襯，或譬喻……）表達其意念，以致令文章（或故事、或人物）深刻感人，其結構安排是否緊湊，首尾相貫，使事理情節發展，自然合理。聯絡照應是否銜接無端，剪裁工夫是否精鍊嚴整等，可就其優點，足以令人欣賞者提示介紹。

6.本書作用　某些讀物，如傳記類，可以勵人志氣，開拓心胸，亦能修養品德，擴充經驗。

7.本書地位　本書之地位，時人或後人對其品評如何。

上述爲讀物內容所應介紹之要領，其中或可酌情取捨，然總以能啓引學生之閱讀需要與興趣，使能取擇讀物之精華爲原則，如此，學生課外閱讀方易奏效。

三、閱讀方法指導

讀書若得門徑，識其方法，恒能事半功倍。若不知要領，取捨輕重，則多費時費力，故張之洞書目答問云：「讀書不知要領，勞而無功。」誠確切之言。

課外閱讀，係課內研究之補充與應用，課外閱讀之方法，宜與課內研讀相同，課內研讀應予注意者，課外閱讀亦不能疏忽。凡有不解之處，均須尋繹索求，期其貫通，即使一字一句，亦不苟且。唯課內研讀，多賴教師輔助；而課外閱讀，悉依學生自學。課外讀物，範圍至廣，其性質多異於課內教材，是以指導明確之閱讀方法，乃至緊要。玆就所見，陳述於後：

(一)切　實

讀書切實不苟，一字一句，一段一節，詞義文旨，均求透徹貫通，不輕略過。若有不解，則必索求諸書，取資參考。故胡適在其讀書一文云：「我以爲讀書三到是不夠的，須有四到，是眼到、口到、心到、手到。」其意即就此而言。

(二)思　考

學源於思（註四）。學而不思則罔，讀書應多思考，乃能融通。思考之法，①首宜存疑，存疑可以發現問題，如作者作此文之目的（或主旨）何在？題材是否與目的（或主旨）有關？此段文字，此篇章節，作者欲託何義？作者有何意見？此意見是否妥當？某段文字何以富於情趣令人感動？是否藻飾文句，是否變化用詞；某段文字與前後之關係如何？如何聯絡？等等均宜存疑思索。張橫渠云：「在可疑而不疑者，不曾學。學者須疑，譬之行道者，將之南山，須問道路之出，自若安坐，則何嘗有疑。」（橫渠學案橫渠理窟）是乃要言。②其次，預想，此亦爲思考之應用，未讀下文（或下章、下節），預想其內容或發展，然後下讀對照，可增強印象，程頤云：「某每讀史一半，便掩卷思量，料其成敗，然後再看。有不合處，又當精思。」（近思錄）此法實可仿效。③其次反省，讀過一段，或一章一節後，細思其文意內容，或評其寫作方法之得失，可得閱讀之趣及功效。④其次比較，讀畢一書，或一篇文章，就能力所及，可與他書，或他篇或前後文字作比較，凡作者之意見主張，題材取擇，故事內容發展，結構安排，措辭方式，文體風格，均可試以類比，以資融貫。

(三)讀序文與目錄

序文多爲一書之提要或批評，或係作者示意其寫作動機與目的之處。目錄則爲全書之綱領骨幹，若係長篇，可見作者思想之發展，及故事情節之演進；若係合輯，則約略可見其內容大要。閱讀由此入手，方能提綱挈領，縱觀全篇，不至茫無頭緒。此外或有「編輯大意」，「編輯例言」者，亦屬此類，均不宜忽略。

(四)圈　點

讀課外書，若有文字警譬優美，意見重要，觀點可取者，宜分用紅色藍色鉛筆傍字圈點（或劃線）作記。如是，可深讀書印象，並避免敷衍草率，利於重讀。關於圈點方式，恒因讀者之習慣而異，然總宜立一圈點之標準以爲依據，如宋王柏標點四書例：「朱抹：凡文義綱領所在，以朱筆畫直行。朱點：凡要語警語，以朱筆連點。黑抹：凡考訂制度者。黑點：凡事之始末，及言外意。」可爲參考（註五）。

(五)筆　記

若對作者之意見或寫作技巧，有所品評或感想，可於書上空白之處，附註文字或符號。讀後並標示閱讀之年月日及地點。如此可培養學生一面思考，一面讀書之優良習慣，且深刻閱讀印象，利於重讀與翻檢（註六）。

此筆記方式，係取其便捷，利於博讀。然若該書非爲己有，而欲獲一深刻印象，欲得一系統之心得，欲訓練其文字發表能力，欲爲將來應用之參考，則宜抄錄於筆記本或卡片上，予以整理，以成一完整之記錄。此爲正式之筆記方式，雖頗爲費時，然實有助於學習。

此類筆記之內容，含三大部份：

1.導引　標示書名，作者略述，出版書局，出版年月，本書性質，本書作用，全書主旨等，分項條列，使之一目了然。

2.內容　無論長篇成書或短篇合輯，概以一篇或一章爲單位，分別筆記，此含以下項目：

(1)標示篇目：一篇或一章之名稱，及該篇之頁次。

(2)表解大綱：一篇主旨，及段落大意，列成綱要。

(3)寫作技巧：如取材切當，想像豐富，剪裁精鍊，結構安排巧妙，開端引人入勝，結尾餘韻不絕，聯絡銜接自然，文字表達生動感人之處，凡特出者，均須標明載錄。

(4)鉤玄提要：作者重要意見，內容要點，精警優美之辭，宜予以擷取深識。清、李光地云「讀書要搜根，搜得根，便不會忘。又隨章劄記，復全部串解，得其主意，便記得。」（李榕村集），實就此而言。

(5)生難詞語：詞彙、專名、成語、典故、引句等，生疏者應摘錄記憶。

3.讀後　讀後之心得感想，自抒所見，品評其得失，最後標明閱讀起訖年月日，以資參考比較。（註七）

以上三部份，悉就文範性之讀物而言。常識性之讀物內容多爲義理與知識之闡述，故筆記以簡要爲主，僅須導引部分，而內容部分，但以摘錄要義，取例參考即可，餘者可以省略，無用煩筆。

(六)速　讀

學生理解能力增進，優良閱讀習慣養成，則可培養學生之速讀能力，以適應宜速讀之教材，以廣見博聞，如訓練學生眼光跳動自然而規律，一句一句讀，目光移過，不再回讀（註八）。若有不解，讀畢之後，可重讀一遍（註九）；且用閃示卡，詞句牌，短句掛圖等教具，予以速讀練習。如此讀書，方能迅速明確，臻於既精而博之境。

上述六項，爲學生閱讀之時，不可不知之方法。至於專心致志，持之有恒，乃閱讀之原則，衆所熟識，教師宜作明確指示，令學生於自學自得之餘，養成讀書之習慣與興趣，增進讀書之能力，達成國文教學目標。

課外閱讀，重於方法之指導與學生之自學自得。唯閱讀過程中，注意學生之個別差異，作個別之指示。定期作分組討論，綜合討論，以及閱讀後之整理筆記，撰寫閱讀心得，成績考查，仍爲提高閱讀效率之必要事項。切忌示以方法之後，卽任其摸索，而不聞不問，此非指導之法，亦非教學之道也。

本章結語

課外閱讀，係範文研讀經驗之應用，亦所以彌補範文教材之不足。廣泛閱讀，一面可以滿足其求知求眞之慾望與好奇之心理；一面可以擴充知識見聞，增進閱讀、寫作與欣賞之能力，培養閱讀之興趣；並且陶冶情性，樹立理想。欲及於此，讀物之選擇，內容之提示，以及閱讀方法之指導，然後令其自學自得，實屬必要。

欲其自學，最重要者莫過於培養學生優良之閱讀習慣，習慣不良，易使學生分心，而致廢事；習慣優良，則省時省力，利於學習（註十）。優良之閱讀習慣，可述者至繁，要而言之得有兩點：一爲切實，一爲有恒。

一、切實

卽上述胡適所謂之眼到、口到、心到、手到。以其眼到，故能一筆一畫，一字一行，皆不忽略。以其口到，故能擇要熟讀，以會文意。以其心到，故能思考存疑，分析比較，尋其旨趣，而融會貫通。以其手到，故能劃線圈點，鈎玄提要，備忘抄錄，劄記心得，綜合整理，參考諸書。成玆習慣，循是而讀，所學自能深切而著明。淸張履祥云：「爲學最喜是實，最忌是浮。」（淸儒學案）已言盡爲學切實之重要。

二、有恒

滴水可以穿石，鐵杵可以成針，有恒爲成事之本，乃衆所周知。是以課外閱讀，宜培養有恒之習慣，曾國藩云：「學問之道無窮，而以有恒爲主。」（致諸弟書），實亦有見於斯。欲學生養成有恒習慣，莫若令學生自訂課程，自勉自勵，曾氏致諸弟書云：「兄往年極無恒，近年略好。而猶未純熟。自七月初一起，至今則無一日間斷，每日臨帖百字，鈔書百字，看書少須滿二十頁，多則不論。

自七月起，至今已看過王荊公文集百卷，歸震川文集四十卷，詩經大全二十卷，後漢書百卷，皆硃筆加圈批。雖極忙，亦須了本日功課，不以昨日耽擱，而今日補做，不以明日有事，而今日預做。諸弟若能有恆如此，則雖四弟中等之資，亦當有所成就，況六弟九弟上等之資乎？」（曾文正公家書）曾氏培養恆心，實足吾人借鑑。

如是之閱讀習慣養成，則課外閱讀，自能輔助國文之學習而具見成效。

【附　註】

註　一　見洪炎秋談讀書見讀書的情趣錄新潮文庫。

註　二　見章微頴中學國文教學法講義一二八頁師大印行。

註　三　見四庫全書總目1冊四頁藝文。

註　四　見朱熹近思錄卷三引伊川言。

註　五　見於師大成治學方法筆記。

註　六　以上參見鶴見祐輔讀書三昧四六頁商務李冠禮等譯。

註　七　參見曾忠華編著國文科教材教法。

註　八　見孫邦正譯中學教法三四五頁。

註　九　參見林國樑語文教學研究四四一頁。

註　十　見方炳林普通教學法第一九三頁。

全篇結語

——論中學國文教師之修養——

學生學習成績之良窳，乃決諸多方因素，非一事所致。其中最重要者有四：一、爲教師品德學識之高低與教學方法之優劣，二、爲學生智能之高下，三、爲學生身心之狀況，四、爲學習之環境。(註一)

此四項中教師所能爲力，並影響學生最重要，係在教師品德、學識之高低與其教學方法之優劣，教師若具崇高品德，則令諸生瞻仰高山，取法景行；教師若係飽學之士，則可以廣曉博喻，啓廸後學；教師若熟諳方法，則能深入淺出，循循善誘，論語子罕篇：「顏淵喟然歎曰：仰之彌高，鑽之彌堅，瞻之在前，忽焉在後。夫子循循然善誘人，博我以文，約我以禮。欲罷不能，既竭吾才；如有所立，卓爾；雖欲從之，末由也已。」教師影響學生學習之深鉅，已道盡於言中。

美國教育家安德森(註二)嘗就教師必具之各種品質，列成一表，由多數教育學者評其等第，順序如下：1.學識及教育，2.訓導能力，3.教學方法，4.人格，5.熟悉學生，6.合作及忠實，7.每日預備功課，8.熱忱及愉快，9.創造能力，10.心思穩定，11.同情，12.普通的外表，13.健康精神，14.良好聲音，15.社會能力。

民國六十四年九月，臺灣省立高雄師範學院，師範生教育標準研究小組，在其中學優良教師一般品質與能力之研究中，曾以問卷調查之方式，從專家學者，教育行政人員，學校行政人員，一般教師、家長、師範院校學生、中學生之意見，綜合而得一等級之評定，玆項評定與上項，亦有近似之處，其順序如下：1.教育理想及專業精神，2.品德修養，3.教學能力，4.教育學識，5.一般學識，6.健康儀表，7.社會關係。

參照二項研究結果，吾人得知，優良教師之素質，最重要者，除具教育理想專業精神與崇高品德而外，莫逾於學識與教學能力二項條件。學識包括基本知識（如科學、哲學、政治、歷史、地理、文學、藝術及生活常識等等之一般認識。）專科知識（係指所授科目之專門學識而言。）與教育學識（如教育目的、教育理論、教學原則、教學方法、學生身心發展及教育趨勢等之認識。）三種；教學能力係指教學善用教學方法，善於訓導學生而言。

國文科教師，必具崇高品德與專業精神，尤爲切要者，必熟諳國文方面之專門學識，方足勝任國文教師之職。韓愈師說：「師者，所以傳道、授業、解惑也。」不知者無以知人，教師深悉己所傳者何道，所授者何業，方能解惑釋疑，哈艾特（註三）云：「做一位教師、第一——也是最重要，最必須的條件乃是通曉自己所授的科目，他必須明瞭自己做些什麼。」誠乃肯綮之論。

惟通曉科目，滿腹經論，仍不足成為一優良之國文教師。蓋教學授受之際，尚須若干方法與技巧，以誘導學習，溝通上下，令學生豁然以解，默識心通。斯能如是，預定之教學目標，始可期其實現。是以善用教學方法，亦國文教師至為重要之能力。

循此，熟諳國文專門學識與善用國文教學方法，乃國文教師欲為一成功教學者之二大關鍵。二者一體一用，相依並存，若但論充實學識，而置教學方法之運用於不顧，則仍止於獨善其身，無以兼善於人；若但論善用教學方法，而未及於專門學識，則屬紙上談兵，不關實際。故學識修養與方法探討宜合述而不可分論，猶如學與術必須合言而不能異說。二者應用，學識為體，方法為用。以方法傳授學識，指導教材，深入淺出，輔助啟誘學生學習。本篇論文之撰述，固名之以中學國文教學法之研究，而多見教材之探討，教師學識之發揮，意即在此。

中學優良國文教師之專門學識，範圍至廣，從聽、說、讀、寫，與欣賞能力之基本學養而外，文字學、聲韻學、訓詁學、目錄學、校勘學、學術史、文學源流、文章作法、詩詞曲之作法、修辭學、文法、書法、演說辯論術、應用文、小說、戲劇，以及國文教材等，均為中學優良國文教師所宜深悉熟識者。其次，至少能讀畢經史子及詩文一種專書以上，背誦文言文文章一百篇，背誦新舊詩詞二百首以上，熟習成語典故三百則以上，歷史故事、趣事、文學掌故，寓言凡五十則以上，讀畢古典小說二十本以上，世界名著二十本以上，現代我國著名文學作品：小說、詩、散文、戲劇每種五本以上，熟習各種重要報章雜誌之內容及優劣（註四）等，亦為中學優良國文教師所宜具者。此標準並非鵠的高懸，然惟具有專業精神之教師方足以致之。

關於善用教學方法，須以教育學識爲基礎，深悉教育理論、教學原則、教學方法並且了解學生身心發展狀況，熟習教材、運用教具，然後能靈活運用，而不至於機械板滯。國文教學中，常用之教學方法如：講述法、啓發法、問答法、自學輔導法、練習法、欣賞法、發表法等。均能視其性質及作用，因時制宜，予以變通；不泥於成法，而又合於法則，如是方足稱善。教學方法其具體表現如：能明確指導學生學習方法，使之自學，任何課文，均能講述三項以上啓引學習動機之法；能廣曉博喻、啓發其思想，使之觸類旁通；講解深入淺出，適於不同之學生，因人作問作答，激發其思考，誘導其學習；學習過程，令學生充分活動，教師指導補充；能穿插故事，解釋教材，能旁徵博引，闡述文意；能指出文章優美所在，引導聯想，善於比較，令學生欣然體會，並時於文中揭示做人處事之道，責令學生自動發表意見或感想心得。能指示學生作必要之背誦與練習，以加深記憶，輔助學習；予以不同之作業，適用不同程度之學生……等等，均爲善教之例式。教師若充分準備，諳悉教材，深識教學原則與教學方法，了解學生身心發展，配合精博之學養，則方法之運用，自有形而入於無形，由藝巧而進乎道，實非難能。（註五）

中學國文教師如能具備崇高品德與專業精神，熟諳國文專門學識，善用國文教學方法，則可使教學成功，成一優良國文教師矣。然吾人猶以爲不足；蓋學海無涯，浩瀚難測，且新知層出，異見迭起，若以上述之學識爲止境，實屬不可。教師應日知其所亡，以充實新知，月無忘其所能，以習其舊聞，好學不倦，乃足爲良師，孔子曰：「溫故而知新，可以爲師矣。」（論語爲政篇）是爲至言，易乾文言云：「君子進德修業」，乾象傳云：「天行健，君子以自强不息。」荀子勸學：「學不可以已。」凡人皆應進德修業，自強不息，優良教師豈能不以「日日新，又日新。」（見中庸）自勉乎？

教學方法之運用，亦不以上文所述教法爲自足。教學方法係教學之手段，方法之優劣，端視其能否增進學生學習效率，能否充分實現教學目標而定，非出於教師私意之認斷。學生多變，情緒易遷，某類方法，或適用於彼日，而不合於此時，或於某種學生有效，而其他則無功，或因學生之興趣與需要變易，而令方法趨乎無能。凡玆均賴教師之觀察及評鑑，以謀溝通，而予以改進修正，美國波新氏在其中學教學法自序中云：「作者認爲現在沒有一種教學方法是最好的教學方法。」（註六）更進一言，若有之，則此法應存於虛心改進，逐日修正之教學中。唯有評鑑、改進，再評鑑，再改進，乃能增進學習成效，充分實現教學目標，止於至善之境。

綜上所述，欲爲一中學優良之國文教師，除具中學優良教師之素質外，宜孳孳不倦，充實國文學識，虛心檢討，改進教學方法，敬業務本，懷崇高之教育理想：「爲天地立心，爲生民立命，爲往聖繼絕學，爲萬世開太平。」（張載語）則應可爲良師矣。

【附註】

註一　參見孫邦正教學心理學臺灣省教育廳印。一頁。

註二　安德森（Anderson）見同註一書。

註三　哈艾特（Gibert Highet）見教學藝術一頁，協志工業叢書。

註四　參見臺灣省立高雄師範學院、師範生教育標準研究小組所撰師範生教育標準專題研究報告——中學優良國文教師基本能力之研究，民國64年9月。

註五　見論語子張篇子夏語。

註六　見孫邦正譯 NL. Bossing 中學教學法。

附錄一 主要參考書目

一、專著

(一)教育類

1 教育哲學 崔載陽 中華文化出版事業社
2 教育哲學 范錡 世界書局
3 教學原理 吳鼎 國立編譯館
4 教學原理 余書麟 文景出版社
5 儒家教學原理研究 吳鼎 吳鼎
6 教育概論 雷國鼎 教育文物出版社
7 先秦教學思想 王雲五 商務印書館
8 漢唐教學思想 王雲五 商務印書館
9 宋元教學思想 王雲五 商務印書館

10 明淸教學思想　王雲五　商務印書館
11 教育心理學　國立編譯館　正中書局
12 教育心理學　呂俊甫等　大中國圖書公司
13 普通教學法　孫邦正　正中書局
14 教學法新論　孫邦正　商務印書館
15 中學教學法之改進　孫邦正　中華書局
16 普通教學法　方炳林　三民書局
17 普通教學法　徐南號　張風眞出版
18 普通教學法　帕刻著兪夷譯　商務印書局
19 中學教學法　孫邦正譯　正中書局
20 中學教學法　方炳林譯　臺灣師大出版組
21 新式教學設計　黃費光等　國教之友社
22 教學心理學　孫邦正　教育廳
23 教學研究　中國教育學會　商務印書館
24 教師實用教學研究法　呂廷和　教育廳
25 教學之藝術　吉爾伯、哈艾特協志工業叢書
26 成功的教學　王圻譯　教育部
27 行爲主義的「烏托邦」　史基納著　志文出版社

28 教學法的研究與應用 林春仲等譯 驚聲公司
29 中學各科教案之編製與實例 王志義 王志義
30 中學各科教學法 鍾魯齊 商務印書館
31 中學各科學習法 夏丏尊等 上海開明書店
32 教材及教學法 水心 正中書局
33 教材及教學法 孫邦正 商務印書館
34 語文教學研究 林國樑 童年書店
35 語文科教學研究與實習 龔寶善 正中書局
36 語文科教學研究與實習 吳鼎 復興書局
37 中學國文教學心理學 艾偉 中華書局
38 國語問題 艾偉 中華書局
39 漢字問題 艾偉 中華書局
40 中學國文教學法 阮眞 上海正中書局
41 中學國文教學法 蔣伯潛 泰順書局
42 中學國文教學法講義 章微穎 臺灣師大印行
43 教學法（師大講義） 黃錦鋐 師大教務處出版組
44 國文科教材教法 曾忠華 國民中學教師職前訓練班
45 作文教學法 梁啓超 中華書局

46 國文教學叢談　梁宜生　學生書局

47 怎樣教學作文　程法泌　復興書局

48 作文教學論叢　臺北市國語推行委員會

49 語文教學論叢　臺北市國語推行委員會

50 國民中學國文科魏軾教學法簡介　張廣權　國語日報

51 民國六十三年國語文教育研討會會議資料　教育部社會教育司印

52 「師範生教育標準」專題研究報告　高雄師範學院師範生教育標準研究小組撰印

(二)思想類

53 論語　朱熹集註　世界書局

54 孟子　朱熹集註　世界書局

55 禮記　十三經注疏　中文書局、清嘉慶二十年重刊宋本

56 荀子　王忠林編譯　三民書局

57 論衡　王充　學人雜誌社

58 韓昌黎集　韓愈　河洛圖書出版社

59 宋元學案　黃宗羲等　世界書局

60 明儒學案　黃宗羲　河洛圖書出版社

61 教童子法　王筠　商務印書館

62 中國歷代教育思想集粹　羅人杰等　省立臺中師範專科學校
63 論語要略　錢　穆　商務印書館
64 孔子教育學說　程發軔　復興書局

(三)語文類

65 文心雕龍　劉　勰　開明書店
66 詩品集解　司空圖　河洛圖書出版社
67 文論講疏　許文雨　正中書局
68 文鏡秘府論　遍照金剛　蘭臺書局
69 古文關鍵　宋呂祖謙評　廣文書局
70 正續文章軌範　宋謝疊山批選　廣文書局
71 文章指南　歸有光　廣文書局
72 文脈　班文祿　商務印書館
73 文史通義　章學誠　史學出版社
74 古文析義　林雲銘　廣文書局
75 涵芬樓文談　吳曾祺　商務印書館
76 古文辭通義　王葆心　中華書局
77 國文教師手册　　中華書局

78 古文筆法百篇　李扶九　東海出版社
79 韓柳文研究法　林　紓　廣文書局
80 文說　劉師培　廣文書局
81 古文筆法　成璞完　大中國圖書公司
82 文法津梁　宋文蔚　啓聖圖書公司
83 古文通論　馮書耕　中華叢書編審委員會
84 國文修辭學　新陸書局
85 胡適文存　胡　適　遠東圖書公司
86 人間詞話　王國維　開明書局
87 文心　夏丏尊　開明書店
88 讀詞偶得　開明書店
89 談文學　開明書店　開明書店
90 中國韻文裏頭所表現的情感　梁啓超　中華書局
91 文藝心理學　開明書店　開明書店
92 語文通論　（朱自清）　華聯出版社
93 中國語文散論　凌琴如　開明書店
94 中國文學論集　徐復觀　學生書局
95 寫作淺談（一至二集）　丁樹南譯　學生書局

96	文學研究法	姚永樸	商務印書館
97	文學研究法	郭象升	正中書局
98	文章學纂要	蔣祖怡	正中書局
99	文章技巧研究	蔣祖怡	文致出版社
100	讀書與作文	王鐸	廣文書局
101	文章作法	夏丏尊	綠州書店
102	文章法則淺釋	胡能導	鄉建週刊社
103	從作文原則談作文方法	蔣建文	商務印書館
104	作文的方法	陶希聖	全民出版社
105	作文技巧與範文剖例	李曰剛	白雲書屋
106	作文作法	方祖燊	中南書局
107	文章作法	梁宜生	學生書局
108	作文的方法與技巧	何錡章	大林出版社
109	寫作研究	梁實秋等	中國語文月刊社
110	散文結構	邱燮友等	蘭臺書局
111	講理	王鼎鈞	大地出版社
112	作文大綱一千題	朱翊新	香港上海印書館
113	作文題目五千個	呂雲彪等	上海廣益書局

114 修辭學 黃慶萱 三民書局
115 字句鍛鍊法 黃永武 商務印書館
116 修辭學釋例 陳 氏 學生書局
117 中國修辭學 楊樹達 世界書局
118 古書修辭例 張文治 中華書局
119 修辭學發微 徐芹庭 中華書局
120 中文修辭學 傅隸樸 友聯出版社
121 唐詩三百首詳析 中華書局
122 學文示例 開明書店
123 中國文學欣賞擧隅 傅庚生 普天出版社
124 文學欣賞與批評 徐進夫譯 幼獅文化事業公司
125 文學作品之分析 徐進夫譯 黎明文化事業公司
126 詩心 黃永武 三民書局
127 怎樣欣賞詩 黃永武 高雄師範學院學報第一期
128 閱讀欣賞與寫作 梁宜生 學生書局
129 綠園賞文 許家鸞 弘道文化事業有限公司
130 世界名詩欣賞 覃子豪 普天出版社
131 文章病院 蔡丐因 啓明書局

132	青年復興文選		益智書局
133	開明國文講義（一）	夏丏尊	上海開明書店
134	大學國文乙編		淡江文理學院
135	高級中學國文（一至六冊）		國立編譯館（民國六四年修訂）
136	國民中學國文（一至六冊）	國立編譯館	（民國五八年版、民國六四年版）
137	字與詞	蔣伯潛	世界書局
138	詞和句		開明書店
139	章與句	蔣伯潛	世界書局
140	體裁與風格	蔣伯潛	世界書局
141	文言與白話	周紹賢	商務印書館
142	經傳釋詞	王引之	世界書局
143	古書虛字集釋	裴學海	廣文書局
144	常用虛字用法淺釋	許世瑛	復興書局
145	馬氏文通	馬建忠	新興書局
146	國語文法	黎景熙	商務印書館
147	中國文法論	何　容	開明書店
148	中國文法講話	許世瑛	開明書店
149	國文文法研究	郭步陶	啓明書局

150 文法與作文　黃潔如　開明書店
151 漢文文言語法　樂天出版社
152 漢語文言語法綱要　黃魯平　華正書局
153 古書句讀釋例　楊 達　商務印書館
154 文字學概說　林 尹　正中書局
155 中國聲韻學通論　林 尹　世界書局
156 訓詁學概要　林 尹　正中書局
157 語言問題　趙元任　商務印書館
158 漢語音韻學　董同龢　學生書局經銷
159 國語語音學　鍾露昇　語文出版社
160 國音講義　林以通　三信出版社
161 演說學　余楠秋　啓明書局
162 辯論術　啓明書局　啓明書局
163 演講學　程湘帆　商務印書館
164 說話的科學　邱素臻譯　大衆書局
165 語言訓練教材教學指引　鹿宏勛　正中書局
166 優勢辯論學　穆斯格拉佛　巨人出版社
167 教官訓練教本　空軍訓練司令部，民國五四年

(四) 書法類

168 (續書譜)　姜　夔　聯貫出版社

169 玉燕樓書法(美術叢刊)　張廷相　中華文化出版事業社

170 廣藝舟雙楫(附藝舟雙楫)　康有為　商務印書館

171 書法正傳　馮　武　商務印書館

172 書法研究　王壯為　商務印書館

173 中國書學淺說　諸宗元　商務印書館

174 中國書學集成　弓英德　中華書局

175 字學及書法　韓非木等　中華書局

176 書法指導　梁啓超　中華書局

177 書法教學指導　李國良　省立臺北師專印

178 書法通釋　平　閣　啓明書局

179 寫字手冊　高　英　正文書局

(五) 總　類

180 四庫全書總目　藝文印書館

181 書目答問補正　張之洞　新興書局

182 讀書分年日程　元程端禮　世界書局
183 學規類編　清張伯行　世界書局
184 古今名人筆記選　陳幼璞　商務印書館
185 爲學治事座右銘　許煥章　新動力雜誌社
186 古今名人讀書法　蕭炎鼎　蕭炎鼎
187 精讀指導　朱自清　商務印書館
188 略讀指導　朱自清　商務印書館
189 國學研究法　章炳麟等　西南書局
190 讀書三昧　鶴見祐輔　商務印書館
191 古書讀法略例　孫德謙　商務印書館
192 讀書的情趣　培根等　光文出版社
193 岫廬論學　王雲五　商務印書館

二、期刊論文

1 現代中學教學法之趨勢　李祖壽　教育文摘九卷五期
2 近來教學方法的新趨勢　孫邦正　教育文摘十一卷二期
3 優良教學的指引　方炳林譯　臺灣教育輔導月刊十六卷十二期
4 許魏軾國文教學法　黃錦鋐　學粹十三卷一期

5 中學國文教學技術運用的本質　黃錦鋐　臺灣教育二七一期
6 如何改進中學的國文教學　梁容若　中等教育六卷二期
7 關於中學國文教材的一點小意見　何容　中等教育六卷二期
8 我對於中學國文教材的幾點意見　謝冰瑩　中等教育六卷二期
9 從評閱大專聯考作文試卷談改進中學國文教學　黃錦鋐　教育與文化二四六期
10 怎樣教國文　傅隸樸　中等教育四卷四期、五期
11 談「白話文教學」　林良　中國語文三十三卷六期
12 語體文教學法的探究　方祖燊　中國語文十六卷三期
13 怎樣欣賞古文古詩　劉中和　中國語文二十四卷三期、四期
14 詩詞教學商榷　文昭　臺灣教育一七九期
15 怎樣教論語　費海璣　孔孟月刊七卷五期
16 談孔子行的教育　黃錦鋐　孔孟月刊二卷十一期
17 赤壁賦析評　黃慶萱　中央日報三月二十五日二十六日
18 國專月刊　一卷五號
19 國文月刊　泰順書局
20 國語日報語文中心作文班注意事項　國語日報
21 作新的命題與批改　江應龍　中國語文二十一卷三期
22 學書捷要　沈子善　書學二期

23 科學書衡　陳公哲　書學三期

24 中學生研究國文之方法　陳　柱　學衡十五期

25 教案的功用及編製方法　鄭明東　中等教育十二卷六期

26 國新科教案（第一册、第二册）　高雄市國民中學教學輔導團編

附錄二　談面對聯考題目與國文科教師如何正常教學

教學目標，爲教師從事教學活動之依據。教師明確目標，可以掌握教學方向，安排教學過程，選擇教學方法；並藉以評鑑教學得失，提高教學效率。

教學目標之擬訂，每基於文化傳遞、社會需求以及人類理想之考慮，多確立在知識啓廸，技能訓練及情意陶冶之三大目標上。國文科之教學目標也是如此；如養成學生倫理觀念、民主風度、科學精神，激發愛國思想，宏揚中華文化（高中國文目標是灌輸固有文化，啓廸時代思想，以培養高尙品德，加强愛國觀念，宏揚大同精神），是屬於情意陶冶，其他項目則都是語文知識之啓廸，語文能力之訓練，以及語文興趣之培養。

教師教學，理當根據這個目標，處理國文教材，實施國文教學，如此才能符合國家教育的大方針。綜合整理學者專家之意見，要達成國文科每課之教學目標，處理教材之方式，大約可以歸納下列數項：

㈠作者介紹　包含作者姓名、籍貫、經歷、境遇、時代、著述、作品風格、文壇地位。

㈡詞語教學　主在字詞、成語音義之理解與應用。

㈢句子剖析　重在文句之解析翻譯、文法詞性之認識。

㈣意旨探究　從文句意義後，進一步探究文句一段落，全篇所蘊含之意旨。句義，重在句子表面意義之翻譯、解釋；文句意旨，重在文句意義之引申，及蘊含、旨趣之探索。此往往於文字之外體會而得。每涉及作者之思想感情意念以及對於各種事理之理解、分析、評鑑等之能力，有「聞一以知二」、「聞一以知十」之意，屬於內容深究之範疇。

㈤作法審辨　此爲形式深究之部份，包含1.作者思想發展之途徑：探究作者立意之所在，構思之途徑，文章如何開始發展、結束。近似於一般人所謂的謀篇工夫。2.翦裁安排之手段：翦裁，在看作者如何配合題旨，取舍題材，而不致蕪冗繁雜。安排，主在如何分段，本末先後如何設立。3.聯絡照應之方式：在探索文章章節段落如何聯絡銜接，語句如何前後呼應，使文章聲氣相通，一脈相連。4.遣詞造句之技巧：此部分在探討作者敍事、抒情；說理及描寫人物之修辭技巧，包含了文章筆法、體裁與風格之深究。

此項爲文章內容，意旨探究之後，另一重要之過程。此過程是由「讀」轉進「寫」之橋梁，如何令學生藉範文閱讀，而能了解作者之技巧，進而模仿其技巧，自我發揮，而至創作之境，此端賴教師明確之指導，乃能奏功。

㈥文章誦讀　此旨在輔助全文之了解、探究作者之理念、心境，感情，並藉察文章氣勢、風格、聲情欣賞文章之美，其於語文能力，學習效果之提昇，有不可或缺之地位。

以上爲範文教學之要項。循此之後，爲加强、明確學生學習效果，又有「應用練習」；爲了解教學之得失，學生學習之效果，又有一項「成績考查」。凡此，都是一般教學常見之過程。

而上述過程中「成績考查」，是最受各界爭議，也最受各界重視的項目。藉它不但可以考查學生學習的得失，評鑑教師教學之成敗，一般人也藉它來評估學者才智，或學習能力的高低，做爲取捨人物的標準。於是學校學習要考試，升學要考試，甄選人才要考試，成績考查已經成爲決定人生方向的最重要憑藉。是否可以完全藉考試成績，來斷定一個人能力之高低是一回事，重要的是，一般人常藉此成績來評斷人物，取捨對象，是個事實。在此情況下，考試成績成爲人人關心，大家爭取的目標。考試的方式，主宰了學習的方向，左右了教學的形態。教育部頒佈的教學目標已置之一旁。學生考試成績之優劣，已經成爲優良教師評定之標準，教師教學常針對考試形態、考試題目、作反覆練習，「考試引導教學」，已爲普遍的現象，不爭的事實。

然「考試引導教學」，亦有它正面之意義……可以激勵學生心不旁鶩，竭力以赴，達學習之極致。只是試題形態，不能涵蓋各層面之教學目標，而多偏重在知識之記憶目標上。影響所及，教師教學每忽略德育、精神陶冶的目標，方法重在記憶之灌輸，反覆學習上，而分析、比較、啓發、欣賞之教學法幾乎付之闕如。所幸，最近幾年，考試題目，尤其是聯考的題目之形式，已作了大幅度之修正。對於學生之學習能力，已能從記憶、理解而及於分析、綜合、應用、評鑑能力之測試。考試之項目，除由詞語文句之解釋、翻譯之外，而及於義旨探究、語句組織、章法分析、修辭技巧、文章之聲情特色、思想感情、學習之心得感想，已涵蓋了各種能力之測試。此於教師之教學方式、教學之內容，起了極大的影響，而國文教學目標之達成，已更積極而有效。茲分析大學聯考之國文科試題以探討教學方法之運用與教材之處理。

大學聯考：試題常見型態，大類分為：文意測驗、詞語測驗、閱讀測驗、常識測驗、翻譯、原文摘要，以及作文。

㈠文意測驗　內容每為字詞意義、詞語解釋、文句翻譯或文句、章節之義蘊旨趣。

1.字詞意義

「千金之子，不死於盜賊，何者？其身之可愛，而盜賊之不足以死也」「何者」的「者」字，其正確解釋應為：(A)即「何故」之「故」；(B)表疑問語氣，猶「何哉」之「哉」或「何則」之「則」；(C)有指代作用，用法如同「誰可使者」之「者」；(D)詞尾，無義，用法如同「今者」、「昔者」之「者」。

說明：此為虛字意義及用法之比較，為字詞教學之部分，教師對於虛字在文句中之用法，宜熟練而明確。唯以虛字意義為試題，必須審慎，因虛字意義及用法，隨句型變化，意相似而模稜者甚多，稍一疏忽，必造成爭議，所以，近幾年以虛字為考題並不多見。唯字詞教學，乃處理教材之基礎，亦為內容深究之憑藉，教師自宜多方比較，擇要指導。

2.詞語解釋

如題目：「其巢也，則施施而行，漫漫而遊。」「漫漫」一詞：(A)有「漫長」的意思，指遊覽的時間很長；(B)廣大貌，指遊覽的範圍很廣；(C)有「縱逸」的意思，指行動從容無拘束；(D)通「慢慢」，意指慢慢行走。

說明：多見疊字複詞之解釋，此為記憶性的題目。

3.文句翻譯

(1)題目：「史公治兵，往來桐城，必躬造左公第。」「躬造左公第」意謂：(A)盡力建造左公的府第；(B)親自監造左公的府第；(C)恭敬地編造左公神位排列的次第；(D)親自到左公的府第。

(2)題目：「誰習會計能為文收責於薛者乎？」意謂：(A)誰會出計策，能寫文章，去責備薛氏；(B)誰學過會計，會寫文章，可以到薛地去收債；(C)誰會出計策，能為我去責備薛氏；(D)誰學過會計，能為我到薛地去收債。

說明：此類試題，照字面解釋。都屬於文言文翻譯白話文的形式，為理解性之題目，正常教學即可應付。

4.文句章節之義蘊旨趣：

如題目：「礎潤而雨，徵諸濕也；履霜堅冰至，驗諸寒也。」意謂：(A)避寒防濕，必須注意溫度濕度；(B)可以從因果推測事理；(C)自然現象，不足為憂；(D)有是果未必有是因。

如題目：「句讀之不知，惑之不解，或師焉，或不焉，小學而大遺，吾未見其明也。」「句讀」四句，意謂：(A)時人遇到疑惑，或從師而問，或不從師而問；(B)句讀之不知，或者從師而問；惑之不解，或者不從師而問；(C)句讀之不知，或從師而問；惑之不解，則不從師而問；(D)句讀之不知，則從師而問；惑之不解，則不從師而問。

說明：此文句之旨趣，必須於文句之外推敲得之，此已從理解能力，進入分析，評鑑能力之測試，為教材處理中意旨探究之部份。教師教學，不能拘限於文句之翻譯，其文句義蘊之闡釋、章旨、段旨、篇旨之探究，為教師所當注意者。

㈡詞語測驗　以義近詞語與成語之理解與應用為測試題目。此教師於平日教學時，除詞語之解釋而外，若多舉義近之詞語作比較，六冊之間詞語都能熟習：可以前後貫通，靈活運用。又此類題目，每以句子中填空形態出現，故亦須注意辭氣是否一貫，上下是否通順，此於寫作能力之訓練，也有輔助之作用。

如1.「□□□者，固為小人，然施恩德以加之，則可使變為君子。」缺空的詞語，可以是：(A)作奸犯科；(B)干犯法紀；(C)不憂不懼；(D)不愧不作；(E)行己有恥。

2.「昔日送君從此去，今朝下馬獨□□。」缺空的詞語，可以是：(A)依違；(B)踟躕；(C)徘徊；(D)馳騁；(E)迂迴。

㈢常識測驗　指一般之語文常識而言，命題範圍很廣，國文教材中：每課課文之題解、作者、國學概要、應用文、文法與修辭、文化基本教材，甚至課外之國學常識，皆為命題範圍。其中多屬社會組同學選修課程，然自然組不能忽略，教師亦須補充。

如1.史書：(A)資治通鑑敘事，上起三家分晉，下迄五代之末；(B)通典、通志、史通，合稱「三通」；(C)連橫所撰臺灣通史，一名臺灣府志；(D)三國志裴松之注，水經酈道元注、漢書顏師古注，皆極有價值；(E)舊唐書、新五代史，皆歐陽修所撰。

2.詩人與詞人：(A)王維田園詩似陶淵明，山水詩似謝姚；(B)杜甫曾為檢校工部員外郎，世稱「杜工部」；(C)李白詩清新俊逸，飄然不羣，人稱之為「詩仙」；(D)溫庭筠、歐陽修、陸游，都是宋代著名詞家；(E)蘇軾與辛棄疾並稱蘇辛，是豪放詞派的代表作家。

3.柬帖用語：(A)「嘉禮」指結婚；(B)「桃觴」指祝壽之酒席；(C)「弄瓦」指生男孩；(D)「踵謝」指親自登門道謝；(E)「敬使」指付送禮人之小費。

(四)閱讀測驗　此為綜合各種能力之測驗，包括記憶、理解、分析，甚至評鑑等能力之測試。多選取課外之文言文、常見唐宋八大家之作品。而禮記、左傳、韓非、荀子、史記、漢書，也多可能出現。教師教學受時間限制，只能把這些當作課外讀物，指導閱讀，像古今文選，或古文觀止，都不可忽略。多閱讀自可增加實力，雖遇到沒看過的文章，也較能應付。至於近兩年，有標點斷句之考題，此亦屬理解力之測驗，然平常標點符號運用之提示，亦有助於解決難題。

(五)翻譯　此為教材處理中文句剖析之部份。文句之翻譯，文言文譯成白話文，重在不放棄任何一字一詞之意義，使語氣詞之用法都不宜忽略。當然，譯文力求通順，文字要求明確雅潔，此為平常訓練之工夫。

(六)原文摘要　此為理解能力、綜合能力、應用能力之評量，教師教學時，宜指導練習段落大意及全篇意旨之歸納與分析。此為意旨探究教學之部份。

(七)作文　包括平常作文之指導，以及範文教學中作法之指導，修辭技巧之指導；皆有助於寫作能力之提昇。最近升學考試，受到多元入學方案影響，作文題型已呈現多元之變化。除少數傳統之命題作文外，更增益多項不同形式之題型如：

1.引導寫作：先以一段文字導引，再擬題目，或由學生自擬寫作。

2.文章擴寫：依據一段引文之旨趣，令學生撰一篇文章。

3.文章續寫：有一段文字，令學生延續撰寫完成一篇完整文章。

4.詩文改寫：新詩或舊詩或古文改寫成一篇白話文。

5.詩文賞析：提示一首詩或一篇文章，做綜合欣賞分析。

6.歷史評論：評論歷史人物或史實。

7.文章仿作：提示一文，說明特色，予以仿作。

凡上形式多樣，篇幅傾向短小，內容更具深度，雖然並不改變國文教師指導學生作文之基本原則與方法，但教師在教學之餘，更應注意一篇文章主旨之掌握、內容題材之釐清、條理結構之分辨、敘寫論說技巧之探究，以至於全文之分析與鑑賞，皆不宜忽略。如此本立而道生，作文題型雖變，枝節雖多，學生面對題目，亦能適應無窮。

總上聯考題目之型態已非常廣泛而靈活，與我們正常教學之內容已漸趨吻合，與教學目標也逐漸接近。教師依據教學目標指導學生學習，並指導學生參加考試，已非南轅北轍，兩不相關的事；教師但稍加用心，二者實能相得益彰，內外兼顧。至於情意、精神陶冶之目標，乃見諸於日常言行之間藉觀察可得，較難用筆試評量。此有待於教師言教之啓迪而外，精神人格之引導，身教之典範，皆有助於達成這方面之目標。

附錄三　九年一貫課程語文學習領域國語文部分——中華民國八十九年教育部公布之「國民中小學九年一貫課程暫行綱要」

一、基本理念

㈠培養探索與熱愛本國語文的興趣，並養成主動學習的習慣。

㈡培養學生聆聽、說話、閱讀、寫作等基本能力，並能在日常生活靈活應用，充分表情達意。

㈢培養學生有效應用語文的能力，以從事思考、理解、推理、協調、討論、欣賞、創作和解決問題。

㈣培養學生應用語文學習各領域的能力，擴充生活經驗，拓展學習領域，認識中華文化，面對國際思潮，以因應現代社會的需求。

㈤學習利用工具書及資訊網路，增進語文學習的廣度和深度，培養學生的自學能力。

㈥激發學生廣泛閱讀的興趣，並提昇欣賞文學作品的能力。

二、課程目標

基本能力＼課程目標	本國語文
1了解自我與開發潛能	應用語言文字，激發個人潛能，發展學習空間。
2欣賞表現與創新	培養語文創作之興趣，並提昇欣賞評價文學作品之能力。
3生涯規劃與終身學習	具備語文學習的自學方法，奠定終身學習之基礎。
4表達溝通與分享	應用語言文字表情達意，分享經驗或見解。
5尊重關懷與團隊精神	透過語文互動，因應環境，適當應對進退。
6文化學習與國際理解	透過語文學習，體認中華文化，並認識不同族群及外國之文化習俗。
7規劃組織與執行	應用語言文字研擬計劃，及有效執行。
8運用科技與資訊	結合語文與科技資訊，提昇學習效果，擴充學習領域。
9主動探索與研究	培養探索語文的興趣，並養成主動學習語文的態度。
10獨立思考與解決問題	應用語文獨立思考，解決問題。

國家圖書館出版品預行編目資料

中學國文教學法研究／王明通著.
--二版.—臺北市：五南，2003［民92］
面；　公分
參考書目：面
ISBN 978-957-11-3343-0（平裝）
1.國文－教學法　2.中等教育－教學法
524.31　　92012238

1IB9

中學國文教學法研究

作　者 — 王明通(13)
發行人 — 楊榮川
總編輯 — 龐君豪
主　編 — 陳念祖
出版者 — 五南圖書出版股份有限公司
地　址：106台北市大安區和平東路二段339號4樓
電　話：(02)2705-5066　傳　真：(02)2706-6100
網　址：http://www.wunan.com.tw
電子郵件：wunan@wunan.com.tw
劃撥帳號：01068953
戶　名：五南圖書出版股份有限公司

台中市駐區辦公室/台中市中區中山路6號
電　話：(04)2223-0891　傳　真：(04)2223-3549
高雄市駐區辦公室/高雄市新興區中山一路290號
電　話：(07)2358-702　傳　真：(07)2350-236

法律顧問　得力商務律師事務所　張澤平律師

出版日期　1989年 9月初版一刷
2001年 3月初版五刷
2003年 8月二版一刷
2007年10月二版二刷
定　價　新臺幣440元